U0137602

国家社会科学基金重大项目（17ZDA323）核心成果

"十三五"国家重点图书出版规划项目

21世纪学习与测评译丛·杨向东 主编

Leaders of Their Own Learning: Transforming Schools through Student-Engaged Assessment

［美］罗恩·伯杰（Ron Berger）

［美］利娅·鲁根（Leah Rugen）

［美］莉比·伍德芬（Libby Woodfin）

著

做学习的主人：
学校变革中的学生参与式评价

张雨强————译

湖南教育出版社　WILEY

总　序

　　21 世纪，人类已然跨入智能时代。科技正以史无前例的速度发展。未来学家雷·库兹韦尔曾预言，到 2045 年，人工智能将超越人类智能，到达人类发展的奇点。人工智能技术的飞速发展，给全球的经济模式、产业结构、社会文化生活带来了深远的影响。技术进步导致世界范围内经济模式从大工业时代进入信息时代，以创新驱动为特征的知识经济已成为现实。有研究表明，自 20 世纪 60 年代伊始，以体力劳动为主、有固定工作流程与规范的行业或职业正在逐渐被人工智能所取代，而需要审慎判断新情况、创造性解决陌生问题或任务的行业却大幅上升。人们不仅会在工作中越来越多地身处充斥着高新科技的环境，日常生活也变得越来越技术化和智能化。在教育领域，人工智能机器人可能会比人类教师更加准确地诊断学生在知识或技能上存在的不足，提供更有针对性的学习资源和支持。

　　工作环境与社会环境的变化给人力资源和个体生活带来了新的挑战和要求。就像今天的个体必须掌握人类的文字一样，信息技术素养成为智能时代公民的根本基础。与此同时，批判性思维、创新、沟通和交流、团队协作成为 21 世纪里个体适应工作和社会生活的必备能力。随着工作性质和社会生活变化速度的加快，个体将不可避免地面临更多复杂陌生的任务或场景，个体需要学会整合已有知识、技能、方法或观念，审慎地判断和分析情境，创造性地应对和解决问题，能够同他人协作开展工作和完成任务。生活流动性增加，需要个体适应多元异质的社会和环境，学会与不同文化、地域和背景的群体进行沟通和交流。日益加速的工作和社会变化，需要个体具备学会学习的能力，能够尽快适应新环境，成为有效的终身学习者。

　　新的时代要求我们重新认识教育的价值，重新思考 21 世纪学习的性质和特征。对学习性质的认识曾经历不同的阶段。20 世纪初，在桑代克的猫反复尝试错误而试图逃离迷笼的时候，心理学家就试图从动物身上获取人类学习的机制。受此影响，行为主义将学习理解为刺激与反应之间的连接。从早期经典的条件反射到后期斯金纳的操作条件反射，行为主义者想通过强化机制和条件反射的结合，实现对人类学习的控制。这种以动物为隐喻的学习理论显然不适用于人类。20 世纪六七十年代，学习的信息加工理论兴起。以计算机为隐喻，人类个体被视为一个信息加工系统：长时记忆是人的"硬盘"，存储着各种类型的知识、表象或事件；感官是人的"外接端口"，从周边环境获取各种刺激或输入；工作记忆是人的"CPU"，在此实现信息编码、匹配、组织等各种心理操作。此时，学习被认为是一种人的内在心理过程，主要是如何对信息进行编码或组织以解决问题。这是一种个体的、理性的和客观主义的学习观。自 20 世纪 80年代以来，在杜威、皮亚杰、布鲁纳、维果茨基等学者的思想启蒙和影响下，建构主义和社会文化观对学习领域产生了深刻的影响，对学习的认识回归人的内在本性。此时的学习被认为具有如下特征：

（1）主体驱动性（agency-driven）：人具有内在的发展需求，是能动的学习者，而非被动接受客观的知识。（2）情境化（situated）：知识呈现于相关的情境中；通过情境活动，发现并掌握知识。（3）具身性（embodied）：学习并非外部世界的心理表征，只需依赖知觉和理性即可把握；学习是在学习者（身心）与世界互动过程中展开的。（4）社会文化限定性（social-culturally shaped）：学习始终是在特定社会和文化场域中发生的实践活动；社会互动和协作不仅是促进学习的影响因素，更是学习的本质所在；文化形成于并反过来塑造了学习者的活动、观念（知识）和情境。

在新的观念下，学习越来越被认为与特定社会文化不可分割，与学习者及其所处群体的现实生活和经验不可分割，与学习者的认知和自我、动机、情感、人际互动等不可分割。进入 21 世纪，该领域越来越强调在现实世界或虚拟现实场景下，个体、社会、文化等方面的动态整合和互动，强调整合观下正式和非正式学习环境及课程的创设，关注儿童在解决真实问题和参与真实性实践的过程中认知、情感、社会性、认识论及价值观的发展。近几十年来西方涌现出来的合作学习、项目式学习、问题式学习、抛锚式教学法、认知学徒制、设计学习、创客等新型学习方式，都与这种观念的转型有着深刻的内在关联。

新型学习观对测评范式和路径产生了深远影响。面向 21 世纪的测评不再限于考查学习者对特定领域零碎知识或孤立技能的掌握程度，而更为关注对高阶思维——如推理和劣构问题解决能力——的考查，关注学习者在批判性思维、创新、沟通和交流、团队协作等 21 世纪技能上的表现。在测评任务和方式上，新型测评更为注重真实情境下开放性任务的创设，强调与学习有机融合的过程性或嵌入式（embedded）的测评方式，在学习者与情境化任务互动的过程中收集证据或表现。借助现代信息和脑科学技术，测评数据也从单一的行为数据向包含行为、心理、生理、脑电波等方面的多模态数据转变。所有这些，对测评领域而言，无论是在理论、技术层面还是实践层面，都带来了巨大变化，也提出了新的挑战。

自 21 世纪初经济合作与发展组织（Organization for Economic Co-operation and Development，OECD）发起"核心素养的界定和选择"项目以来，世界上各个国家、地区或国际组织都围绕着培养应对 21 世纪生活和社会需求的核心素养或 21 世纪技能进行了一系列教育改革。2018 年 1 月，教育部印发《普通高中课程方案和语文等学科课程标准（2017 年版）》的通知，开启了以核心素养为导向的新一轮基础教育课程改革。本质上，核心素养是 21 世纪个体应对和解决复杂的、不确定性的现实生活情境的综合性品质。以核心素养为育人目标蕴含了对学校教育中学习方式和教学模式进行变革的要求。核心素养是个体在与各种复杂现实情境的持续性互动过程中，通过不断解决问题和创生意义而形成的。正是在这一本质上带有社会性的实践过程中，个体形成各种观念，形成和发展各种思维方式和探究技能，孕育具有现实性、整合性和迁移性的各种素养。它要求教师能够创设与学生经验紧密关联的、真实性的问题或任务情境，让学生通过基于问题或项目的活动方式，开展体验式的、合作的、探究的或建构式的学习。

课程改革的推进，迫切需要将 21 世纪学习和测评的理念转化为我国中小学教育教学的实践。"21 世纪学习与测评译丛"正是在这种背景下应运而生的。针对当前的现实需求，译丛包含了面向 21 世纪的学习理论、新一代测评技术、素养导向的学校变革等主题。希望本套丛书能为我国基础教育课程改革研究和实践提供理念、技术和资源的支持。

本译丛曾得到教育部基础教育课程教材专家工作委员会副主任朱慕菊女士和杭州师范大学张华教授的鼎力支持，在此向他们表示衷心的感谢。

杨向东

2019 年 2 月 20 日

作者简介

    罗恩·伯杰（Ron Berger）是 EL 教育的首席研究专家，主管全国 EL 教育学校的学习资源和专业学习。伯杰与哈佛大学的教育研究生院有着很深的渊源。他在那里完成了自己的研究生课程，同时近期也在那里教授一门用模范生的学习来阐释共同核心标准的课程。在到 EL 教育及哈佛任教之前，伯杰曾是马萨诸塞州一所乡村公立学校的高级教师，在那里他有超过 25 年的教学经验。

    伯杰是安嫩伯格基金教师学者，荣获了欧特克基金年度国家教师奖，出版了《追求卓越》（*An Ethic of Excellence*）和《质量文化》（*A Culture of Quality*）等书。伯杰的写作和演讲激励学生通过项目式学习、科学和历史性研究、服务式学习以及艺术情操的陶冶提高个人素质，完善个性品质。他投身国家品格教育运动，认为品格是学术工作的核心之一。

    利娅·鲁根（Leah Rugen）是一位有着 20 多年工作经验的教育者兼作家。她最先是一名高中英语教师，EL 教育成立之初她就加入其中。鲁根之前曾在协同教育中心工作 12 年，先后担任作者兼编辑、学校指导老师，以及国家"转折点"网络项目负责人等。这也让她著作颇丰，包括《理解学习——转折点学校的评价》（*Understanding Learning：Assessment in the Turning Points School*）和《创办小型学校——保证学校公平和提高学生成绩的指导手册》（*Creating Small Schools：A Handbook for Raising Equity and Achievement*）等。

    莉比·伍德芬（Libby Woodfin）是 EL 教育编辑部的负责人。2008 年来 EL 教育之前，伍德芬是一名小学教师，后来她还做过一个规模较大的高中学校的咨询顾问。

在伍德芬的职业生涯中，她写过许多关于教育重大问题的文章、著作。她的第一本书是《熟悉的土地——构建学校社团的传统》（*Familiar Ground：Traditions That Build School Community*）。

序

长久以来，关于教育的争论集中在以下方面：是应该进行更多的考试还是完全不用考试？学校变化的关键是校长所创造的校园文化还是学生参与的校园文化？为了在教育上取得显著进步，教师是否需要改变他们的教学方式或者学区是否需要改变它们的教学方式？现有的一些问题是谁造成的？究竟什么样的教育才能称为好的教育呢？

处于这场争论中心的是一系列对立的学校模式——或者更具体地说，就是一些教学模式。这些教学模式让学生有序地端坐在教室里，专研书本知识。或者，就像我们看到的那样，现在的学校给学生布置一些低水平的学习任务，在这个过程中学生并不知道他们在干什么、他们为什么要这么做，甚至也不知道这一任务完成后他们能从中学到什么。

因此，我们现在的问题就是过分地将一些国家层面的争论集中于一些错误的二元对立上：我们必须要么维持良好的课堂秩序要么把握课堂中学生的主体地位，而不是兼顾二者；我们必须要么把握好课程设计要么把握好课堂生成，而不是兼顾二者；我们必须建立这样的体系，要么让学生都能真实地参与评价要么给学生提供真实的评价结果，而不是兼顾二者。

走进EL教育，你可以找到解决这场争论的方案，同时也可以看到一个组织成功培养不同年龄、不同背景学生的长期追踪记录。从缅因州波特兰市的国王中学到丹佛市的奥德赛学校，EL教育已经成功激起了学生的学习热情，给教师提供了他们所需的帮助，动员了家长积极参与学生的学习过程。

不去争论考试数量的多少，EL教育模式强调进行有意义的考试，聚焦于使用每周甚至每天的评价数据帮助教师理解学生学会了什么，以及教师应如何进一步设计教学，帮助学生更好地理解学习内容，达到标准的要求。

在接下来的内容中，你将会看到，EL教育的领导者如何收集学生表现的数据并且运用这些数据来指导教学和提高教师的责任感。这些日常的数据被用来测量学生的进步，改进教师的教学方法，以此达到丰富学生学习经验的目的。它与常规的描述性反馈相互补充配合，使学生能够清楚地知道他们在哪些方面是成功的，在哪些方面还需要多加注意。

早在国家开始讨论共同核心标准前，EL教育就和成千上万的教育者们一起在设计学习目标，希望能够用清楚的、每个学生都能理解的语言帮助学生知道他们通过学习应该知道什么，会做什么。早在国家开始讨论制定更简洁、更清楚、更高标准的课程大纲前，EL教育就在设计训练学生分析能力的、更有深度的学习活动。早在国家开始如何成功地将坚毅的品质、高尚的职业道德以及校园文化根植于学生个体和班集体中的争论前，EL教育就承担起了这一任务：帮助创建学校文化，培养学生全球性人才所需的能力，同时采取开创性的方式评价和培养每一个学生的品格。

当学生离开像丹佛市的奥德赛学校那样的一所学校时，他们已经做好准备进入要求更高的传统高中的学习项目中。因为他们不仅学到了知识，还学会了如何学习。

过去，那些非常强调学生参与学习的学校都不重视学生的学习结果。这也引发了一场长久的争论：我们究竟应追求组织纪律严明的学校还是自由散漫的学校？EL教育公然反抗这一争论，因为我们营造了这样一种校园环境——让真正的责任感与校园文化联系起来，而这种校园文化会有意识地让学生参与进来。

文本展示活动是体现学生参与学习的一个典范。它是一个高风险的评价活动，需要学生在成功地通过标准化测验的基础上做出更多努力；需要学生反思他们学了什么、为什么要学这些，并将所学知识运用到其他内容中，同时还要实时回答那些对他们所学知识和作业非常熟悉的成年人所提出的问题。这个过程就像很多学生在博士论文答辩之前的经历，而在EL教育学生从小学阶段到高中阶段就会遇到，它有助于在进行学生参与式教学的同时，营造一种严谨的知识话语文化，建立高风险的责任机制。

运用数据、规定责任、给予反馈、开展日常评价、让学生适当地自学、交流学习心得以及将教育过程变成一次旅行——这些看起来很简单，然而却难倒了很多人。

在早期的做中学的理念基础上，EL教育又对其具体内容进行了深度解析——帮助学生掌握学习的方法而不是背诵学习的内容。在接下来的几年，EL教育逐渐发展了一种多元的模式，它让学生充满激情地学习新的知识，提供关于品质和文化的具体指导，对师生设定高期望的同时提供高水平的支持。同时，EL教育也向国家证明了，在这些教育争论之外还有一种解决办法，我们需要考虑得更远更深一些。

就让接下来的内容引导你进一步了解EL教育吧！这个教育理念在实施中取得了很大的成效，而它的概念又简单得让你不禁想大声地喊出为什么它并没有普遍运用于那些将会从中获益最多的学生身上。诚挚地期待本书能够激励你迈出改变的步伐。

迈克·约翰斯顿

科罗拉多州参议员

于科罗拉多州丹佛市

2013年9月

前　言

　　《做学习的主人——学校变革中的学生参与式评价》是一本为相关从业者而写的极具实践意义的书。书中提到的事例、资源、策略和技巧均来自美国各州 EL 教育的课堂。这些课堂都坚守着这样一个信念：当教师和学生共同参与到这一充满挑战、需要冒险却意义非凡的事业中时，学生的学习和学业成就的结果都将会振奋人心。也正是这样的信念使得 EL 教育的课堂充满活力和激情。二十年来，我们与教师和学校领导者一起打造了一个全新的课堂，那里能够激发教师所有的教学热情，也能够帮助学生在他们本来期望的基础上掌握更多的知识和能力。

　　二十年来，我们致力于让 EL 教育的方法更易获取，在更大的范围内惠及更多的学校教师。我们见证了共同核心标准的出台，见证了民众对学生学业成就越来越高的呼声，人们对学业成就有了新的理解，即一些重要的能力如批判性思维、有效交流、合作、反思等与掌握学习内容同等重要。这也为教学与评价的改革提供了契机。

　　我们之所以选择学生参与式评价作为第一本书的焦点，就是因为这一教学实践是一所学校营造一种具有参与感和成就感的校园文化的基础。学生参与式评价致力于培养学生学习的主动性，让学生在任何学科、任何年级以及不同的学校中都能学得更丰富、更深入、更幸福。加利福尼亚州的草谷特许学校中的一名六年级学生总结了学生参与式评价的神奇力量。当她回答一个关于评估准则作用的问题时，她说道："如果我没有从外界获得评估准则，我可以在脑海中为自己设置一个评估准则，这样我就能明确自己的目标并且为之不断努力。"当每个学生都为自己的学习负责时，他们会将自己视为取得成功的关键。

　　我们相信教师是革新者和创造者。在这样的精神指引下，这本书提供了教师和学生工作的典型榜样，它们能够帮助开展学生参与式评价的教学实践，引发关于什么是好的教学的讨论。我们也提供了相关的具体工具：个案研究、实施草案和视频，帮助教师在他们的课堂中来开展这些教学实践。

在本书的文字和配套视频中，各种学校，农村、城镇、市区学校，地区和特许学校，以及学校的各个年级的教师及领导将会看到他们自己和学生的影子。这也意味着每个教师在不同的学习环境中都能够运用学生参与式评价。随着国家对课堂的科学严谨性和学生参与度的要求越来越高，我们也要重新思考我们的专业，想想我们成为一名教师的初衷是什么。

斯科特·哈特尔

EL 教育主席和首席执行官

2013 年 9 月于纽约

致　谢

如果你曾经尝试过与另外 25 个人合作写一本书，你一定知道这不是一件容易的事情。唯一能让此事变简单的就是你所找的这 25 个人都是极具智慧才华且极其认真负责的人。我们有幸找到了这个团队——里面有一些非常优秀的人。在此，我们诚挚地感谢 EL 教育的全体职员、那些为本书提供案例的 EL 教育学校的教师，以及背后不计其数的相关工作者，是他们不断地在为一些微小却很重要的工作默默努力。所有这些人的努力将改变学生及其家庭的学生参与式评价的教学实践变成了这本书。这些人包括：

斯蒂芬妮·阿伯格　　　　　托尼·阿图彻

玛丽·帕特·阿门特　　　　戴尔·伯格霍夫尔

玛西亚·德耶苏-吕埃夫　　克里斯·道格斯

丽萨·伊顿　　　　　　　　辛迪·格斯卫

西蒙·海耶斯　　　　　　　露西娅·凯姆普菲

凯特琳·勒克莱尔　　　　　史蒂文·利维

德克·马提亚　　　　　　　吉尔·米尔曼

莉莉·纽曼　　　　　　　　莎伦·纽曼

黛博拉·平托　　　　　　　苏姗娜·南森·普劳特

辛迪·赖斯　　　　　　　　梅格·赖尔登

谢里·斯卡伯勒　　　　　　科里·斯科尔斯

吉皮·史密斯　　　　　　　科伦·斯丁维奇

同时，也要特别感谢我们的视频录制人——大卫·格兰特，他对整个项目做出了巨大的贡献。他高超的视频处理技巧，加上他十六年来作为 EL 教育工作者的经验，将学生参与式评价的实践融入学生的学习生活中，这一点除了大卫没有其他人能够做到。

另外，我们也要向 EL 教育的教师和领导者们特别是那些邀请我们走进他们的班级去深入了解的教师和学校领导表示诚挚的感谢和由衷的钦佩，正是他们所做的工作帮助我们将这些学生参与式评价的实践活动编成文稿。最后，要感谢威廉和弗洛拉休利特基金会提供的资金支持以及它对深度学习的愿景式领导，这些都为我们的学校变革提供了动力和支持，确保我们的学生能够真正地获得一些技能、知识和能力，使得学生能够在大学、在职业生涯甚至是在全球化的公民中脱颖而出。

关于 EL 教育

EL 教育是引领国家 K-12 教育发展的组织之一。它致力于创造一种课堂，能够让教师投入他们最高的教学热情，同时让学生在期望的基础上学到更多。二十多年来，EL 教育帮助了许多新手教师和资深教师——在各式各样的学校情境中——努力促进学生在学业成绩、个性品质和高效工作等方面取得成功。值得一提的是，EL 教育方法有一个前提，即将教师和学校领导视为他们班级中有创造力的经理人。EL 教育致力于培养教师和学校领导的综合能力，帮助他们掌握点燃学生学习激情、培养学生坚持不懈的品质和同情心的策略，使其所培养的学生在中小学、大学及更长远的工作和生活中获得成功，为创造美好世界做出贡献。

EL 教育模式的特点主要表现在以下几个方面：

• 活跃的教学活动和学生参与式评价活动，培养学生学习技能和学习自主性。

• 将严谨的学术项目与真实世界的问题相联系，帮助学生达成州立标准和共同核心标准。

• 营造一种学习文化，培养每个学生坚持不懈的品质、团结合作的精神、批判性思维能力、问题解决能力、沟通交流能力和独立自主能力。

EL 教育提供了关于专业发展、指导、共同核心课程、出版物和在线工具等多方面的综合服务，以此支持学校营造学生爱学、老师乐教的校园环境。欲知更多详情，请访问 www. elschools. org。

视频目录

扫码收看视频

本书附有一系列视频，这些视频展示了本书提到的许多关键活动。

1. 在课堂中运用学习目标

2. 学生分解学习目标，讨论学术词汇

3. 学生分解学习目标

4. 学生讨论学习目标的力量

5. 促进学习的教学策略——检查学生是否理解

6. 孩子们喜欢随机点名和零错误技巧——检查学生是否理解

7. 监控进步的策略——检查学生是否理解

8. 提升学生在数学课上的自主性和参与性——检查学生是否理解

9. 组织全校实施检查学生是否理解的活动

10. 阅读成就目标设定——运用学生数据

11. 属于学生的进步——运用学生数据

12. 全校范围内组织运用数据

13. 三年级教师处理年级水平数据——运用学生数据

14. 一堂小组评价课——范例、评价和描述性反馈

15. 描述性反馈帮助所有学生达到基于标准评分中的熟练水平

16. 奥斯汀的蝴蝶：完善学生作品——范例、评价和描述性评价

17. 中学生领导的会议

18. 幼儿园里学生领导的会议

19. 在高中进行的学生领导的会议

20. 学生领导的会议的学校组织机构

2

你也可以通过搜索下面的网址了解视频内容:

www.wiley.com/go/expedlearning

目　录

引　言

　　马修是一个六年级学生，有点害羞。六月的一个早晨，他站在我的办公桌前，看起来非常焦虑地说道："我认为我还没有准备好。"几个小时以后，他将向由校长、校董会成员、社区代表、来访学者组成的座谈小组展示自己的工作档案袋。展示过程中，会有一个搭档帮助他，但主要还是由他自己完成。他需要呈现证明其达到毕业水平的学习证据，并对这些学习结果进行反思。这是马修在这个学校的第一年，在学术能力上他还存在一些明显的不足之处，他知道他应该诚实地面对这些缺点。虽然已经做了大量准备，也彩排了多次，但他还是十分紧张。

　　在九月份入学得知有关展示的事宜时，所有学生都非常担心。我不断给学生做工作，让他们从最初的恐惧逐渐变得期待那一刻。我明白，如果学生对此事感到紧张，意味着他们在意其结果，也正是这种力量促使他们在六年级这一年专注地学习，对最后的展示跃跃欲试。知道这件事即将发生，学生们在这一年中都非常努力，对自己的作业提出严格要求。他们将会有一个搭档——共同确定作业是否完成得足够好；他们会受到座谈小组的质疑——学科概念是否理解透彻，是否能够解释清楚一些要点；作为学习者，他们既有优势也有不足之处——对此是否有深刻的认识。他们在进行一个需要持续一年的任务，以此来证明他们已经为下一阶段的学习做好了准备并且已经做了一些有意义的事情。

　　在两天内，每个六年级学生都展示了他们关于学习、艺术、健康以及表现独特个性的作业，分享了作业初稿和定稿、量规和图表、量化和质性评价数据、写作和数学样本以及日记和反思。有些学生还现场表演了朗诵、戏剧、唱歌和跳舞，分享他们取得的成绩、面临的挑战、设定的目标，从而力证他们已经为升学做好了准备。

　　有些学生是天生的讲演者，但还有些学生需要克服害羞情绪、语言障碍以及生理和认知障碍来完成此事。他们都做得很好！其中有一个患有脑瘫的学生，在展示中面临着特殊的挑战，需要搭档帮助她说出她的学习反思，给座谈小组分发相关资料。尽管她的演讲不易理解，但是搭档帮她陈述的语言是她准备的，相关工作都是她自己完成的，这份成功也是属于她自己的。

那个早上，我回到教室继续上课，帮助其他学生准备，并没有参加马修的展示环节。但是，当晚我看了他的展示录像，感到无比骄傲和自豪。他的开场白是这样的："首先我想跟大家分享的是，过去的一年是我在这个学校度过的第一年……对我而言，适应这里的生活、交朋友都是一个挑战，但是，我做到了。初来这里时，我有一些优点也有一些缺点。我的缺点有：在写作方面不是特别擅长，我的数学只能达到四年级水平。因此，在这个学校的第一个月，我非常努力地学习，数学方面达到了六年级水平，现在我能够顺利通过考试。这里大家可以看到我的数学作业……"

马修用朴实的语言、深刻的见解和自信的态度继续陈述着他的学习和成长。我的妻子坐在旁边沙发上，（看到这个录像）吃惊地转向我，问道："你六年级的时候能做到像他这么好吗？"我想，我不能。（那时）我并没有理解自己作为一个学习者的深刻意义，没有主导自己的学习。

——罗恩·伯杰

让学生做学习的领导者

上面所提到的展示只是一个大的评价系统的一部分。这个体系有着独特的优势——它让学生处于学习的中心，成为学习的领导者。它既评价学生的学习动机也评价学业成就，比一般的评价框架更有意义。一般情况下，当某个学生在学习和生活中取得了一定成绩，他人不能推测该生的成功是被评价所激励的。但是这个评价体系可以这样推测。这本书介绍了一种评价体系——学生参与式评价，它就是这样做的。

学生参与式评价包括评价学生的理解程度以及为学生的整个成长过程进行长期规划。它改变了评价最初只是对学生进行评估和排名以刺激学生学习的角色。它帮助学生理解作为一个学习者应达到什么样的水平以及怎样才能达到那些水平。它帮助学生塑造坚韧独立的性格，培养学生的批判性思维能力和自我反思能力。这些都对学生的大学学习及以后的工作非常重要，同时这也是共同核心标准（the Common Core State Standards）的要求。甚至，因为学生在亲身参与评价的过程中需要学会反思、学会合作、学会承担责任，这能够引导他们成为积极向上的国家公民和社会成员。

学生参与式评价改变了评价最初只是对学生进行评估和排名以刺激学生学习的角色。它帮助学生塑造坚韧独立的性格，培养学生的批判性思维能力和自我反思能力，这些都对学生的大学学习及以后的工作非常重要，同时这也是共同核心标准的要求。

学生参与式评价包括了一系列的教学活动，将学生带入评价自我学习和成长的进程中。学生对自己的进步会有更深刻的感受，并且最终变成更加独立的学习者。通过学生参与式评价，学生能够理解标准中的语言表达和元认知的语言表达，设定学习目标，监测自我进步，认清自己的优势和劣势，成为学习的领导者，完全真实和准确地评价自己的学习情况。

这是一种最优的评价方式——当学生知道他人对自己的期待是什么的时候，当教师敏锐而细心地帮助学生达到学习水平的时候。是的，评价有时候不仅仅是测量。恰当的评价工具也能够激励学生学习，为他们提供高质量的作业模板，带领学生去发现，为教师教学提供反馈，有助于班级文化的形成，带有明确目的地组织和参加学校活动。总而言之，评价不仅是对成长的测量，也能成为激励学生学习的动力。

学生参与式评价帮助教师和学生使用评价来监测进步——从日常课堂中常见的对学生理解程度的频繁考查到传统意义上的单元测验到对整个过程的监测。尽管大多数时候评价都被认为是与学生相关的，但"评价"这个词的词根就有"与周围人员相关"的意思。一旦学校开始采用学生参与式评价这一方法，教师和家长就会发现他们经常需要坐在学生身边，与学生一起讨论学生作业的质量、对问题的看法以及参与制订学生个人成长和提高的计划。

为什么学生参与式评价很重要：它以一种新的方式思考学生能够做什么

学校中最重要的评价活动都是不为人知的。它们整天发生在学生的头脑中，学生自己判断他们应该做什么、说什么、如何实施、决定什么足够好。这些内部的评价活动决定了学生对学习的重视程度、努力程度以及学习的程度；它们决定着学生应该表现得多么善良有礼貌、尊重他人和承担责任；它们决定着学生在班级中设定"足够好"的标准。因此，这些评价真的很重要。所有其他的评价都是在为这个目标服务——了解学生对自我的内在评价，使学生在学习上更努力，学习更有成效。

学生参与式评价是一种高效的评价，因为它关注那些本来就发生在学生头脑中的内部评价。不幸的是，教师和学生一般都不知道怎样利用这种评价方法以及怎样实施这一评价。通常情况下，学生脑海中对质量的标准是模糊多变的，他们也不清楚"足够好"应该是什么样子。有些学生给自己灌输了一种想法，就是他们不能为班级活动做贡献，也没有发言权，他们的帮助只会拉低"优等生"的水平。还有一种情况是，学生认为他们只有一次表现自己的机会，他们会从遵照规定和完成任务的角度来学习，而不是在不断的尝试中提高学习的质量。

教师常常会犯这样一个错误：只是简单地告诉学生"继续努力"，而没有告诉学生具体的目标、给予学生必要的反馈、提供修改的时间以及说明完成高质量作业的目的。学生真正需要的是能够评价和帮助他们学习的工具与支持，以及继续努力的动机。事实上，动机是学生参与式评价中最重要的内容——只有当学生有强烈的学习动机并且希望提升自己的时候，他们才会在学习小组中持续发挥自己的优势，保持好成绩。

激励学生去关心

在促进学生成长的过程中，没有什么是比学生自己对学习的在乎程度更重要的事。近期研究表明，学生的毅力、勇气和自制力与他们的学业成功有很大关系（Blackwell, Trzesniewski, & Dweck, 2007; Duckworth & Seligman, 2005; Dweck, Walton, & Cohen, 2011; Good, Aronson, & Inzlicht, 2003; Oyserman, Terry, & Bybee, 2002; Walton & Cohen, 2007）。这是一个常识，教师和父母都知道这一点。但是，他们可能

不知道的是，这些"非认知"能力完全取决于学生对自身的学习和成长的关心程度。如果学生对这些都不关心，他们将不会为此努力。

那些导致学生对学习冷眼相待、缺乏兴趣和自尊的情绪并不是生来就有的，而是由一些行为导致的。幼儿园的孩子对学习是兴趣高昂的，然而，在他们学习的过程中，他们的能力并没有在学校中表现出来。学校变成了强制去做他们并不擅长的事情的地方。他们可能在体育、音乐甚至电子游戏方面很擅长，而学习并不是能成就他们的地方。他们的考试成绩和等级即能说明这一点。学生参与式评价将掌控学生成功的权力还给学生，让他们明白努力学习和勤奋练习是值得的——就算他们的努力是在体育、音乐或电子游戏方面，在这些方面及时、具体的反馈也能引导他们在学业上取得进步。

更重要的是，学生参与式评价鼓励学生去做让他们感到自豪的事情，这能够激励学生积极迎接更多的挑战。就像缅因州波特兰国王中学的校长迈克·麦卡锡在本书第六章中所说的，"任何时候，教师只要能够明确学生的学习目标，设定高标准，讲明完成高质量作业的必经步骤，学生都能够做得很好"。

改变心态

学生参与式评价要求和鼓励学生和教师改变对智力、努力和成功的看法。当学生体验了成功，真实地见证了自己的进步，对待学习就会更加积极。他们会意识到他们的态度、努力、练习和不断提高的成绩间的密切联系。

这并不容易。本书第三章讲述了三年级学生杰西琳努力提高阅读能力的故事。她的老师琼·赫斯特，强调了学生参与式评价在改变这个孩子的心态中所扮演的角色，"尽管她还没达到年级水平，但这两年她一直在进步，并且这些进步都是可以看见的。通过数据，可以发现杰西琳变成了一个更加主动和有见地的读者"。杰西琳认识到通过努力和坚持也能够赶上其他同学，而不再认为自己是一个"差劲的读者"。

让学生成为学习的领导者

当学生获得一定的工具来评价他们的优势和面临的挑战时，他们对学习的专注力会提高。具体而言，学生成为学习的领导者——理解学习的目标、掌控自己的进步、借助反馈信息改进学习以及公开展示自己的学习结果，在这一过程中，教师是学生的学习搭档。在所附光盘的系列视频中，你将会看到学生描述他们在参与式评价的活动

学生参与式评价帮助学生认识到努力和学习成绩之间的联系

中收获了什么。这些都是学生最真实的感受。

教会学生反思

有技巧的反思是成为一个自主学习者的核心，因此在大学和职业准备中培养学生这方面能力非常重要。学生参与式评价将反思融入学习的每个环节，确保能够培养学生进行深刻、正确反思的能力，而不是对自我爱好、优势和劣势的模糊表达。这个过程在幼儿园就可以开始。正如幼儿园教师简·邓巴在第四章中所描述的，"我问一个小组，'如果这是你们的手稿，接下来你们会怎么做?'还有'你们认为有什么需要改变的吗?'，以询问他们更多的细节。"请想象一下长期培养学生对自己作业的反思能力所能爆发的巨大能量吧。

创建合作、互信和讲求证据的文化

浓厚的校园文化和班级文化既是学生参与式评价的要求也是它的结果。首先，学生要意识到他们的老师关心并尊重他们。在这种合作和互信的文化背景下，学生参与式评价会对学生产生极大影响——他们基于学习证据的不断反思有助于其进步和成长。

处于一种尊重师生而且关注焦点是能力的培养和提高的文化中，对证据的理解也不同。不再几乎完全依赖学年测验这一种证据来评价老师和学生，学生参与式评价的证据是不断收集的，可以用于任何时间和地点，都是为了促进学生的成长。为了帮助师生不断提高，我们收集质性数据和量化数据，并且分析数据以理解学生优势和劣势的发展趋势。

加强家校间联系

学生参与式评价让家长从不同层面参与学生的学习。当清楚明确地报告了学生的进步以及制定了可被理解的可行性标准后，家长要进行确认。学生也能够从家长与学校的交流中获得信心。当学生在自己领导的会议中、在学习交流活动中以及走廊展示中展示和分享他们的学习成果时，对家长而言，没有什么比目睹自己的孩子在学习中所表现出的自信和快乐更让他们震撼了。

本研究的重点

在学生参与式评价中，我们主要借鉴了里克·斯蒂金斯和他考核培训学院的同事的成果，他们是评价领域的先行者（Stiggins，2005；Stiggins，Arter，Chappuis，& Chappuis，2006）。他们的研究使得对学习策略的评估（形成性评价）走进了我们国家的课堂，让教师和学生感受到了评价作为一种工具促进学生提高和进一步学习的力量，而不是仅仅在某一个特定时间点进行测量的方法。在这本学生参与式评价的书中，你会看到许多形成性评价的策略；并且，我们的方法会让你从关注处于形成性评价中心的教学策略到关注那些能提升学校文化、评价学生的领导角色、让家长和社区成员参与其中并且深刻影响课程的策略。

形成性评价是通常发生在学习之初和学习过程中的评价，可以帮助教师调整教学和促进学生进步，例如入门考试及课堂反馈卡（exit tickets）。而终结性评价却是反映学生在特定时间段的进步情况的评价，如格式严谨的论文。

有充分的证据表明，形成性评价能够提升学生的学习成绩、教师的教学质量以及强化学生的动机。在一个非常有影响的研究中，布莱克和威廉（1998）发现，与形成性评价相关的学业进步会使学生的学习速度加倍。《在每一个课堂推进形成性评价》一书中，莫斯和布鲁克海文（2009）通过大量的研究证明形成性评价对教师效能的巨大影响力。"它以一种非常现实的方式快速打开开关，照亮了教师的每个教学决策，以至于教师能够非常清楚地看到（或许是第一次）他们的目标和实际效果的差异。"（p. 10）当学生被告知智力是可锻造的以及只有不断努力才能进步时（Dweck，2006；Vispoel & Austin，1995），他们的学习动机也会发生改变。因此，形成性评价可以帮助学生建立学习和成长的信心和勇气（Yin，Shavelson，Ayala，Ruiz-Primo，Brandon，& Furtak，2008）。

学生参与式评价与共同核心标准

共同核心标准带领美国教育进入了一段新征程——学生有机会提出严谨的问题，批判性思考问题、解决问题以及提升沟通交流能力。那些用精准的专业术语表达的标准本身，并不能在很大程度上激励教师和学生。但是，它们所代表的教育思想和教育能力确是真正鼓舞人心的。这些标准很有可能会促进国家教学水平的整体提升。

然而，如果教师不能学会怎样改变他们的教学来达到这些目标，这些标准也就不能发挥其潜能——促进国家教学水平的整体提升。这些标准需要通过一些不同的教学形式来实现。对共同核心标准而言必不可少的就是一个能够持续监测学生理解程度的复杂多样的评价体系，并且在这一体系中，学生能够参与批评、反思和修正，这一点在共同核心标准中表述得非常清楚。而内含反思、自评、使用反馈信息、设定目标、修正和展示等的学生参与式评价体系是完全满足共同核心标准的严苛要求的。

对于学生数学和读写能力的标准要高于他们在独立作业、解决问题、基于事实的交流以及批判他人观点等方面的能力。这需要一套评价体系，这一评价体系不把学生作为信息的被动接收者，而是在监督、交流和提升自我成长中的积极参与者。本书所讲的一些策略能够给教师提供持续的信息，这些信息可以帮助教师调整教学进程，为学生提供有效的学习支持，从而使每个学生都能满足共同核心标准的要求。同样重要的是，这些策略也能够帮助学生学习自我评价、设定合适的目标以及掌控自我达标的整个进程。

超越个人实践的完整体系

这本书是为那些想在自己的学校实施学生参与式评价体系的学校领导和教师量身打造的。尽管有许多可能的切入点，凭借教师的个人力量也能在班级中试试一些实践活动，但本书的最终目的是创建一个学校范围内整体实施学生参与式评价的体系。每一章节都提供了学校领导和教师怎么做的建议，致力于构建一个完善且全面的学生参与式评价体系，帮助学生达到各州及共同核心标准的要求，提升学生的学习成绩。这些实践活动需要学校领导和教师为学校和班级的重建通力合作。

学生的声音是学生参与式评价的核心

事实上，要真正意义上实施学生参与式评价需要有这样一种境界：能够跳出怎样做的定势，以一种新的思维方式看待评价。学校必须重新考虑班级测验和成绩单的本质，重新考虑如何从课堂、学校、学区收集数据以及正确认识和利用州立评价结果促进学生的成长，反思"学校中必然存在成功学生和失败学生"这一观念。

做这一工作的意义是多方面的。在完全采用学生参与式评价体系的实验学校就有明显的成效，学生在测试中的高分、高毕业率和大学入学率、高质量的学生作业和有深度的思想以及对团体的理解和自豪感都能够证明这一点（参见图 0.1）。这本书非常强调学生、教师和学校领导的亲身经历。你会发现他们的声音始终贯穿本书，并且，那些故事和声音都不仅仅是一时的，他们是学生参与式评价的核心和灵魂。

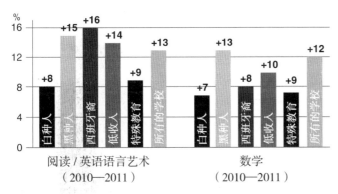

图 0.1 **实施学生参与式评价的学校的学生成绩**

需要强调的是，只有不关心学习的学生，才不会取得进步。当一个八年级的学生表示："当我很自信地说'我可以'的时候，我知道我理解了学习目标。"这透露出他学习非常投入，且意识到了自己在学习中的角色。杰西卡·伍德，马萨诸塞州斯普林菲尔德复兴学校的一名六年级英语教师提醒我们，学生参与式评价的目的是让每一个学生得到发展。她说："这一评价体系并不只是为了帮助那些顽皮的孩子，也包括那些坐在教室前排的乖乖女。对这些学生而言，对理解策略（以及其他策略）的检查为他们提供了发言的机会。"学生参与式评价能够适应这样的学校环境：教育者致力于培养学生为自己的学习负责的能力。

关于本书：为教师和学生准备的一个多媒体工具箱

这本书的八个章节分别讲了能够帮助学生学业进步、提高成绩以及让家长和社区成员参与学校生活的八种关键的教学实践活动。每一章都描述了一种实践活动，对于如何开始给出了建议，也告诉了学校领导和教师应怎样在学校和班级中将这一活动真正付诸实践。这些章节中包含了描述性的文本、学习资源、建议以及学校成功实践的案例。同时，相关视频也对文本信息做了进一步补充。这些视频反映了书中提到的关键策略在真实的学校环境中的实践情况，能够树立榜样、提出问题和激发讨论。当然，我们还有一系列资源来支持这些实践活动，这些资源可以在我们的网站中找到：www. elschools. org/ leadersoftheirownlearning。

尽管所有的评价活动对课堂上的日常教学活动都有影响，但是在本书的第五至第八章我们还是主要介绍了学生与外界参与者的交流学习和收获。

第一章：学习目标

学习目标是学生参与式评价体系的基础。它将州立标准和共同核心标准转化成课程的目标、项目、单元和课时，且用学生能够理解的语言清楚地表述出来。因为学习目标必须是基于教师对自己所教内容的深刻理解，所以它们是学生参与式评价体系的基础，其他的实践活动都要对学习目标进行回顾。通常以"我能够……"这样的形式开头的学习目标，被粘贴在班级墙上，教师和学生进行认真贯彻。由于学习目标主要是针对学生设计的，他们经常会说"我能够……"，所以在学生参与式评价中学生的参与是关键要素。

关于学习目标的这一章将会帮助教师写出基于州立标准和共同核心标准的高质量的学习目标；养成依靠学习目标指导日常教学的习惯；使标准、学习目标和评价高度匹配；设计个性化的学习目标，帮助学生从良好的学习习惯和公民道德方面追踪自己的进步。这一章也有助于学校领导为全校的学习目标达成做出关键决策和行动。

第二章：在日常教学中检查学生是否理解

检查学生是否理解将评价与教学活动联系起来。它包括教师在任何时刻检测学生对课程内容理解的各种方法。对理解策略的检测能帮助学生监控和说出学习上的进步，也能指导教师改进教学以保证每个学生都能理解教材以及达到共同核心标准的要求。与学生参与式评价系统中的其他组成部分一样，对理解策略的检测为教师和学生提供了及时有用的反馈信息。

这一章会指导教师通过调整课程结构来检测学生的理解程度，为教师提供了许多具体可操作的策略，包括从提问和观察策略转变成快速检验策略，例如轮流问答、课堂反馈卡等。这一章同样也会帮助学校领导在全校优先安排这些实践活动，形成浓厚的校园文化。

第三章：运用学生数据

经验丰富的教师和学校领导通过收集和分析数据来理解学生成绩、评价教学活动、做出正确教学决策。然而，如果学生从一开始就做自己学习的主要负责人，他们也需要学着理解和运用与他们表现相关的数据。

这一章关注班级教学实践，涉及培养学生评价、分析和有效运用数据等能力，反思、设定目标的能力，以及用文件证明自己在州立标准和共同核心标准方面所达到的成就。这些实践活动帮助学生学会将班级评价和个人内部评价作为数据资源来分析自己的优势、劣势以及学习的榜样，以此来促进学生成长。因此，甚至是标准化测验的数据也可以成为帮助学生学习和提供反馈信息的有用证据。学校领导和教师将会学习营造一种班级文化，向学生传递一种智力是可以转变的、他们可以通过坚持不懈的练习来不断提升自我的观念。

第四章：范例、评价和描述性反馈

造成学生作业质量不高的原因很简单——他们没有看过高质量的作业模板。无论这个作业是一篇很有说服力的论文、几何证明还是一个历史报告，大多数学生都没有分析过一个真正好的作业模板是什么样的。许多教师也只是通过口头或书面形式表达了他们的期待，而没有给出相关的模板。那些描述都仅仅只是文字，有些还很模糊，没有在学生心中形成关于质量的概念。这一章会指导教师使用典型的作业模板，并且在评价课上分析这些模板，以帮助学生形成共同的质量概念。

我们区分了描述性评价和评价课。描述性评价是指教师或同伴为学生提供具体有用的反馈信息以帮助他们提升作业质量；评价课是指全班一起讨论做得好的作业和不好的作业，明确课程或项目的高质量作业的标准。这两种活动都需要学生参与讨论，讨论好的作业是什么样的，怎样运用他们的知识、能力和资源来提升自己。

这一章会帮助学校形成一种文化，这种文化有助于给予和获得反馈信息，制定评价课上的协议或制度，培养学生运用反馈信息和评价标准来评价自己进步的能力。这些相关的实践活动都是帮助学生掌控学习目标和达到共同核心标准的关键工具。

第五章：学生领导的会议

学生领导的会议让学生在与家长交流自己的进步时处于领导地位，这是一个有助于学生真正参与评价自我进步以及激励学生继续努力的重要策略。同时，学生领导的会议可以让几乎所有的家长参与学生的学习过程。它是由学生、家长和教师共同参加的会议，在会议上学生会分享自己在理解和把握学习目标以及达成州立标准和共同核心标准中的进步。无论是幼儿园还是高中，学生领导的会议都有助于学生讨论和反思自己的学习以及设定进步目标。

本章将指导教师和学校领导组织好学生领导的会议的相关工作，包括与家长沟通、定义参与者的角色以及组织一场高质量的学生领导的会议。

第六章：学习庆典

学习庆典活动是学生参与式评价中又一个重要实践活动，它的焦点集中于对学习的交流。尽管我们使用的词是"庆典"（这些事件确实可以称作团体的庆典），它更多的是关于学生高质量作业的展示，以此激励学生整个学年努力学习。学习庆典活动是选出全年级或全校完成得最好的作业向学校团体、家长和其他人员展示，并且学生的现场表现也是这一活动的一部分。像这样的活动能够给学生提供真切的机会，反思他们的进步以及讲述他们学习过程中的故事。

这一章会帮助教师安排参加学习庆典活动的学生——反思在达成学习目标与州立标准及共同核心标准方面的进步，养成为展示高质量的作业而进行必要修改的良好学习习惯。同时也为学校领导统筹安排这一体现学习乐趣、展现学术和艺术性的大型盛会提供指导。

第七章：用档案袋进行文本展示

档案袋和文本展示是学生参与式评价体系中相互独立又有联系的两个活动，需要学生记录和交流有关学习的证据。它们和学生领导的会议也有紧密联系，学生领导的会议为文本展示活动奠定了良好的基础。档案袋是学生作业的集合，能够证明学生的进步情况，主要是记录学生对于根据州立和共同核心标准设定的学习目标的达成度，同时也能够证明学生在养成学习习惯、提高学习成绩、发展艺术素养和塑造高尚品格等方面的进步。文本展示是学生展示自己多年的学习表现，它在学生的受教育过程中起着关键的作用（例如，小学、初中和高中的学习总结；一些重要学习转折点的学习水平，包括二年级、五年级、初二以及高二等）。在展示过程中，学生以自己的档案袋为导向，向大家清楚地展示自己的进步和成长。

这一章将会指导教师充分发挥档案袋的价值，将它视为班级重要的发展性文件。诸如"将什么放进档案袋中？""从档案袋中拿出哪些内容加以利用？"或者"档案袋是如何反映校风改善情况的?"等重要问题会在本章中解答。同时,这一章也会支持学校领导和教师建立必要的组织,来开展由教育者、家长和社区成员等人员参与的展示活动。

第八章：基于标准的等级评定

在基于标准的等级评定体系中,每一等级都要清楚地说明其指代的学生现阶段的学习状态。在学生参与式评价体系中的所有活动里,这一活动可能是最复杂的。这一活动需要在学区支持下于全校范围内开展实施,因为它代表的是学校传统等级评定和记录模式的变化。基于标准的等级评定活动与学生参与式评价体系中的其他活动都紧密相关。州立标准和共同核心标准表达的是最重要的学习目标——用学生能够理解的语言表述出来——等级评定是通过一定证据对学习目标的达成做出评价。基于标准的等级评定有几条最基本的关键原则：等级评定必须清楚地描述出学生的进步以及其现阶段的学习水平；学习习惯应被单独评价和记录；等级评定是为了学习交流,而不是表扬或批评谁；等级评定必须明确、具体地指出学生还需要在哪些方面继续努力；同时,学生参与是等级评定过程的关键。

本章将会帮助学校领导建立组织以及构建一定愿景,从而将等级评定当成一种工具,用以提高学生的学习积极性、增强他们的责任意识,同时也向家长清楚地解释学生应该从哪些方面继续努力。关于等级评定的大量实例、等级评定手册和其他资源将有助于教师在实践中更好地运用这一方法。

去年，我参加了马萨诸塞州斯普林菲尔德复兴学校的学生大使活动，那时，州长帕特里克·德瓦尔也正在参观这所学校。连续三年，这所学校的所有毕业生都能考上大学，这对于一所市区学校来说是一个了不起的成绩。帕特里克来到这里是为了观摩、学习他们的成功经验。他向一个学生大使问道："德斯蒂妮，你能说你是一个好学生吗？"

德斯蒂妮停顿了一会儿，回答道："这个问题很难说。我制定学习目标的工作习惯非常好。我的学业目标包括多方面的内容——我一直在努力达到要求。"这时，州长打断道："学习目标？"德斯蒂妮解释道："它是关于我们应该知道什么和能够做到什么的目标。"州长微笑着说："噢，是课程目标、课时目标，我知道这些。"德斯蒂妮摇头解释道："不是的，它不是指老师的课程目标，学习目标是属于学生的。学习目标是我必须要清楚我能够在哪些方面取得进步，同时还要提供关于我的进步的证明，例如：我能够分解方程式、写小作文或者是解释一个历史概念等。"

州长点了点头，说道："这很有趣！那么制定学习目标的工作习惯又是什么呢？"德斯蒂妮快速地答道："这是指所有的学习目标中最重要的内容，包括在大学的学习和生活中我们需要的一些学习技能和学习习惯。你应该多关注这方面的内容，因为这是我们都能考上大学的原因。"

——罗恩·伯杰

学生参与式评价的基础

学习过程不应是神秘的。学习目标是为学生提供可达到的目标，是学生能够理解并为之不断努力的目标。相比于让教师承担起所有达成教学目标的责任，用学生能够理解的语言写下来并让他们不断反思的学习目标将完成目标的自主权由教师转向学生。这一看似简单的转换实则将评价置于首要位置。学生成为评价和提升个人学习的主角。

学习目标是课程、项目、学习单元的目标。它们源于标准、用于评价成长和成就。它们以具体的、学生能够理解的方式写出来——以"我能够"的形式开头——与同学

分享，张贴在教室的墙上，并且在学习过程中要求教师和学生严格遵照执行。学生会用大量的时间讨论和分析这些目标，也可能进行适当地修改或增添。

在丹佛市奥德赛学校，洛丽·拉利伯特的幼儿园学生已经将观察和照顾甲虫看作了他们学校生活的一部分。因此，当知道甲虫死了时，他们非常伤心。现在，甲虫公司同意送给他们一些新的甲虫。由于在幼儿园的共同核心素养标准中有一条是：运用画画、听写或书写的综合方式完成信息性或解释性的文本，在这些文本中学生为自己所写的内容定题目，同时提供关于该话题的一些信息。这件事给学生提供了一个真实机会来学习怎样写感谢信。他们用两个学习目标来指导这次学习：我能够确定一封信的主要内容；我能够把写这封信的目的解释清楚。这些学生在课程之初就知道他们的学习目标。在配套的视频中我们可以看到拉利伯特的学生为了达成他们的学习目标而积极行动。

 观看视频：在课堂中运用学习目标

通过将标准转化成学生能够理解的学习目标，拉利伯特让学生成为追求学习进步的积极行动者。她知道当学生说"我能够"的时候他们就达成目标了。目标这个词非常重要。它强调学生为一些具体的事情而努力行动。它常以这样的方式吸引学生：为学生指明方向，集中学生的注意力。每一天，学生一起讨论、反思、追踪他们自己的进步，并且评价他们关于学习目标的学习进展。学习目标使学习成为一种投资，让学生用自己的话讨论他们知道了什么、应该学习什么。正如奥德赛学校的一位八年级学生评价道："老师会花时间分解学习目标，因此学生能够明确地知道自己的学习进程。"

为什么学习目标很重要

学习目标帮助学生定义学习的内容和意义，使学生能够监控自己的进步，更好地理解和练习元认知。为什么这些是很重要的呢？学习自主权如何使学生成为更好的学习者？自我监控如何帮助学生提高成绩？元认知有什么特别之处呢？答案就是学生学习动机的强弱。学习目标能够激发学生的学习动机。

学习目标代表清晰、可操作的目标

学习动机是动态的，在此之上的是学生挑战自己现有能力的欲望。换句话说，当学生知道完成某一任务在其能力范围内时，他们会有强烈的动机。

学习目标由一个个短期任务组成

当学生在之前的尝试中不断获得成功，学习动机就会增加。学习目标，从定义来说，就是将内容抽象的标准分解成一个个具体的小的学习任务。

学习目标使学生知道他们在学习中所处的位置

学生动机的特点之一就是目标感。有动机的学生知道怎样让小任务与整个学习过程融合起来。不管最终目标是否达成，它都为学生提供了一些重要信息，包括他们知道了什么，能够做什么，以及应该继续学些什么。

共同核心联系

• 写下学习目标可以加深教师对标准的理解，帮助教师辨别学生应掌握的知识和技能的重要程度及先后顺序。

• 共同核心标准代表着一个大的范围，涉及了从幼儿园到高中各阶段学生需要学习的重点，不仅包括学习的内容，还包括培养学生成为各学科独立学习者所需的学习技能。学习目标通过将标准与学生的整个生活密切联系起来，来提升学生的独立能力，使达成学习目标的责任从教师一人承担转变成教师和学生共同承担。

• 特色学习目标（非学术性学习目标）帮助学生养成良好的学习习惯（如，独立、自学），这些都是标准中提到的、需要学生做到的内容。

....

特色学习目标用学生能够理解且能够增加学生归属感的语言表达了对学生的具体

期望。特色学习目标有助于形成相互尊重的学习团体和培养学习责任感。

开始

制定学习目标

从选择一门基于标准的课程开始。学习目标源于很多内容——共同核心标准、州立标准或地方标准、学校的学术习惯或者区域项目内容的要求。有些学校的教师可以自由选择在规定时间内达成什么标准，有些学校是由学校领导小组确定课程表，也有一些学校的课程是由相关学区决定的。不管怎么说，教师在所教的班级中可以确定学习目标，指导学生追踪他们的学习进程。教师制定学习目标之初，就应该选择好这门课所应达成的标准，这样既有助于更好地制定学习目标，也方便在规定时间内进行评价。

为这门课程制定学习目标。学习目标最好从小处开始。选好课程后，将课程目标转化成可操作、可评价以及学生能够理解的学习目标。很重要的一点是，不要让学习目标包含太多的标准内容——特别是刚开始制定学习目标的时候，这不太明智。例如，一位二年级教师第一次尝试为一节课制定学习目标时，包括了共同核心标准中 W.2.1 的全部内容：写出学生习作中介绍的话题或书中的一些观点，说明观点，为观点提供论据，使用连接词（如，因为、然后、而且）连接观点和论据，然后进行总结。对教师而言，他应该从这一标准中选取一个可操作、可评价的内容来生成学习目标。例如，教师可以选择一个合适的起点，让学生学习从他们所读的故事中提炼观点，提供论据。可以尝试这样表述学习目标："我能够从所读的故事中得出一个观点"，接着是"我能够用一句话表述故事中的观点"，然后是"我能够从故事中找出一个例子证明我的观点"。一堂精心设计的有着明确学习目标的课，能够使学生在提出观点和进行论证中提升能力。同时，在这一过程中可以检测学生的进步，并且在结论部分可以看到大多数学生的进步，即便没有完全做到这几点，学生也在课程中不断达成学习目标。对教师而言，刚开始制定学习目标时，选择可行且可评价的课程帮助确定学习目标是一个重要基础。

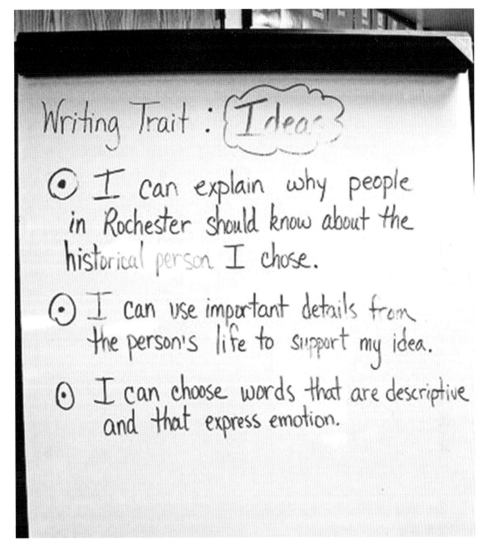

这些目标源自五年级的共同核心写作标准 W.5.2：针对一个话题写出说明性或解释性文字，清楚地表达观点和信息

　　在整个学习过程中，学生能够评价自己的进步也十分重要。这是学生参与式评价的关键。假设九年级语文课的学习目标是"我能够写一首有强烈画面感的俳句诗"，那么课程结束时，就要让学生基于一定的标准来评价他/她的诗是否体现了语言的鲜明特点。而如果学生将作业交给老师，老师又没有及时地返还作业，那么学生就会错失参与评价自己作业的机会，不利于学生的持续发展。如果是这样，学生参与式评价中的学生参与的部分就没有了。

在制定高质量的学习目标的过程中，许多教师常犯这样一个错误：制定学习目标是描述学习任务，而不是学习本身。例如，"我能够制作一张关于北极熊适宜栖息地的海报"与"我能够以海报的形式描述北极熊适宜的栖息地"两句话的意思就大不相同。第一个学习目标强调的是学生制作海报，而第二个学习目标强调的是北极熊的栖息地。虽然制定高质量的学习目标需要一定的过程，但是教师必须要清楚他们想要评价的学习内容。更多相关的常识性错误会在本章末尾的"共同挑战"部分提及。

表 1.1 呈现了日常学习目标的例子，这些学习目标都是结合标准和具体课程内容而确定的。例如，学习目标"我能够运用史实资料描述影响萨科和万泽提的历史事件"与共同核心阅读标准的 RI. 9—10.8 相关，其具体内容是：描述和评价文本的观点和具体论点，评价它的推理过程是否合理，所提供的证据是否充分且有逻辑性；判断出假的观点和不合理的推理。

表 1.1　日常学习目标的例子

低年级学生的学习目标	高年级学生的学习目标
• 我能够描述生物和非生物的区别； • 我能够解释自己将昆虫分类和排序的推理过程； • 我能够找到想用于书本、单词墙和单词卡中的单词； • 我能够写出传达信息的单词	• 我能够在散点图中展示两个变量数据； • 我能够描述光合作用和呼吸作用是如何帮助生态系统保持动态平衡的； • 我能够运用史实资料描述影响萨科和万泽提的历史事件

运用学习目标

选择合适的时间向学生介绍学习目标

在大多数课堂中，教师会在开始的时候告诉学生学习目标，然后教师和学生的评价会贯穿教学始终。有些教师会让学生大声地朗读学习目标，让学生向同伴重新表述学习目标，或者学生以小组或班级为单位讨论学习目标，以此确保学生理解了学习目标。当学生熟练掌握学习目标后，他们又需要对现有的学习目标进行批判或修改，这时师生可以一起将学习目标修改得更具体、更易于操作、更能激发学生兴趣，甚至形成一些新的学习目标。这一分享和讨论学习目标的过程为学生提供了有意义学习的机会，特别是在理解关键词方面。例如，在配套的视频中可以看到，奥德赛学校的六年级学生乔恩·伊克在为"我能够运用原始资料初步了解第一代移民，并对这一个案研究提出初步的研究问题"这一学习目标努力前，仅用几分钟时间就掌握了原始资料这一名词。

 观看视频：学生分解学习目标，讨论学术词汇

对于有些课堂而言，在课堂教学中找一个合适的时机与学生交流学习目标可能会更好。对于学习内容有些"神秘"的课堂——那些能够激发学生的兴趣且引发学生问题的内容——比如让学生学会一个新的数学概念的课程或者是让学生用科学的或艺术的材料做实验的课程，最好是先不告诉学生学习目标，这样可以使学生在思考和发现的过程中不受学习目标的限制。在讨论了学习目标的前期准备和使用策略之后，学习目标就可以用来指导下一步的工作了。

个案研究

马萨诸塞州斯普林菲尔德复兴学校代数二班寻找合适的机会介绍日常学习目标

像往常一样，希拉里·杜沙姆的高二代数二班学生走进教室，开始解决写在黑板上的新问题。今天，杜沙姆要求学生回答关于 FOIL（first，outer，inner，last）的一些问题，按照一定的顺序在括号中增加词条（首先，外部的，内部的，最后）。学生开始低声讨论。学生们分组解决问题时，杜沙姆就巡视个别学生的情况。讨论结束后，一些学生代表走到黑板前写下了他们的解决办法。

学生打开家庭作业，这学期四个长期目标中的一个目标写在上面："我能够使用二次方程解决问题。"下面是关于这个长期目标的支撑性目标，杜沙姆前一天已经向学生介绍过了，"我能够通过完成配方找到二次函数的根"。在完成作业的过程中，学生反思哪些知识是简单的，哪些是有挑战性的，并且使用二次方程式检查他们"配方"的解决办法。这就导致了班级中对于使用"配方"或二次方程式的激烈辩论。"我喜欢学生站起来表达自己的观点，"杜沙姆说，"这能够增加学生的参与度。他们突然都充满激情地表达了对二次方程式的理解。"

这堂课进行了 35 分钟后，杜沙姆才告诉学生新的日常学习目标，"我能够认出两个方程的差异，并分析原因"。她将学生带回课堂前十分钟解决的 FOIL 问题，当学生探索方程的解决方法时，某些意识开始在学生头脑中形成，他们会发现对问题的解决有助于理解相关概念，而理解这些概念都是他们新的学习目标的要求。

在向学生介绍日常学习目标时，杜沙姆使用了一些策略。她认为，在给学生机会让他们自己解决一些问题前，告诉他们日常学习目标是不合适的。她说："除非学生对此有了自己的体会，否则这些都是无意义的。"在这个案例中，杜沙姆知道，在了解了二次方程式的基础上，学生应该理解方程。"这是我教这些学习目标的第四个年头，"杜沙姆说，"现在我已经有丰富的经验可以判断如何将学生带入'aha'（引起学生注意）的重要时刻。"

考查学生理解程度的方法

为了在学生达成学习目标的过程中更好地评价他们的进步，教师必须在学习的过程中穿插考查环节。例如，在配套的视频中，当詹森·希罗与学生一起分解学习目标时，为了检测四、五年级学生对过渡词的理解程度，他使用了几种检查学生理解程度的方法。

 观看视频：学生分解学习目标

如果学生在课堂中不积极参与和使用学习目标，那么，即使是描述得很贴切的学习目标也很难促使学生对自己的学习负责。因此，除了在课堂中要不断地检测，在课堂结束的时候也需要考查学生的理解程度。一个结构完整的问答环节会使学生反思自己的学习，回到当天的学习目标上来评价自己的进步。

这里介绍课堂教学过程中和结束时检查学生对于学习目标的理解和进步的几种方法。

- 手势（例如：握拳；大拇指朝上、大拇指朝下或者大拇指朝向一侧；将手举高、居中、向下）

- 书面考查（例如：白色书写板、课堂反馈卡、指导性练习）

- 口头考查（例如：随机提问、全班轮流回答）

- 进度表（例如：学生贴出便利贴、知识点、检查表）
- 同伴考查（例如：结对分享、同伴质疑、小组检查）
- 快速测验（书面形式或口头形式）
- "点击"技巧（例如：所有学生通过计算机做出回应）

可参见第二章中对这些方法的具体讨论。

在学习过程中穿插考查环节，确保学生能够理解教学内容，同时帮助教师调整教学计划

实践

长期使用学习目标

学习目标可以分为几个层次。制定和运用日常课堂教学的具体学习目标只是第一步。要想为长远的学习计划制定学习目标还需要进一步的实践，需要教师考虑实践中更多复杂的特点：

- 区分和整合共同核心标准、州立标准和地方标准
- 使用长期学习目标和支撑性学习目标
- 整合特色学习目标（非学术性学习目标）
- 考虑学习目标的严谨性
- 使标准、目标和评价保持一致

区分和整合共同核心标准、州立标准和地方标准

将课程目标转化成学习目标只是一个方面，另一方面，还要将所有的标准转化成长期的项目、单元和课程。通过明确学生需要掌握的概念和不断理解的内容，学校判断区分出标准中哪些是需要学生学会的重要内容、哪些是只需要简单了解的内容。一份基于标准的全校课程表是教学设计和实施的坚实基础，对教师而言，是一个非常重要的工具。对此，如果学校层面没有这样一份课程表，那么教学小组的教师们应该一起确定标准中所涉及的重要概念，同时将它们与课程项目、单元等有逻辑地联系起来。

"当我充满信心地说出'我能够'的时候，我知道我理解了学习目标。"

——一个八年级学生

丹佛市奥德赛学校

相关策略：使用学习目标概念地图

希拉里·杜沙姆在马萨诸塞州斯普林菲尔德复兴学校的代数二班中，对于每一个学习单元都会将词条概念地图作为学习目标的可视化表现形式。当给学生介绍新的长期学习目标时，她会制作概念地图，作为提示学生学习的一种方式。当涉及新的学习目标时，她和学生会在几天内或几周内频繁地使用概念地图。对于概念地图中词条的解释信息，杜沙姆很谨慎。当学生为终结性评价做准备时，概念地图中的词条信息会包括整个单元的内容。杜沙姆发现概念地图对学生的学习很有帮助，特别是对学生个人教育计划（Individual Education Plans，IEPs），学生可能需要这种视觉上的提示（可参见词条概念地图）。

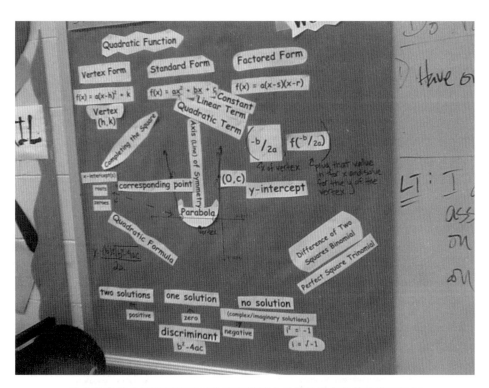

这个词条概念地图强调了二次方程模型中关键的概念和单元学习目标

对那些为我们提供案例和故事的学校而言，教学的基本单元就是学习考察。学习考察往往基于个案学习，能让宽泛的学习主题变得更具体，并且可以结合当地情况。具体的情境可以帮助教师将宽泛的标准转换为有助于学生理解的学习目标。比如：相较于整个河流生态系统而言，学生可能更愿意保护流经他们周围的河流。如果学校没有建立类似学习考察这样的课程结构，可以选择一个与当地实际相关的个案研究来学习偏学术的内容，会使课程对学生更具吸引力，也会促进学生参与课程学习。

学习考察是跨学科的学习，它通常持续 6 到 12 周，内容由教师或者教学小组成员确定。学习考察以州立标准和共同核心标准为基础，与地方课程相匹配，重点关注核心知识和技能。每一个学习考察活动都包括了指导问题、已有经验、案例研究、项目、课程、现场工作、专家、学习服务和高质量的学生作品。

在展示标准分类和课程内容整合的过程中，可以参考奥德赛学校六年级的"我们同住下游"的学习考察活动。学生大约用了三个月的时间研究科罗拉多州污染严重的普拉特河。以学校课程表为指导，教学指导教师丽萨·伊顿和其他教师一起研究关键的州立科学标准和共同核心素养标准，这些都与他们的学习考察课程息息相关。

在此基础上，教师选出了一些能够与当地特色深度融合的重要标准，作为在整个考察过程中指导学生的长期目标。在确定符合标准的一系列学习目标时教师十分谨慎。例如，在学生构建普拉特河和河流生态系统的知识背景过程中，会更多地涉及阅读标准。当学生准备陈述他们的考察发现时，就会涉及写作标准。

图 1.1 向我们展示了如何将两个州立标准和一个共同核心标准结合起来形成长期学习目标 1，这是学习考察过程中的一个长期学习目标。

使用长期的、支撑性的学习目标

支撑性的学习目标是实现长期学习目标的基础。它们嵌套于长期学习目标之中。对于支撑性学习目标的数量，没有一定之规，但通常情况下每个长期学习目标会有 3 到 5 个支撑性的学习目标。支撑性学习目标是具体且容易测量的，它们能够指导教师的日常教学。有时，也需要将支撑性学习目标继续分解成更加具体的日常学习目标。或者，同一个支撑性学习目标，例如："我能够提出问题，并且做出合理假设"，可能需要好几节课的学习才能达成。

科罗拉多州州立科学课程标准

生活1（六年级）：环境条件的变化能够影响个体生物、群体及整个物种的生存
生活2（六年级）：生物间的相互作用和多变的环境条件会产生源源不断的能量以及促进生态系统的物质循环

生活4（七年级）：光合作用和细胞呼吸作用是有机体获得能量并利用能量的重要过程
生活1（八年级）：人类的活动能够有意或无意地改变生态系统及其弹性
科学结果的特性：理解和运用实验设计的组成成分——提出和检验假设、控制变量、收集和整理数据、根据数据做出推断

长期学习目标1

作为一个科学家，我能够分析普拉特河流的生态系统，明确非生物因素是如何影响这个生态系统的

共同核心素养标准

评价科学研究（RST.6-8.8）：区分事实、基于研究发现的合理判断以及文本猜测

口语和听力（SL.6.1）：成功的小组讨论需要所有同学的计划和参与
阅读信息性文本（R.6.2）：确定文本的核心观点以及它是如何通过具体细节表达的；进行不同于个人观点和判断的文本概括
书写有说服力的文本（W.6.1）：用有力的理由和相关的证据书写论据支撑论点
书写信息性文本（W.6.2）：书写信息性的／说明性的文本来检验一个主题或表达观点、概念；通过选择、组织和分析相关内容得到信息
修订文本（L.6.1，L.6.2）：对语法、用法、技巧等的修订，使文字表达更准确

图1.1　整合"我们同住下游"学习考察活动的长期学习目标1

在分析共同核心标准和州立标准时，很难一开始就以"我能够"的形式提出长期的、支撑性的学习目标。学习目标可能对应的是一个标准中的一小部分内容，也可能涵盖了几个标准的内容。因此，学习目标一定要使用学生能够理解的语言，这往往是标准中很少考虑的。例如，某个一年级的教师可以将一个内容为"学生理解美国货币的货币价值标准"的标准，转化成两个连续的学习目标："我能够用多种方式找零2.5美分"和"我能够用多种方式找零1美元"，这样有助于学生对学习目标的理解。

在"我们同住下游"的学习考察活动中，我们发现了一个很好的例子，它运用支撑性学习目标指导教师和学生完成长期学习目标所需的日常工作，而且这一长期学习目标是对应多条标准的。图 1.2 向我们展示了这一长期学习目标是如何被进一步分解成三个支撑性学习目标的。

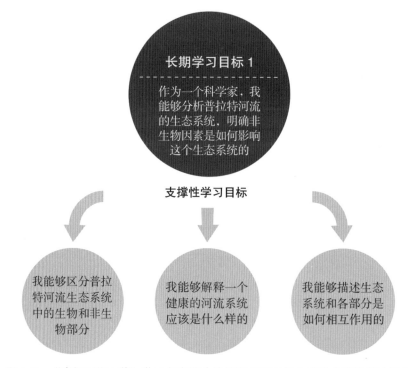

图 1.2　"我们同住下游"学习考察活动的长期学习目标 1 以及支撑性学习目标

整合特色学习目标

特色学习目标以整个学校对学生的学术习惯和社会行为规范的期望为基础。如果学校还没有确定指导学生学习的学术习惯——学校的特色编码，那么回顾学校宗旨会帮助学校进一步认识特色学习目标。

表 1.2 包括了奥德赛学校六、七、八 3 个年级的特色学习目标，它们能够指导学生整个学年的学习。不是所有的特色学习目标都能够在一个单元或一次学习活动中达成，它取决于所选的 2 到 3 个学习目标的关键点是否与学习内容或班级需要紧密相连。在"我们同住下游"这一学习考察活动中，学生都专注于学习目标的一个点：解决他们平时写作中常见的错误，同时，这一活动也将同学们的研究室工作和对普拉特河流

生态系统的现场研究工作联系起来。

· 修正：我能够使用一种或多种工具或策略消除期末作业中的所有书写错误。

· 合作和领导：我能够意识到我的努力提升了小组工作的质量。

· 服务和管理：我能够将课堂所学的知识变成实际行动，以改善我们社区或更广范围内人们的生活环境。

表 1.2　六到八年级特色学习目标的例子

责任感 我能够坚持自己的观点；我能够集中注意力；我能够及时完成高质量的作业	· 我能够不断使用各种学习策略（如，记笔记、课堂参与、课前课后的辅导练习）充实自己的学习过程； · 我能够及时完成高质量的作业； · 我能够作为有意识的支持者（如支持他人的观点）
修改 我能够使用批判性的反馈信息修改提升作业	· 我能够论证我是如何知道自己的期末作业是最好的； · 我能够使用一系列的修改策略； · 我能够使用一种或更多的工具或策略，消除期末作业中的所有文本错误
探究 我能够使用一门学科的练习、工具和技能来调查、评价、形成和检验理论；我能够使用这些技能理解一些具体的情境和理解这门学科中的大概念	· 我能够进行深度学习，基于原始的研究和背景知识提出自己的疑问和理解； · 我能够找到许多相关资料，帮助自己解答疑问，加深理解； · 我能够评价和综合找到的信息和证据； · 我能够采用一种易于参与者评价的方式报告我的发现
换位思考 我能够从多角度考虑公平、自由和人权，且理解其内涵	· 我能够从多方面理解这个世界； · 我能够从交流中吸收别人的观点，而不仅仅是在交流中声明自己的观点； · 我能够解释，在调查论证一个反面的观点后，我如何改变或加深自己对一个问题的理解
合作和领导 我能够积极地与同学一起学习、完成作业，这比独立完成要学得更多、更深	· 在与同伴合作的过程中，我能够意识到自己作业的进步； · 我能够意识到在提高团体作业质量方面自己的贡献； · 我能够实施领导策略，并评价它们的有效性； · 作为一个好的榜样，我能够言行一致
服务和管理 我是集体中的一员（关于全体人员的更多信息，可参见第五章）；我能够为周围的环境和社区做些事情；我能够将自己的行为与国际社会发展联系起来	· 我能够引导大家积极关心环境（班级、学校、自然）； · 我能够在实际行动中运用课堂所学的知识，改善周围的社区甚至更大范围的环境； · 我能够关心周围的同学

共同核心标准中描述的学生，是达到标准且准备好上大学或工作的学生。这些描述与奥德赛学校以及本书中提及的其他学校所说的学术习惯保持着高度一致。事实上，只有灵活地教授这些才能帮助学生成为标准中所描述的那样——独立的学习者，能够批判他人的推理过程，判断调查过程和所给证据的价值，以及不断寻找解决问题的办法。

考虑学习目标的严谨性

制定学习目标为教师增加班级学习的严谨性提供了机会。知识、技能和推理的框架是学习目标的三种类型，有助于教师分析他们对学生理解力和处理事务能力的期望（参见表 1.3）。学习目标的这三种类型都很重要。通过分析学习目标的类型，教师可以做出正确的教学决策，合理地安排教学内容的顺序以及准确地预测学生熟练掌握一个学习目标所需的时间。例如，只需学生记住定义的几何学知识学习目标可能只用一节课就能达成，而需要学生运用几何概念→推理→解决问题的学习目标可能要通过几天的学习才能达成。同时，对学习目标类型的分析也可以帮助教师选择更高效的评价方法。

表 1.3 知识、技能和推理的学习目标

项目	知识	技能	推理
解释	使用相关材料完全理解或重获知识、事实、概念	运用知识表现一种行为，强调表现	思维敏捷——运用知识解决问题，做出决策、计划等
动词范例	解释、描述、认出、区分、命名、列举、定义、贴标签、匹配、选择、回忆、识别、挑选	观察、倾听、表现、带领、阅读、演讲、写作、集合、操作、使用、证明、测量、模拟、收集、编写剧本	分析、比较和对比、综合、分类、推测、评价

资料来源：Stiggins, Rick J.；Arter, Judith A.；Chappuis, Jan；Chappuis, Steve, *Classroom Assessment for Student Learning：Doing It Right—Using It Well*, 1st Edition, © 2006, p. 64. Adapted by permission of Pearson Education, Inc., Upper Saddle River, NJ.

然而，仅仅将学习目标贴上知识、技能或推理的标签，对学习目标的严谨性而言还是远远不够的。教师同时还要考虑到学生任务的复杂程度以及与学习目标相关的评价问题。表 1.4 中的认知矩阵是一个有用的工具。一旦教师的头脑中有了学习目标以及相关的学习任务和评价时，他们就可以使用这个矩阵了。第一步是使用布鲁姆教育目标分类学（修订版）区分完成一个任务所需的认知水平（记忆、理解、运用、分析、评价、创造）。接着，考虑学生需要对学习内容理解到什么程度以及学习内容的难易程度如何。

表 1.4　样本作业的认知矩阵

项目	回忆和再现	对技能和概念的基本运用	策略性思考和推理	思维拓展
记忆	回忆或定位基础事实、细节和事件	—	—	—
理解	描述或解释人物、事件、地点、时间和经过	解释关系、总结、确认主要观点	运用证据解释、概括和联结知识	解释具体概念或知识是如何联系其他领域的内容
运用	通过语言结构和话语关系确定其意义	通过文本特征获得或解释信息	在新的语境中使用已学概念	在众多选择中挑选或修改方案用以调查一个新问题
分析	识别图表中是否包含信息	辨别相关信息和不相关信息	分析概念、事件和问题的内部关系	分析复杂或抽象的主题或视角
评价	—	—	证明或批判所得结论	用新的合理的方式来理解
创造	对一个话题进行头脑风暴	基于观察或先前背景知识提出假设	为给定情境设计一个复杂模型	清晰地表达新观点、知识和视角

资料来源：Adapted from © 2009 Karin K. Hess；*Hess' Cognitive Rigor Matrix.*

知道了这个任务在矩阵中的具体位置，可以发现教学计划的不足之处，帮助教师确保所制定的学习目标为学生学习起到应有的作用。运用这个矩阵也能够促使教师考虑"思维拓展"部分的任务，强调实际运用能力、多学科交叉能力、问题解决能力和创造性思维能力，这些能力都是共同核心标准中提到的深度学习的重要内容。

使标准、学习目标和评价保持一致

学习目标贯穿于课程发展、教学和评价始终。源自州立标准和共同核心标准的清晰的学习目标能够帮助教师做出决策，决定教什么以及怎样评价学生的学习。教师要清楚长期的支撑性学习目标各个部分的评价内容，针对学生正在努力达成的学习目标的类型，慎重地选择合适的评价方法。例如，对于"我能够用公制单位收集具体的准确数据"这一学习目标，教师用一个拓展性的写作作业来评价学生对学习目标的达成情况就不太合适，表现性评价可能更适合这种技能型的学习目标。表 1.5 给我们展示了针对不同类型的学习目标可以采用的评价方法。

表 1.5　基于学习目标的类型选择评价方法

项目	选择题	论述题	表现性评价	个性化交流
知识	**良好匹配**——评价对要素或知识的掌握程度	**良好匹配**——评价对要素或知识间关系的理解程度	**不好的匹配**——花费大量时间评价所有内容	**匹配**——能够回答问题、评价问题的答案，但是浪费了很多时间
技能	**不好的匹配**——能够评价对预备知识的掌握情况，但是不能告诉评价者学生是否可以使用该技能	**良好匹配**——能够观察和评价学生正在使用的技能	**良好匹配**——考查口语表达的熟练程度
推理	**匹配**——仅仅评价对一些推理模式的理解	**良好匹配**——写下复杂问题的解决办法，考查推理的熟练程度	**良好匹配**——能够观察到学生解决问题以及推测其推理的熟练程度	**良好匹配**——能够让学生边想边说或者连续提问以考查学生的推理能力

资料来源：Stiggins, Rick J., *Student-Involved Assessment for Learning*, 4th Edition, © 2005. Adapted by permission of Pearson Education, Inc., Upper Saddle River, NJ.

深化学生参与的关键行为

花费时间和精力制定贴切的学习目标，只是一个开始。只有当学生内化了学习目标并且使用这些学习目标评价自己的进步时，这一活动才真正发挥了作用。在配套的视频中，奥德赛学校七、八年级的学生已将讨论班级的学习目标作为他们班级日常生活的一部分。这样做的结果是，每个学生都对自己的学习有强烈的责任意识。

 观看视频：学生讨论学习目标的力量

"作为一名教师，我需要确定哪些教学内容是重要的，需要基于一些证据来测量学生的学习成绩。我设计了一些评价方法来反映学生对内容的掌握情况，并且收集学生是否达到学习目标的证据。这些证据同时也指出了学生可能在哪些地方需要额外的帮助或可以对学习内容进一步延伸。这一工作中获得的所有信息会告诉我学生是否理解了学习内容或者老师是否需要再讲一遍或进行辅导。"

——马萨诸塞州斯普林菲尔德复兴学校，奥萝拉·库什纳

　　如果学习目标是给教师而不是给学生看，那学习目标是如何被精心设计和表达的一点都不重要，也没什么用。而学生需要仔细分析和分解学习目标，帮助他们构建未来达成目标的美好愿景。如果学习目标表述不清且不能引起学生共鸣，那么就需要对这些目标进行调整，或者是与学生一起重新组织语言，让学习目标表达得通俗易懂。一旦学生能够熟练地使用学习目标，学生和教师就可以一起制定学习目标，使之与标准和学生的目标结合得更紧密些。尽管一开始制定学习目标是一件让人畏惧的事，但是从制定目标开始有助于更好地开展一系列的学习活动。表 1.6 描述了与学习目标相关的人员、内容和结果。

表 1.6　学习目标相关的人员、内容和原因

教师做什么	学生做什么	导致什么结果
结合州立标准和共同核心标准，制定课程学习目标，在课堂中选择合适的时间向学生介绍学习目标——在课程之初或者中间（促使学生去探究和掌握新概念）；与学生一起讨论分析学习目标	参与到学习目标的学习中——用自己的话向学习搭档或组员解释学习目标；讨论学习目标的具体用词；提出清晰的问题；探索如何证明自己达成了学习目标	课程有了明确的方向和目标，学生能够更多地参与课堂教学；学生能够清晰地表达自己学习的愿景
让教学目标贯穿整个课堂，穿插一些活动促进学生达成学习目标	清楚地表达每个活动是如何帮助他们逐渐实现学习目标的	因为学生有明确的学习目标，所以积极参与课堂教学
检查学生的整体理解情况	采用快速检测的方式自评完成了哪个具体学习目标，如猜拳；帮助其他同学评价和达成学习目标	教师和学生能够对下一步教学做出恰当决策（如，在独立练习前提供或参加一个额外的指导练习研讨会）
检测每个学生对数据的理解和运用情况，针对下一步教学做出恰当决策	用书面的形式检测理解程度（如，反思日记、快速测验），证明完成了哪个或哪几个学习目标	教师能够根据每个学生的情况为下一步教学做出决策（如，口头或书面反馈、区分学习材料的难易度和下一步课堂教学）

续表

教师做什么	学生做什么	导致什么结果
将长期学习目标与日常学习目标和支撑性学习目标联系起来，让学生参与理解相关的州立标准和共同核心标准	理解如何通过日常学习目标达成长期学习目标；帮助同伴理解学习目标和标准	学生能够知道日常学习目标是实现标准愿景的一部分
开始使用学习目标追踪系统	追踪和记录自己在实现长期学习目标和支撑性学习目标过程中的进步，努力理解仍需努力的地方	教师和学生能够见证目标实现过程中的进步，认识到理解和实际操作间的差距
整合特色学习目标和学术性学习目标	理解特色学习目标中体现的规范和技能是如何促进学术进步的	在学术与特色发展间建立联系
确保学习目标的严谨性，平衡知识、技能和推理三种类型的学习目标，注意复杂的学习任务和评价	培养各方面能力，包括掌握技能和高阶思维能力	学生在恰当的时间内达成各种类型的学习目标
使标准、学习目标和评价一致，开发能够评价学生是否达成目标的终结性评价	在开始一段新的学习经历时，理解自己是如何被评价的；在达成目标方面做好充分准备	学习目标与形成性评价和终结性评价相匹配，能够有效地说明学生正在学什么

全校范围内实施

    制定学习目标是学生参与式评价体系中其他所有学习活动的基础，也是加强学校教学的一个工具。它需要经验丰富、精诚合作的领导小组，组织学生讨论、处理学生的考试数据、决定学习的内容和重点，同时在全校范围内构建和实施学习框架。这一过程也需要教师将学习目标与学生的认知发展水平保持一致，与标准和评价紧密联系，同时要引导学生灵活地使用学习目标。这一过程也需要领导者提供各方支持，促进师生专业发展和深度交流。

    学习目标还可与学校的其他重要活动相联系，包括学生领导的会议、文本展示、基于标准的报告卡片、学习庆典、毕业庆祝、专业发展计划和学校发展计划等。学习目标在学校各种活动中被运用得越多，这些活动也会开展得更有成效。同时，这里也想强调一些关键的领导支持，这会促进全校范围的学习目标顺利实施。

奠定基础

- 对教职工进行专业素养发展的培训，使学习目标能促进学生不断进步。
- 由教学小组分析州立标准和共同核心标准。深度理解标准是制定课程表及学习目标的前提。
- 根据教师对标准的分析，学校领导小组一起制定各年级、各学科的课程表和教学内容，明确各个标准将在哪个年级进行评价。
- 制定全校的学习规则，明确适合于每个年级的特色学习目标，明确如何根据这些学习目标追踪和交流学生的进步。用这样的方式支持、激发和促进学生对学习的责任感。

培养教师能力

- 制订一份长期的专业发展计划，帮助教师检查学习目标的描述和使用是否恰当。
- 实施专业发展计划的过程中，要确保教师有时间和精力认真分析标准，确定长期的、支撑性的学习目标。同时，开始新的教学单元前，将学习目标和评价相匹配。
- 在学校的文化建设中树立制定学习目标的榜样（如，专业发展会议）。

与相关人员做好沟通

- 组织全校范围的活动，确保所有人都参与并理解了学习目标。这些活动包含日常小练习，如张贴学习目标并在上课前讨论学习目标，以及稍大的全校范围的活动，如把等级与报告卡及学习目标相匹配。
- 与家长交流，告诉他们学习目标是什么，在哪些地方可以看见学生的进步（如，在学生作业或报告卡中、在学生领导的会议中）。
- 展示学生作业，明确指出作业与学习目标间的联系。展示时，可以贴上标签，帮助走在学校里的家长和社区成员了解展示的是什么作业，这些作业达成了哪些学习目标。同时可以在旁边用红色的纸解释是依据什么标准评价作业的。

　　有序的作业展示呈现了学生一段时间内的进步，同时也清楚地列举了他们对学习目标的掌握情况

支持教师深化实践

• 在专业发展过程中，进行合作式批判性评价，提供反馈信息，以此保证学习目标在教学和评价框架中的指导作用。

• 花点时间在日志地图上——回顾和记录教师真正评价了哪些学习内容和技能。一旦明确了学习内容和技能，它们就需要精确定义，而日志地图为这一工作提供了现实的检核。这个过程也会帮助教师和学校领导分析州立考试中的评价数据，还可为班级水平提供参照。

• 在专业发展活动或者学校的课堂研究活动中，通过分析学生的作业和视频，来观察和讨论教师和学生使用学习目标的情况。

个案研究
在丹佛的奥德赛学校使用学习目标的结果

几年前，奥德赛学校的老师开始评价工作时，他们本以为这是为期一年的工作。但很快，他们就意识到这是一个持续好几年的事情。对丽莎·伊顿而言，作为一名教师兼教学指导，一个关键的转折点就是她意识到了学生进行自我评价的重要意义。"我开始意识到评价并不仅涉及我和我的教学计划。虽然我在黑板上写下学习目标，但是我们并没有充分利用它。接着，我开发了一个自评工具，并开始使用。在这个过程中，孩子们开始明白自己处于实现目标道路上的哪个位置。"当学习目标所起的作用越来越重要时，学校逐渐看到了它的成效。"这一年，我们的州立考试成绩明显提高，且稳步提升。突然，我们意识到评价工作的重要性，不管是在课堂上观察到的学生表现，还是他们的成绩都可以证明它的重要意义。"

在奥德赛学校，他们花费了一些时间确定评价结构，且将它作为学校工作的中心。每个周五下午1：45到4：00都有一个全校的专业发展活动。在这个活动中，全体教职工都聚焦于学校目标以及实现目标的相关话题（如，如何制作一个好的标准—目标—评价计划，如何帮助学生准确地自我反思）。教师每周参加一个新的评价机构举办的一个小时的教学训练，学校研究室也会为教师提供机会观摩具体的教学活动。显然，重新定义评价是一个迂回曲折的专业学习历程。正如伊顿所说的那样，"开始的时候，它看起来是线性的，很容易。但是，当你真正陷入其中时，你会发现它很混乱、很困难。如果学生没有达到目标，那么你就需要对教学做出改变。另一方面来说，这样也有助于及时知道学生的情况"。

我们的期望

这是一本关于学生参与式评价的书。从学习目标开始说起，原因是确定学习目标是学生全程参与自己学习的关键性第一步。掌握这一活动实质上就是学会翻译。从一个译者的角度理解，翻译不仅仅是用一个词替代另一个词那么简单，一个好的翻译作品是在深度理解原文的基础上完成的，包括对一些近义词的细微差别的理解和对上下文的解读，同时译者要熟悉原文和译文这两种语言表达方式。一个能够编写贴切的学习目标的教师就像一个好译者，对标准有深刻的理解，同时也有能力用学生能够理解的语言将标准的要求准确表达出来。

这是一种转化的范式。对于刚开始接触编写和使用学习目标的教师而言，这一练习活动需要教师从学生学习的角度设计课堂教学、单元教学以及学期教学，而不是从教师教学的角度考虑这些问题。对许多教师来说，这意味着一种对于教学和学生学习的不同的思维方式。许多教师可能也还不熟悉作为译者的角色。

制定和使用学习目标通常从班级中学生的现有水平开始。教师不断实验、探索日常教学的学习目标，在学习目标中使用学生能够理解的词汇。通过反复实验，教师会发现如何将标准和课程目标翻译成学习目标才最有利于学生学习。他们会发现学习目标对促进学生学习的巨大作用，同时也会寻找其他方式将学习目标渗透到班级的各个方面。他们会逐渐理解学习目标作为课程发展标识的重要意义。最终，教师会将州立标准和共同核心标准转化成长期的学习目标和许多支撑性学习目标。更重要的是，在不断理解、达成和反思学习目标的过程中，学生会逐渐适应学校的学习文化。当教师慢慢熟悉了这一活动并从中看到成效时，他们可以使用学习目标帮助学生提高技能、养成习惯，同时培养学生在学校或其他场合获得成功所需的品质。

一旦学校领导者和教师积累了关于学习目标的经验，见识到学习目标的优点，他们就可能在全校范围内开展学习目标的实践活动。学生也会从这种持续的、可预测的学习框架中获益，因为这一活动会让学生理解他们前进的方向和他们需要在每天的课程中学些什么。

下面我们会提到一些基准，这是学校领导和教师在实施学习目标活动的初期、中期和提升阶段可以期望的结果。

初期阶段

- 教师为日常教学制定学习目标。
- 将学习目标张贴在教室的醒目位置，在教学中适时地向学生介绍学习目标——教师分解学习目标，指出其中的关键词和达到的标准。
- 教师进行教学设计，确保每个学生都能达成学习目标。
- 学生都清楚地知道他们正在学什么。
- 家长时刻了解孩子正在学习的概念和技能。

中期阶段

- 教学小组要充分讨论州立标准和共同核心标准的内容，以及什么样的学习目标能够帮助学生达成标准的要求。
- 根据长期的学习目标设计课程单元，用支撑性学习目标指导日常教学。
- 学生开始期待用学习目标指导他们的日常学习和长期的学业研究，他们会花费时间和精力来分析和理解学习目标。
- 教师制定结合标准、目标和评价的教学计划，使学习目标能够清楚地表达标准的要求，评价的方法与学习目标的类型相匹配。
- 教师运用一些检查学生理解程度的策略，监测学生基于学习目标的进步。
- 使用特色学习目标评价学习习惯。
- 教师平衡知识、技能和推理三种类型的学习目标。
- 学生能够清楚地告诉家长他们正在学什么，以及还需要在哪些方面继续努力。

提升阶段

- 学生能够熟练地追踪自己的进步，并且与教师一起确定下一步的教学计划。他们是学习和评价过程的主人，能够花费时间和精力理解标准，修改或制定新的学习目标，帮助其自身更好地实现目标。

• 在全校基于标准的等级评定体系中，教师根据长期学习目标和特色学习目标评价学生。

• 制定学习目标时，教师严格地参照学生学习的认知水平规律。

• 参照特色学习目标和学术性学习目标，家长、学生和教师一起针对学生的优势和有待改进之处进行详细的交流。这些交流活动通常会在学生领导的会议中由学生主持完成。

• 教师和学校不断地整合标准、学习目标和评价。

共同挑战

学习目标由教师主导，而非学生

赋予学生（学习）自主权。许多教师在制定和张贴学习目标方面做得很好，一些学校也确实需要教师这样做，但是，张贴学习目标和大声朗读学习目标并不能体现这一实践的真正意义。教师和学生应共同讨论学习目标，使每个学生都能欣然接受和理解学习目标，学生应与教师一起追踪他们在实现学习目标过程中的进步。

区分学习目标与行动目标

专注于学习。正如前面提到的那样，学习目标应该描述在课堂教学中、在学习考察活动中或者在单元研究中学生应该学什么，而不是告诉他们要完成什么任务——"我能够用隐喻的手法表达一种复杂的情感"而不是"我能够完成我的笔记"。

学习目标过于复杂

注意语言表达。制定学习目标时，要力图表达清晰明确。那些包含太多信息的学习目标可能会让教师和学生在有意识的学习和评价中感到困惑与迟疑。警惕包含下列内容的学习目标：两个行为动词（如，"我能够区别和分析"），混合的内容（如，"我能够描述珊瑚礁和森林的生态系统"），宽泛的内容（如，"我能不断评价和重新思考美国历史课程"）。

学习目标太大或太小

确定合适的范围。通常来说，制定恰好适合班级现有水平且能够激发学生学习兴趣的长期的学习目标和支撑性学习目标是很有挑战性的。长期的学习目标应该直接与标准的要求相对应，每一个目标可能需要一到两周才能实现。每一个长期学习目标中内含的支撑性学习目标（通常有 3 到 5 个），则用以指导日常教学，帮助学生逐渐达成目标。周密的计划和不断的实践会帮助教师制定合适的学习目标，既不会太大也不会太小。

学习目标没有成为日常学习和教学的基础

发挥学习目标的作用。学生必须展示、参考和内化学习目标，并将其有意义地运用到学习过程中。那些只是写在纸上的学习目标对学生参与、激发动机、促进学习没有丝毫用处。

学习目标需要所有的低阶思维和技能

将不同水平的思维和技能融合。学习目标应反映不同的思维水平，从基础的知识水平（如，认出、识别、描述）到高阶思维水平（如，分析、比较和对比、评价）。核查所制定的系列学习目标，确保它们反映了学生发展的不同水平。

学习目标没有与学习重点紧密联系

加强二者间有意义的联系。学习目标在指导学生乐于参与的以及需要批判性思维和问题解决能力的学习活动方面具有重要作用。

学习目标与评价不匹配

检查二者的关系。评价方法需要与学习目标相匹配。一个要求学生分析的目标不会用选择题来考核，而应选择书面论述或在师生交流中以口头论述的形式进行评价。匹配良好的评价既是有效的，更是高效的。

学习目标偏离了共同核心标准的核心

始终围绕核心要求。如果学习目标和评价只是与标准相关，而不是三者完全地、紧密地、深刻地融合，那么教师就会错失培养学生批判性思维能力的机会，而这能力又正是标准中所强调的。教师必须仔细地阅读和讨论标准，在此基础上制定有效的学习目标。

为不同水平的学生制定不同的学习目标

确保学习目标的严谨性和公平性。学习目标应是针对所有学生制定的，然而，在实际教学中，让不同水平的学生都达成相同的目标是不合适的（不排除有些学生是为了获得文凭而参加学习的可能，面对这样的情况就需要修订课程或者为其提供可选择的其他活动）。

在日常教学中检查学生是否理解

运用学生数据

学习目标

范例、评价和描述性反馈

学生参与式评价

学生参与式评价是一个相互关联的体系，它让学生做学习的领导者

基于标准的等级评定

学生领导的会议

用档案袋进行文本展示

学习庆典

读二年级时，我的老师是一位很有耐心的老年妇女，她戴着一副塑料眼镜，眼镜上镶着几颗假的钻石，眼镜悬挂在一根金色的链子上。在讲台上讲课时她会一边写，一边解决数学问题。坐在我周围的男孩都没有认真听讲，他们都在用粉红色的橡皮擦、订书针或图钉搭小汽车，老师会偶尔转过来抬起眼镜看看我们，看我们听懂了没有，她会问："你们都听懂了吗？"有一些学生就会点头，她就开始继续写。

最近，我在弗吉尼亚参观一所小学时，发现二年级的数学课与此完全相反。这个教师用简单但却很有效的方式来检测学生是否听懂，这个技巧叫作"红绿灯"。每个学生的桌上有三张指示卡片，每张卡片上分别有一个红、黄、绿的圆圈。在授课过程中，有一张卡片要在最上面，当教师看向学生时能看到：绿色表示学生自己认为清楚地理解了这个内容，黄色表示模糊地理解，红色表示学生真的很迷惑。

每当教师讲解新的内容然后让学生讨论时，我观察到学生不断地更换着他们的卡片——根据其对学习内容的理解程度，我还观察到教师不断进行目光巡视来确定学生的理解情况。当大多数是绿色时，她就会快速地讲解，当卡片变成黄色和红色时，则会慢下来以确保学生是否听懂。当学生独立工作时，她就会去关注红色卡片的地方。学生高度投入，专注于判断自己是否理解了概念。

这个体系的美妙之处在于它并不要求教师停下来指导或讨论学生是否理解。教师能够时刻关注学生理解的程度，并且能够努力解决现实差距。似乎每个人都会下意识地诚实，不断地更换卡片。这一活动让学生真正参与课堂，谨慎地调整他们理解的水平。

——罗恩·伯杰

师生日常练习

在纽约州布法罗市泰普斯特特许学校中，安德鲁·豪塞克的五年级 ELA 班级就像一场热闹的舞会，班级能够合理规划、平衡学习时间、评价学生进步、基于目标教学，从而满足学生的不同学习需要。这个班级正在开发一种工具，辅助学生学习写作记叙文，今天他们正在学习按照事件的发展顺序续写故事。今天的学习目标是："我能够为一个故事情节写总结句。"这一学习目标源于共同核心写作标准 W.5.3，即采用合适的方式按照事件的发展顺序清楚详细地描述一个真实发生的事情或想象中的事情。

对于豪塞克而言，学习目标引导着课程，让学生明确方向，并且让他们知道成功是什么样子的，学生不仅能回顾他们的学习目标，还能用自己的语言和例子来描述。"第一次检测学生是否理解非常重要，因为它提醒我不能用同样的速度来面对所有学生，我可以停一两分钟复习一下来确保在我们继续之前每个人都懂了。"豪塞克说道。然而对于他来说这些还不够，在这节课中，他运用了诸如"随机提问"等各种各样的技巧。他会有技巧性地观察小组合作情况，巧妙地提问，使用课堂反馈卡判断所有学生对于学习目标的理解和取得的进步。

本章所描述的检查学生是否理解的技巧是许多教师在教学中缺失的一环，如豪塞克老师，他们不确定学生是否理解了所学内容。这些技巧涉及口语、听力和书面表达，在各种各样的学生小组——大的、小的，单独的以及同龄的小组中实施。这些技巧包括教师评估以及学生评估课堂内容以及主要概念的各种方式。检查学生的理解程度包含学生和教师两方面的行动。学生的参与以及自主性是这个过程的核心。当学生开始适应这些训练时，他们也学会了掌控自己的进步，用证据阐述原因，从而变成更加独立的学习者。

在日常课堂中检查学生是否真正理解，包含了教师用来追踪学生在整节课中理解了什么以及可以做什么的一系列技巧——正式的和非正式的，口头的和书面的，语言形式的和非语言形式的。由于这个不间断的评估，教师和学生就会对他们正在进行的教与学进行调整，来解决学生在理解上的差异问题，同时那些已经掌握了这些概念的学生能很轻松地开始另外一个学习任务。

检查学生是否理解的策略包括：

- 写作与反思
- 学生讨论方案
- 快速测验
- 有策略地观察和倾听
- 询问

检查学生是否理解与学生参与式评价的其他活动相辅相成，是帮助学生构建自我评估技巧的一个重要部分。帮助学生理解他们现在正处于学习的哪个位置，他们要朝哪个方向发展能够获得成长，这比使学生理解"什么是正确的"更为重要。同时它也不是一个简单的任务。它要求一种信任、安全、合作的班级文化，同时它也要求学生要有一种"成功来自努力"的心态，错误是学习的重要部分，每个人都有不同的学习需求。

本章主要检测学生是否理解内容和概念以及他们是否能够熟练地运用它们。这里主要关注师生在日常课堂中使用的一些技巧，帮助教师迅速地调整教学以及对学生的需求做出回应，并能帮助学生对他们的学习进程进行自我评估以及对自己的学习负责。这些检查技巧主要有五种：

- 写作与反思
- 学生讨论方案
- 快速测验
- 有策略地观察和倾听
- 询问

检查学生是否理解的方法有很多种，比如测试、写文章、面试以及表现性评价。这些可能对判断更深层次的理解很重要，但是它们并不能让教师迅速对学生的理解差异做出反应。本章主要关注的是能够嵌入教师教学过程中并能指导教师调整教学进度以及规划下一步教学计划的技巧。

尽管从小处着手、设定清晰的优先级很重要，但是仅仅采用一两种技巧并不能改善结果。让这一过程变得复杂在很大程度上是由于"理解"——超越简单回忆知识和概念——造成的，我们很难界定什么是真正的理解。真正地"理解"数学和历史的一个概念意味着什么？你如何知道学生真正地理解了他们正在学习的内容？如果学生都没有机会反思学习的过程，他们如何知道自己是否真的理解了？

"理解需要学生围绕一个话题做各种各样需要思考的事情——解释、寻找证据和例子、概括、应用、类比以及用新的方式来呈现这个话题"（Perking & Blythe，1994，p. 5）。检查学生是否理解的最好方式就是学习迁移，让学生将所学内容应用到新的环境里。换而言之，如果学生理解了所学内容，他们就能在新的不同环境中将其加以运用。总而言之，教师应该将学习迁移融入表现性评价或其他终结性评价中。但是，在

在课堂中检查学生是否理解，可以使教师能够及时满足学生的学习需要

日常教学中采取一些简单的检测方法也是可行的。教师必须经常提出一些不同类型的问题以及布置各种各样的任务来帮助学生辨别他们是否真的"懂了"。

对教师来说，当讨论一个学习目标或任务时，思考如何让学生自己知道他们"理解了"也是非常关键的。可以问学生"你们如何知道自己很好地理解了学习内容？你会做什么或展示什么来证明你理解了学习内容？"例如，当学生在努力分解问题时，他们可能会被建议：每个人都应该能够解决其中一些小的或某一类的案例问题，或许那些问题就是他们自己提出来的。尽管这和教师出的小测试基本上是相同的，但如果是学生提出的，它又会有显著的不同意义，比如可以让学生享受他们学习的自主权以及感受对学习的投入。

为什么检查学生是否理解很重要

出于本能，教师明白在教学过程中，在学生掌握概念之后再继续讲解很重要。有些教师可能会扫一眼整个教室，从那些理解的学生脸上找到信号，或笼统地问"懂了吗?"令人失望的是，知道有必要检查学生是否听懂和真正做到并不是完全一样的。检查学生是否理解是保持良好教学质量的重要部分，它告诉教师哪些概念学生已经掌握了，哪些概念他们还没有掌握，并通过这种方式为学生搭建通往成功的阶梯。这是教师智慧的结晶，因为我们正在教什么并不意味着学生正在学习什么。

> "我们学校非常重视让学生追踪自己的学习以及了解自己对学习内容的理解程度，因为这一过程对他们进入大学学习也非常重要。我们学校是一所大学预备学校。"
>
> ——马萨诸塞州斯普林菲尔德复兴学校九年级科学教师，瓦内莎·克莱默

认真实施本章所描述的用以检查学生是否理解的技巧，能够帮助教师在教学实践中准确判断学生是否理解了一个概念或教学内容以及他们是否准备好了理解接下来的学习内容。检查学生是否理解是一项非常有意义的工作，可以：

及时提供信息，反映学生达成标准或学习目标过程中的进步

教师能够及时知道他们选择的教学方法是否得当或他们是否需要做出调整。相较于课堂小测验或单元中期评估，教师能够及时地、准确地知道学生在哪些学习内容上需要更多的指导或练习。

帮助学生达成严谨的学习目标

在日常教学的基础上或教师讲解了主要内容之后再检查学生是否理解，能够引导学生通过将大的目标分解成小的目标和任务来掌握学习内容。

培养学生的反思能力

经常性地检查学生是否理解能够帮助学生养成一种思维习惯，能够使学生在学习过程中适时停下来评估自己的进步。

为学生进入大学或就业做准备

检查学生是否理解的方法对于学生应对逐渐复杂的学习过程尤为重要。当学生学

会独立地使用这些方法时，他们就会把它们内化成自我评估、练习和学习迁移——这对于大学学习和进入职场都很重要。

共同核心联系

- 相较于学习目标能够帮助学生更好地理解他们要学什么，检查学生是否理解使学生和教师能掌握他们基于标准所取得的进步。
- 检查学生是否理解可以培养学生成为独立自信的学习者所需的自我意识，让学生在达到标准的过程中能够掌控自己的进步。

开始

奠定基础

乍一看，检查学生是否理解的技巧似乎很简单。然而，要想使这些方法达到预期的效果，要确保学生能够学习教师想让他们学的并且能积极地参与自我评估，班级文化和课堂设计就要合理安排且有针对性。

创建一种信任和合作的班级文化

充满信任、安全、挑战和欢乐的班级文化是学生专心、高效学习的基石。创建班级文化和学校文化是提高教学和学习的基石，对检查学生是否理解学习内容尤为重要。学生会在感到安全的情况下诚实地交流他们的学习进步。由学校领导和教职工组织开展的一系列活动构建了良好的学校和班级文化：

- 在学习过程中把学生当成伙伴。让学生参与拟定学习目标、班级规则、项目规划以及其他学习过程。
- 告诉学生课程设置和指导的原理，让课程标准和教师的重要决定透明化。
- 了解每一个学生，针对他们对特定的学习内容或任务的了解以及兴趣爱好和学习情况来不断地评估和调整学习（在让所有学生阅读复杂文章与帮助学生根据自己的兴趣独立阅读文章之间达成一个平衡）。

- 形成一种学校和班级的规则，鼓励每个人不断挑战任务以及用证据证实他们的想法。
- 榜样互助。学生要像学校里的教职工那样相互合作、给出反馈，同时提出自己的问题和指出错误。

"我一直都知道我在朝着什么（学习目标）努力，但是为了让每个学生都知道自己的位置，我必须不断地检查他们对学习内容的理解情况。"

——马萨诸塞州斯普林菲尔德复兴学校六年级 ELA 教师，杰茜卡·伍德

通过这些活动创建的班级文化使学生能理解他们的学习目标，使教师能对所有学生的学习需求做出相应回应。这样的班级文化需要礼貌和尊重的氛围，要在安全、清晰以及信任的环境中构建，而不仅仅只是简单的顺从和掌控。掌握检查学生是否理解的技巧尤其需要教师创建这种文化。学生必须相信如果他们将自己的质疑和弱点显现出来的话，教师和伙伴们同样会尊重他们，而他们的错误也会被看成是学习的机会。

开始的第一步就是帮助学生养成一种成长型的思维方式。在卡罗尔·德韦克（2006）的著作中，将成长型思维定义为人类的大脑通过学习和努力来发展智力的信念。相对应的，固定的思维方式（思维定势）被定义为人的智力是生而既定的。德韦克和他的团队所做的研究显示，固定的思维方式（思维定势）是遇到困难工作时软弱的标志——有技巧的话就会很容易——他们对于学术冒险犹豫不决，因为如果这样做的话就会让他们显得很软弱。这种思维方式并不是永久的。例如，当学生们被告知通过解决难题可以"发展他们的数学智力"时，他们就会更加努力地解决数学难题来提高他们的技巧。成长型思维方式改变了"一些人会在学术上取得成功而另外一些人则不会"的信仰。当学生们在努力获得技巧、求得理解时，"智力是可以成长的"这一信念能帮助他们诚实地分享自己的问题和困惑。德韦克的研究表明，那些旨在培养一种成长型思维方式的小的干预能够使学生态度和表现发生永久的改变。每个教师都应该更多地研究他的工作以及学习更多关于思维的内容。

"帮助学生真正地将他们的学习过程透明化。他们大多数人在之前的学习过程中都

一种积极的班级文化是学生参与式评价的所有活动的重要基础

有"明白了"的经历（当他们并不确定自己是否明白的时候）。让学生能够清楚地解释他们正在做什么以及他们为什么要这么做。"

——马萨诸塞州斯普林菲尔德复兴学校六年级 ELA 教师，杰茜卡·伍德

教师能够通过榜样和不同的技巧来设定对学生理解的期望。教师应该讲明每一种技巧的目的，让学生知道为什么在自我评估中诚实是很重要的。通过训练可以让学生明白这些技巧是如何影响教师的指导，并最终影响他们自己对学习内容的理解。

支持检查学生是否理解的结构化课程

检查学生是否理解的一个重要技巧就是设计相关课程让学生展示他们对学习内容的理解，给学生一定的机会来思考和操作。如果一个教师上一堂课并且问关于这堂课的一些问题的话，那么他所收集的材料就会很有限。只有学生参与到具体学习任务中时，更深程度的理解（包括将知识运用到新环境或问题的能力，即学习迁移）才会很明显。某些课程类型，例如工作坊，5 个 Es（参与、探索、解释、拓展、评估），以协商为基础的课程为学生提供了掌握新材料和将所学应用实践的机会，同时也为教师提供了评估学生是否理解的机会。在接下来的视频中，将会看到杰茜卡·伍德老师在工作坊中给予学生大量的自主学习时间，在此基础上还采用了多种技巧检查学生是否理解了学习内容。

 观看视频：促进学习的教学策略——检查学生是否理解

为了给学生提供学习新内容以及展示他们的学习的机会，不管选择什么样的课程结构，应该把给学生布置多样的任务放在中心地位。基于学习目标将课程内容分解并且确保学生能够理解，从而知道他们应该向哪前进。教师所布置的学习任务要与学习目标紧密联系，通过培养学生能力来达成学习目标。教师应该反问自己，学生要朝哪前进？这项任务如何帮助他们朝着学习目标迈进？如何设定任务来让学生参与，从而获得更多关于他们正在学习的内容的信息？

"最重要的就是让班级中的同学知道，他们可能在任何时间被要求分享自己的学习感想。在课堂上营造一种紧迫感和高速度有助于学生参与到课堂教学活动中。这让学生在学习过程中有一种兴奋感和学习动力。"

——纽约州罗杰斯特探究世界学校七年级 ELA 教师，克里斯琴·兹威海伦

任务应该有层次性以便所有的学生都能思考和参与。各种各样的讨论议案、录音以及其他的参与方式确保了教师能够听到所有学生的心声并且来追踪他们的学习和理解情况。例如，每个学生都必须向同伴解释一个概念或填写一张课堂反馈卡的方法确

保了每个学生都能参与其中，而不只是询问全体学生是否理解，只满足于得到少许学生的回应。（关于更多提高学生参与度的策略，参见 *Total Participation Techniques by Himmele*，2011.）

预先准备一些策略性问题来监控学生的学习

好问题是检查学生是否理解的核心。提前想出好问题并在课堂教学中备用，对于收集学生学习的准确信息尤为重要。教师需要思考：什么样的问题能够引导学生向学习目标前进，能激发和评估学生的思考？教师也需要思考怎样提问能让所有的学生参与到思考中并且用证据来支撑他们的想法。图 2.1 用一些例子阐述了检查学生是否理解的提问策略。

策略：设计问题帮助学生深刻理解学习目标。
用问题澄清学习目标的意义和（长期目标和支撑性目标的）联系；
用问题牵引主要课程内容、建立学习成功的标准、追踪整个学习过程

范例
一位一年级教师设计问题检查学生对学习目标（"我能够心算出比任意一个两位数大 10 的数字"[1]）的理解情况。
- 心算是什么意思？
- 给出一个两位数的例子。说出一位数和两位数的区别。
- 40 和 9，哪个数更大？你是怎么判断的？4 和 0 都比 9 小，那为什么 40 比 9 大呢？
- 你的脑海中有什么画面可以帮助你理解比一个数字大 10？
- 你是怎样算的？

策略：从易到难设计问题。
设计的问题要包括基础知识，也要体现综合水平，以此过渡到培养学生的推理能力和批判性思维能力。这能够帮助学生练习思维技能，建立概念间的联系，整合、评价学习证据，将所学知识加以运用。这些问题是生成性的，答案是开放的

范例
一位教师设计问题促进学生对重要知识的掌握，设计了与学习目标（"我能够描述生物和非生物的特征"）相关的一系列层层递进的问题。
- 什么是生物？你是怎么知道的？
在最初的学习之后……
- 生物的一个特征是什么？它和有机物是什么关系？
当学习进行到分析和评价阶段的时候……
- 生物和非生物的特征有什么区别？生物的哪些特征帮助它们生存？
- 花朵（也可以选其他例子）是生物还是非生物？你能用什么证据证明你的判断？

策略：基于课本提问。

为了检查学生对课本内容的理解和综合运用能力，提问要基于文本内容，而不是根据教师的以往经验和学生的学习情况。这些提问策略促使学生仔细阅读、提供证据，反过来也促进学生对课本内容的理解，为学生进一步学习和思考提供"向上爬"的脚手架

范例

一位八年级教师选择了一篇很难的关于阿兹特克文化的课文，紧接着设计了基于课文的问题来检查学生对学习目标（"我能够列举详细的证据描述阿兹特克文化与其地理环境的关系"[2]）的理解情况。对于每个问题，教师要引导学生从课本中找到证据，并基于证据给出答案。

• 阿兹特克人居住在哪儿？
• 阿兹特克地区有什么地理特征？

当学习进行到分析和评价阶段的时候……

• 地理特征是怎样影响人们的生活方式的？
• 从阿兹特克文明的消亡中你能得到什么结论？
• 这些文明发展对其他社会发展有什么影响？

策略：表明期望。

借助问题表明学习成功的标准，帮助学生检查他们的理解程度，并明确下一步学习的内容

范例

一位六年级教师设计问题表明对于学习目标（"我能够总结研究并支持或反对我的研究假设"[3]）的期望。

• 当我们在搜寻资源的时候，合作研究看起来和听起来是什么样子的？
• 一份优秀的关于水循环的研究报告是什么样子的？你将会通过哪些内容来证明你真的理解了它？
• 你怎么看待同学关于借助图片讲述这个故事的想法？
• 在这个题目下面还应做出哪些改变来满足标准？你还能从哪些方面努力把这个作业做得更好？

图2.1 预先设计策略性的问题

注释1：基于共同核心数学标准NBT. C. 5：给出一个两位数，学生能够找到比任意一个两位数大10或小10的数，不需要进行计算；解释推理过程。

注释2：基于共同核心阅读标准RH. 6-8. 1：学生能够列出详细的课本证据支持对一手和二手资料的分析。

注释3：基于共同核心阅读标准RST. 6-8. 3：当进行实验、测量或完成技术性任务时，能够完全按照步骤来。

写作和反思技巧

大范围的检测理解的技能使教师能掌握学生的全部需求，使指导更投入、更聚焦，

同时也让他们完全了解学生的理解程度。一节课中，在适当的时候选择适当的技巧是很重要的，有很多方式将写作作为学生阐述和反思他们对一个话题的理解的方法。这样的写作技巧最好被描述为"通过写作来学习"而不是"学会写"。通常，它们是简短、非正式的作业，并且能够迅速地完善和检测，如果要打分的话，分数应该基于内容而不是写作的质量（Fisher & Frey，2007）。具体技巧见表2.1。

表 2.1　写作和反思技巧

技巧	描述
交互式写作	师生一起写一篇短篇作品（例如，一封友好的信件、一首诗歌、用来解释某个词语的几个句子等）
读写结对分享	学生阅读或看到什么，就此写下感想，然后找到一个同伴与其分享所读所想。教师在教室中不断地走动，倾听学生的讨论，最后向全班同学总结重要的观点，同时澄清一些明显的误区
写作摘要	学生总结自己所学的东西。这一技巧是非常有价值的练习活动，一方面能够培养学生归纳信息的能力，另一方面也是让教师了解学生学习情况的窗口
笔记	学生在他们的笔记模板上记录事实、他们所观察到的点以及他们的想法
日志	学生用日志记录他们的学习反思、观察和对提示语的反馈
课堂反馈卡	作为班级的一个开放的或封闭的活动，学生要在活动当天或之前写下学习反思。教师要收集这些写作内容，汇集反映班级学生理解程度的数据，以此调整后续的教学进度

快照：六年级数学课的课堂反馈卡

阿里·摩根在丹佛奥特赛学校的六年级数学课上使用课堂反馈卡来检测学生是否理解。这些课堂反馈卡——通常由学习目标、一个问题以及与这个问题有关的后续问题组成——它们能使摩根迅速地评估学生的学习和能力以及准确地判断其推理是否合理。课堂反馈卡同时也让学生通过提问来自我评估他们的学习和需要。这些问题包括：今天你在目标的理解上获得了怎样的成长？为了掌握这一目标你需要知道些什么？摩根使用这些课堂反馈卡决定第二天上课的进度以及预测学生是否准备好了向新的目标迈进。

课堂反馈卡的问题示例

　　学习目标：我能找到两个整数的最大公约数（100 以上）

- 36 和 54 之间的最大公约数是什么？你是怎么知道的？
- 今天在寻找最大公约数的过程中你学到了什么？

学生讨论方案

　　学生讨论和交流的形式各种各样（参见表 2.2）。有些时间很长，可能需要一整节课的时间（例如苏格拉底的讲座），有些则很简短。这些方案能让所有的学生都参与其中，同时也能使教师在观察和倾听时给他们提供一些宝贵的信息。（想了解更多关于方案的内容，可以浏览国家学校改革办公室网站 www. nsrfharmony. org。）

表 2.2　学生讨论方案

方法	描述
"背靠背"和"面对面"	搭档背靠背站着，等待教师提问或给出提示。听到提示后先思考，等到教师给出"面对面"的信号后，一起转身，一人说一人听。如果有必要的话，这一技巧可以和不同的搭档运用多次。在使用这一技巧的过程中，学生可以表达对所学内容的新的想法或者提出新的问题
传递式头脑风暴	学生被分成一些小组，在教室中不同的座位上贴有不同的问题。每个小组在每个座位上待一会儿，对每个问题进行头脑风暴并且用不同颜色做记录
写作与交换	起初由学生独立准备写作提纲，然后学生向他后面的同学分享他写了什么，最后，交换搭档再分享，保证每个人都向他前座后座的同学分享了他的写作内容
思考与分享	为了回应某个问题或提示，学生先在规定时间内独立思考一会儿。当有了线索之后，学生再在规定时间内与他的同桌分享自己的思考。接下来，这对搭档再向学习小组分享他们的想法

学生运用写作与交换的方法相互检查对内容的理解

快速测验

表 2.3 的所有方法都能迅速实施，许多甚至包含身体运动和交流。它们可以达到不同的效果——从检测事实性知识到了解学生的困惑再到深度检查学生的理解和观点。教师在选择的时候，将目标考虑在内是很重要的。例如，如果你的目标是探索如何让学生更深层次地理解一个问题，你就不会选择让学生一人答一个词。

"用自己的话解释一个问题非常简单却很有用。如果学生能做到这一点，那么他们就理解了学习内容。即使有些人解释得不太清楚，但这一过程仍然意义重大，这让他知道在这一点上还要再看看。"

——纽约州罗切斯特探究世界学校七年级班主任，卡拉·米勒

表 2.3　快速测验

事实性知识或只需简单回应的检测	
轮流回答	当包含一两个单词的答案就能反映学生对任务的理解程度或准备情况时，教师就会在教室中选定学生在规定时间内轮流作答
白板	学生的课桌上有一些白色书写板，学生在上面写下自己的想法、思考和答案，然后给教师和同伴检查
现在就做	这是能够让学生快速开始当日学习的一个简单问题、任务或活动，它让在教室中走动的教师能够掌握学生的准备情况以及学生对必要背景知识的理解程度
点击技巧	尽管它需要适当的准备工作（或者合适的软件），点击技术是一个令人兴奋的工具。用手动的设备或电脑，学生能够匿名回答教师提出的问题。在不暴露学生个人情况的前提下，能够迅速地收集和呈现数据，并在屏幕上反映班级同学对某个话题的理解程度
了解学生的困惑或准备情况	
复述	让学生用自己的话向小组成员或搭档重述或总结教学内容，以此检查学生对学习内容的理解情况
表格标记	在教室的三个区域内放置不同颜色、标志和描述的纸条标签和表格，用来表示学生对学习任务或目标的理解水平。学生选择描述最贴近自己的位置坐下，当学习水平发生变化时，再移到另一个相近位置
移动拇指、握拳或伸出手指	为了表示对某一任务的同意和准备程度，或者为了表示对某一学习目标或概念的理解程度，学生能够迅速地通过将拇指朝上、朝左或右、朝下来表示他们的思考情况。或者学生通过握拳举手表示同意与否，或者用一到五根手指表示自信或同意的不同程度
"玻璃""臭虫"和"泥土"	当学生完成某个学习任务或回顾某个学习目标后，他们能够认识到自己的理解程度或准备情况，并且运用隐喻的方式清楚地反映自己的理解情况：玻璃——完全清楚；臭虫——有点困惑；泥土——几乎不理解
状态检测	
图表	设计一个图表，用以表示学生理解、进步和掌握的水平。让学生在图表中贴上自己的名字或用特别的标志做标记，然后将自己的真实水平填写在图表的相应位置

续表1

学习等级	准确描述班级中学生水平的等级，如初学者、新手、专家、榜样。学生根据自己的学习状态给自己一个等级。同时，邀请学生解释他们对于整个班级或周围同学学习状态的看法
人数条形图	列出3到4条标签表示理解或掌握的各级水平（如：开始、发展中、已完成、感到困惑、我准备好了、我还不确定等）。接着学生根据每个标签中的不同人数绘制人数条形图，这张图能清楚地表示全班同学现在的理解水平
散点图	类似于人数条形图，让学生根据自己回答问题的情况选择最接近自己的标签，绘制散点图，这样学生就不会受限于特定的标签
探索深度理解和反思	
幸运座位	在班级范围内，教师随机抽取一些学生，让他们做出学习反思或者回答问题。当提问时，学生查看自己的座位号，然后回答问题，而没有被点到回答问题的学生则要表示同意或不同意那些同学的回答，并说出自己的思考
课堂反馈卡	与表现学生思考相关的任何问题、提示或图表都能够在一张小小的表格纸上被记录，然后由教师或其他学生浏览之后评价这个学生是否为下一步学习做好了准备或者评价这个学生的学习情况。教师可以用纸条作为进入讨论、会议或离开的凭证
展示与评价	无论学生选择何时呈现，他们必须选取一种方法检查同伴对于所呈现材料的理解程度。这能够帮助学生内化检查是否理解这一活动，让学生把它当作这是他们能够做且应该与同伴一起完成的事情

有策略地观察和倾听

观察和倾听是检测理解的强有力方法。当学生在学习和参与小组讨论时，教师可以到处走动来观察学生的学习行为并且倾听他们的对话和讨论。有时候，教师在四处走动的同时会使用检查表来记录。检查表是典型的与支撑性学习目标相联系的工具，用以帮助教师集中注意力观测当下的学习目标。甚至，教师也能追踪一些特色学习目标，例如，对于一系列聚焦于学生根据细节做出推断的能力的课程，教师可以拿着包含如下检查表的笔记本或平板电脑在教室中来回走动，以此记录学生的评价信息。这种检查表不仅使教师在走动和讨论时能够关注一个特定的学习目标，同时也能帮助他们了解自己已经观察到了多少学生、与多少学生讨论了、具体是哪些学生，对于学生的不同问题给出相应反馈，同时决定接下来的教学进度。

表2.4　学习目标：我能够根据文章细节做出推论

日期	学生	追踪中	所需帮助	备注
1月21日	莎拉	X		
1月21日	贾斯明	X		
1月21日	艾伯特		X	精确推断；需要帮助列举支撑性细节
1月22日	本	X		能够帮助其他同学
1月22日	多米尼克		X	尝试列举细节，但证据与推理匹配还不够
1月22日	艾丽西亚	X		

相关策略：随机点名、零错误和思考时间

随机点名、零错误（Fisher & Frey，2007；Lemov，2010）和思考时间等都是与本章描述的检查学生是否理解的技巧紧密联系的教学技巧。

随机点名

这一技巧改变了许多教师只提问举手同学的现象。教师提问后，从所有学生名字卡中随机抽出一张，或者采用其他能代表所有学生的创新性形式，让每个学生都有机会回答问题。随机点名使教师在提问的过程中平等地对待每一位学生。这一技巧与"理解了"的策略有所不同，不只是要知道有哪些学生没有准备好。事实上，教师可以采用更多思考时间的技巧（具体参见后面"思考时间"部分）来促进学生回答问题。有些教师会用到这一技巧的变体"点名热身"：在所有学生被点名之前，学生有时间思考、回顾课本和问题，可以写下自己的思考，也可以与同桌讨论。后面的做法都相同——学生被随机点名回答问题。

零错误

这一技巧需要所有学生一起完整、准确地回答问题。如果在回答过程中，某个学生不能给出完整或正确的答案，那么其他学生还要继续进行回答。接着，教师要重新指导不能给出完整或正确答案的学生，直到他们能给出完整、正确的答案或能够用自己的话表述正确答案。给予学生机会让他们再次给出正确答案很重要，而不是针对学生的错误答案进行惩罚。如果答案是一个简单的事实，那么就应该快速地使用这一技巧；如果其中包含了复杂的概念，那么教师在学生用自己的话给出正确答案的过程中

要有耐心，并且给予适当提示，而不仅仅是简单地重复学生的回答，其他学生也可以在同学回答的过程中给予适当提示。

零错误技巧不是让教师仅仅帮助那些不能回答问题的学生。接下来的这些策略，源自沃尔什和扎特斯（2005）的著作《高质量的提问》（*Quality Questioning*），能够帮助学生优化他们的答案：

暗示：借助手势、单词或短语帮助学生回忆；

线索：借助明显的提示语，如"记得当……"；

探索：寻找错误回答背后的原因，或者当答案不完整时让学生补充；

改述：用不同的语言表达所提出的同一问题。

在接下来的视频中，可以看到斯普林菲尔德复兴学校的学生反思他们在这两项策略中的表现。

思考时间

提出问题后要给学生一定的思考时间，帮助每个学生对问题有更好的理解。教师可以在以下情况给学生三到五秒钟的思考时间：

- 教师提问之后；
- 某个学生提问之后，其他同学回答之前；
- 学生回答的过程中——给予学生足够的时间组织语言，以便他们能够清楚地给出答案。

记笔记、解释以及写下对话等都是思考时间技巧的变体，能够让所有学生参与问题的回答过程。例如：

- 学生停下来解释自己的答案；
- 学生将自己对问题的思考转化成一个或一组标题——简短、能够反映学生思考的短语，例如一个新闻报告；
- 学生在迷你课程中追踪自己的问题；
- 学生相互提问，在教师讲解和写板书的过程中相互回答教师提出的问题。

观看视频：学生喜欢随机点名技巧和零错误技巧——检查学生是否理解

询问

一般情况下，有效询问是教师日常教学中最后使用的检查学生是否理解的技巧，有助于学生整合所有的学习内容，反思自己的学习进步，是每节课的重要环节。在询问的过程中，教师要结合学生的学习目标，引发学生对学习内容的反思，让学生提供证据证明自己和班级的进步。在接下来的视频中，斯普林菲尔德复兴学校九年级科学教师瓦内莎·克莱默运用询问技巧提醒学生追踪自己的学习目标，重点强调课程中与学习目标相关的内容，同时让学生知道他们接下来要做什么。她运用随机点名技巧促进学生反思他们当天的学习情况。

 观看视频：监控进步的策略——检查学生是否理解

在询问期间以及在教学过程中，教师可以通过指导学生分析自己的思考类型、推理逻辑以及运用新知识的能力来提高学生思考和学习的自主性。提出的问题可能包括以下几种：

- 为什么你是这样想的？
- 你怎么知道的？
- 有什么证据能够证明你的思考是合理的？
- 你的想法有什么改变吗？是什么改变了你的想法？
- 如果……你的想法可能会有什么改变？

询问也是加强学生对学习目标理解以及庆祝个人、小组和全班学习进步的重要方式。在询问的过程中，当学生对自己、对同伴或者学习小组提出了关于学习目标肯定的、有益的质疑时，有助于培养学生对自己学习过程和思维方式的元认知理解能力，这是学生进入大学和参加工作所需的能力。

许多教师表示，他们很想在课程结束之前使用询问技巧，但是课程时间紧张，课程内容很多，这让他们在一节 50 分钟甚至 90 分钟的课堂上根本挤不出 10 分钟时间来展开询问。这不是一个好的现象。教师最好是花 40 分钟或者 80 分钟讲授课程，预留 10 分钟的时间来检查学生对学习内容的掌握情况，这样能够确保学生有效掌握当天所学的内容，而不是一走出教室就忘记上课所学的内容是什么了。

个案研究

在波士顿科德曼学院的数学班级中提高学生的自主性和参与性

凯伦·克劳斯老师所带的高二数学班的学生们正忙于他们的长期学习考察活动，名为"跨时空旅行"。他们想要解决这样一个问题：当火箭上升时，如何算出它的高度？他们先用三角函数的知识测量当地教堂的高度，再用同样的公式和推理方法算出火箭上升的高度。克劳斯解释道："我相信这些孩子在进行探究交流以及发现规律的过程中能够更好地理解数学。"

在这一类需要使用问题解决方法的数学课上，检查学生是否理解是克劳斯老师上课的关键。"我通常会针对之前的教学内容给学生一个现在就做的练习，在学生完成练习的过程中，我在教室来回走动检查每个学生的理解情况。直到他们完成了练习，我才能完全了解他们还有哪些问题、他们对内容的理解还有哪些误区。班级中的很多活动都是以学习小组为单位进行的，但是这个练习活动是需要学生独立完成的。我想要知道还有哪些学生没有跟上之前的学习内容。"

"每次使用这一技巧的时候，我会特别注意关注那些明显对学习内容还没理解以及请假的学生。我会解决所有学生的问题，但会先帮助这些学生解决问题。在教室来回走动，我能够发现学生可能在写数学术语，但是其中的单词有错误。那么当我使用询问技巧的时候，我要确保自己说出了正确的单词。答案准确性对于我们整理所收集的信息非常重要。"

除了检查学生的个人作业，克劳斯老师也很注重让学生合作完成作业。"让学生以小组形式完成作业，学生能够相互帮助、相互检查对学习内容的理解情况。"通过小组合作学习，学生有机会质疑其他同学的推理过程，判断他们的思考是否正确，提出自己的不同意见，这样也能帮助其他同学理解学习内容。

"我能够回忆起是哪个学习小组的学生大胆提出了他们的观点，这样就能告诉我稍后需要在哪里重点检查。它让所有学生都能以质疑的态度对待同伴的理解，从而决定他们是不是像我们所看到的那样真的理解了学习内容。"在这种情况下，学生在检查同伴的理解程度和完成作业的时候，也能够检查自己的思维和逻辑。"在数学课上开展这一类的活动意味着让每个学生都参与其中，学生中存在的任何疑惑都会被发现。"可以通过接下来的视频详细了解克劳斯老师的教学过程。

 观看视频：提高学生数学课上的自主性与参与性——检查学生是否理解

实践

采用基于目标的教学以缩小学生理解上的差距

随着时间的推移，教师能够越来越熟练地检查学生是否理解，特别是那些有很强专业合作能力的教师。他们能够对各种方法进行分类，为了达成某个具体目的而选择合适的方法。更重要的是，他们学会了运用所收集的信息调整教学计划，这些信息都是从班级的课堂教学中收集的。坚定地开展这些实践的教师能够在检查学生是否理解的过程中选择合适的教学策略，设定有助于全班学生学习进步的教学进度。

个性化是一个哲学信仰，也是一种教学方法，它需要教师根据对学生持续评价的结果主动地做出计划以满足每个学生不同的学习需求。教师需要根据学生实际灵活地划分学习小组，以及设计能用不同方法解决的学习任务。

当教师发现班上只有一半的学生理解了学习内容的时候，教师应该怎么做？有些学生已经准备好了学习新的内容，而剩下的学生中有一部分还有一点不理解，还有一部分学生是完全不理解。检查学生是否理解的实践就是要帮助教师知道学生在什么地方没有理解，同时根据检查所反馈的信息调整教学。图 2.2 展示了教师基于常规检查调整教学的典型过程。

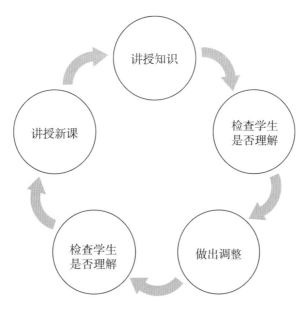

图 2.2 基于学生理解差异调整教学

"对学习困难的学生而言，检查是否理解是一个挑战。语言就可能是个障碍。教师需要额外花费一些时间，但是这能帮助学生理解，这也是这一活动能够坚持实施的根本。"

——纽约州罗切斯特探究世界学校七年级班主任，卡拉·米勒

接下来所提到的是教师在采用一些技巧确定学生不同理解程度的过程中可能遇到的情景，这些可能用到的技巧我们在"开始"部分已经提及了：

• 课堂反馈卡能够反映出对学习材料理解得好的学生和理解得不好的学生间的差异，同时也能反映出大部分学生是处于中间状态的。教师在确定第二天的教学计划时，就可以根据学生的理解情况划分学习小组，并且上课时在教室来回走动，帮助理解有困难的学生。

• 人数条形图对于反映每个学生理解程度的差异的作用不是特别显著。教师在教学中即时地划分学习小组，让两个理解得好的学生和两个理解得不太好的学生组成学习小组。然后教师给他们提供一些事先准备好的、能够帮助理解得不太好的学生提高理解程度的提示，让学习小组开始讨论学习。

• 在使用读、写、分享技巧的过程中，教师要注意学生讨论中反映出的对学习概念理解错误之处。教师要回顾自己之前根据教学经验进行学习分组准备好的问题，根

据与学生交流得到的信息，调整、精选这些问题，让学习小组的讨论更高效。

　　• 写作研讨班是专注于修改的活动。例如，这样的一个学习目标，"我能够修改我的写作初稿中关于写作顺序和细节描述的问题"，教师要根据学生写作的主题对学生的写作初稿提供相应的批注和反馈。而学生会根据教师给出的反馈信息选择后面的课程，这样能够更好地帮助学生达成学习目标。

教师可能会以学习小组的形式缩小学生间的理解差异

　　教师在教学设计中要包含对学生理解程度的检查，同样重要的还有教师要提前确定采用哪种检查的技巧。表 2.5 给出了教师在研讨课中可能会用到的检查学生是否理解的几种技巧。

表 2.5 　在研讨课上提供检查的机会

课程要素	可能的检查策略
吸引（导入） 学生产生与课程目标相关的好奇心和求知欲	• 再解释一遍——重申学习目标
抓住（导入） 通过处理一些比较复杂的文本、问题、写作技巧或概念等塑造学生自信、自强和坚持不懈的品格	• 策略性地观察和倾听； • 移动拇指、握拳或伸出手指——评价学生对课程的准备程度

续表

课程要素	可能的检查策略
讨论 学生锻炼自己的能力，验证自己的思考，基于证据提出自己的论点，同时也思考别人提出的观点。他们经过深思熟虑来选择适合自己的数学、阅读和写作的学习方法	• 策略性地观察和倾听——当学生讨论的时候，倾听并记录学生思考的方式、好的观点以及理解误区，并且将这些信息用在中期课程中
聚焦（指导性练习） 教师逐渐让学生自己承担学习责任，为学生参与营造安全的班级文化	• 策略性地观察和倾听——学生讨论的时候，教师要注意了解哪些知识点还需要在班上再强调，哪些知识点只需要给个别学生单独辅导； • 书写和转换——学生练习，然后分享给一个同伴； • "玻璃""臭虫"和"泥土"——评价学生独立作业的完成情况
聚焦（中期课程） 教师详细地讲解教学内容，再次强调其中的重难点。同时对学生的观点给出反馈，缩减学生理解程度的差异，纠正学生的理解错误	• 随机点名——让学生重述部分学习内容； • 思考与分享——在课堂上与学生一起整合并分享关于他们作业的标准； • 表格标记——学生在中期课程材料中标注自己的理解程度，同时表达对自己作业的期望
应用（运用）	• 策略性地观察和倾听——观察学生完成作业的情况，同时与学生交谈如何帮助他们理解学习内容； • 提前准备策略性问题——针对学生的学习目标提问，通过这种方式了解学生的进步情况
综合（分享和询问）	• 提前准备策略性问题——训练学生将所学知识运用到新的问题中，以此检验学生的能力； • 课堂反馈卡——评价学生间的理解差异，为后续教学做计划

相关策略：理解和表达技巧或者表达和理解技巧

在教师讲完新的技能和概念后，可以使用理解和表达技巧，即让学生练习用自己的语言将自己的理解表达出来。如果必要的话，教师会再次划分学习小组重新讲解或解释，同时学生也要再次表达或应用这一新概念。

相反地，表达和理解技巧让学生在指导性练习或中期课程之前有机会先解决学习问题或理解概念。这一技巧能够在教师纠正他们的错误或在点名回答问题之前，让学生有机会自己发现有难度的概念或内容。给予学生机会先独立理解学习内容也是共同核心标准的关键。

这两种技巧都非常重要，它们一方面能够让教师在短时间内了解学生的理解程度，另一方面也能够在一定程度上节省教师的讲解时间，这样可以让学生有更多自主时间独立学习和思考。

教学生监控自己的进步并设定目标

教会学生设定学习目标的方法、设定合适的学习目标以及对日常练习活动进行自我评价，能够培养学生的自主学习能力。斯普林菲尔德复兴学校瓦内莎·克莱默老师所教九年级科学班的学生将学习目标追踪表作为日常学习的基本工具，而且在每次的终结性评价之后都会写下自己的学习反思。接着，这些反思会成为他们准备学生领导的会议（关于这个话题详见第五章）的重要材料。学习克莱默老师的教学策略可以参考视频"监控进步的策略——检查是否理解"。

系统地阐述学习目标的过程能够帮助学生用自己的话理解学习目标，也有助于学生检查自己对学习内容的理解程度。要想取得很好的效果，学习目标应该具体且可操作（对学生能力有挑战却不足以打击学生的学习兴趣），同时还要联系最终学习目标，并且将学习目标制定得尽可能小一些。（Moss & Brookhart，2009）（关于更多目标设定的内容，可参见第三章）

比教师监控学生理解程度更重要的是引导学生自己监控理解程度。当学生养成了自我监控理解程度的习惯，他们在进行文本阅读和解答数学题目的过程中就能够意识到自己有哪些内容还不理解，并且努力寻找资料掌握这些内容。他们可能会自己独立地重新学一遍，或者向同伴、教师以及学习资料寻求帮助。最关键的是，在这一过程中学生自己承担检查的责任。

在策略的一致性和多样性中寻求平衡

正如接下来讲述的关于杰茜卡·伍德班级的案例一样，在始终如一地使用一些策略和满足学生多样的学习要求之间寻求平衡是很有挑战性的。一开始的时候，优先选择运用一些小的可操作的策略，然后在年级组甚至全校范围内寻求使用的连贯性，这样能够为有效实施检查学生是否理解的活动奠定基础。正如活动本身和专家们强调的那样，也要注意混合使用各种策略——保证学生能够充满学习动力，保证学生能够达成各种不同的学习目标。例如，有些学生在安静地书写反思的过程中能够进行深入思考，而有些学生可能在与同学的交流和讨论中能够加深对学习内容的理解。了解不同学生的特点有助于教师选择合适的策略、制定适当的教学目标，最大程度地满足不同学生的学习需求。

个案研究

马萨诸塞州斯普林菲尔德复兴学校建设检查学生是否理解的方法库

杰茵卡·伍德是斯普林菲尔德复兴学校的一名六年级英语教师。过去的几年，她一直在努力建设她的检查学生是否理解的方法库。"一开始的时候，我只用了必需的两三种方法。接着，随着时间的推移，我学会了更多同样有用的方法。例如，随机点名是一般情况下我们教师惯用的一种方法，但是它很难记录哪些学生回答了问题、哪些学生还没有回答问题。"伍德用一个盒子装着写着所有学生姓名的卡片——她从盒子中拿出一张卡片，用完之后将它放在一边，这样能有效避免重复叫一个学生的名字。她很快就能灵活使用这一技巧了。"正如所有老师都会告诉你的那样，如果你认为什么是可行的，那么就要立刻为之付出行动。"

"这些方法的好处是显而易见的，但是我一开始最担心的是学生是否能够很好地回答问题。我惊奇地发现，学生们都表现得非常积极。当我们竖起大拇指表扬自己的时候，学生们都非常投入，没有一个学生在东张西望。他们比我预想的要更加积极和诚实。当学生们被告知了他们为什么以及怎样使用这些方法之后，许多学生在自我评价方面做得很好。"

钻研集体教学和个别辅导

其中比较复杂的事可能是决定下一步做什么。"当你陷入了理解和表达、重述课文以及个别辅导等多种方法之中时，选择其中最合适的一种方法可能就变得有些困难。也许，这个时候你会发现小组中每个学生的理解水平都不一样，那么你应该怎样倒回去重新讲解以及进行个别辅导呢？"

"在使用了检查学生是否理解的方法一段时间之后，我发现一个对我有挑战的问题，就是我只会运用几种方法，并且想要进行转换。我想要运用更多的方法，帮助我及时了解每个学生的理解情况。这些都需要提前准备，要花时间将学生的姓名卡放在一起，花时间学习运用新的方法等。"这个学校的专业氛围和文化对伍德的学习过程产生了巨大影响。"有一个熟知这一活动的指导教师，同时学校也非常重视这一活动，对我的影响非常大。"（想要了解更多关于斯普林菲尔德复兴学校检查学生是否理解的信息还可以参考本章的"全校范围内实施"部分）

知道何时使用何种方法

当伍德建设了她的方法库后，她开始关注每种方法的特点以及如何提升每种方法的使用效果。"有关课程内容的问题，我会更多地使用'随机点名'和'零错误'方法，这样的问题都是学生有充足时间准备的，因此，他们被点名后能够积极回答问题，而且可能会对问题有深度思考。有许多学生对于过程和方法的问题感到困难和担心。这种情况下给学生足够的时间准备这些话题能够提升效果，同时也能够帮学生回顾学习内容。而对于一些新的学习内容，我不会使用这些方法。"

"'拇指'方法只会被用于传统的座位安排活动中。当学生面对面的时候，他们充满了新鲜感。'判断对错'是一种很有用的方法，但是仅仅针对过程性问题。要使用'思考和分享'方法时，学生的位次安排非常重要。如果一个学生进入学习小组后没有相互分享，那么他就很可能会一直思考他的左边是谁、右边是谁。"

不断反思结果

对伍德而言，这些方法最大的价值就是使教师能够及时帮助那些可能落后了的学生。"不仅仅是班上那些调皮捣蛋不好好听课的学生，也可能是坐在前排的'乖乖女'。对这些学生来说，检查是否理解的方法给予他们说出自己需要其他工具的权利。他们可能并不知道如何去问。如果在班级教学中只使用一种方法，那么就可能只会让一种类型的学习者受益。"

伍德在这方面付出的时间和精力对她而言很值得。"这是一个建立在信任基础上的活动。即使在你心中有一个最后的目标，但如果能够随时知道自己所在的位置，那么达成目标的过程就会更高效。监控每个学生在学习过程中具体学到了什么非常重要。我发现把不同学生的学习需求细化之后，这些学习需求其实有很多相似之处。所以，不需要根据每个学生的不同需求定制个性化的辅导方案，只需要划分合适的学习小组就可以了。"同时，培养学生自主学习意识也是伍德教学的一个重点。"如果学生不能评价自己所处的学习位置，不能反思自己的学习过程，那么他们怎么能成长为一个具有批判性思维能力的人呢？"在观看伍德的班级教学前，可以先观看相关视频"促进学习的教学策略——检查学生是否理解"。

深化学生参与的关键步骤

正如本书介绍的其他活动一样，在日常教学中检查学生是否理解的活动将学生看作整个评价过程的关键角色。这一活动能够让教师根据学生真实的学习情况调整教学进度，能够鼓励学生一直积极参与课堂教学活动，同时让学生注意自己对学习内容的理解程度。表2.6描述了检查学生是否理解活动中的人员、内容和结果，了解这些内容能够让学生更深入地参与学习过程。

表2.6 检查学生是否理解的人员、内容和结果

教师做什么	学生做什么	导致什么结果
设定合适的学习目标，选择恰当的评价方式，同时确保学生能够理解教师对他们的期待	努力理解学习目标，将它们与每节课的教学目标和学习活动联系起来	学生积极参与学习过程，拥有更多学习自主权；学生能够理解他们为什么要做这些
创建信任、合作的班级文化	同学之间诚实地交流他们理解了什么，还没有理解什么	学生能够认识到自己在哪些地方学得不好；教师能够及时地缩小学生间的理解差距
提前准备策略性问题，评价学生对于整节课的理解程度	学生进行思考，并基于证据发表自己的观点	教师能够通过这些问题了解学生达成学习目标的情况
做出课程计划，使其能够帮助学生达成学习目标、注重学生参与，还要包括教学过程中不断检查学生是否理解的方法	监控自己对于课程的理解程度，根据自己的学习需求寻求帮助，同时帮助有需要的同学	教师能够迅速地知道哪些同学还没完全理解；学生能够不断朝着自己的学习目标努力，同时也能够不断缩小自己现有水平和最终目标间的差距
运用各种方法检查全班同学的理解情况，同时做出必要的教学调整。要确保每个学生都能够跟上教学进度	针对一个具体的学习目标进行自我评价	教师和学生能够对于下一步的教学内容做出正确决定（例如，在开始新的教学内容之前，再进行一次额外的指导性练习）

续表

教师做什么	学生做什么	导致什么结果
运用各种方法检查每个学生的理解情况，运用收集到的数据决定下面的教学内容，满足学生不同的学习需求	参与班级教学活动，完成作业（例如，课堂反馈卡、反思日志、小测验等），这些都能够反映学生的进步情况	教师能够根据学生的不同情况决定下一步的教学内容（例如，口头或书面反馈、提供个性化的学习材料或者继续讲授新课）
教学生根据自评的情况设定合适的学习目标。列举目标设定的好榜样，同时通过设定目标促进学生学习	设定上课时间和持续的学习目标，运用检查是否理解的方法进行自我评价	学生能够独立进行自我评价，同时对学习目标有深度理解
随着时间的积累建立检查学生是否理解的方法库，让学生进行自我评价，越来越重视学生自我评价的自主性和评价能力	当教师运用各种方法促进学生达成学习目标时，学生能够越来越熟练地对自己的理解程度进行自我评价	学生能够越来越清楚地意识到自己处于学习过程的哪个位置，同时能够运用这些信息促进自己的进步。越来越多的学生能够逐渐达成学习目标，并且教师能够很好地兼顾一般教学目标和学生个人需求。另外，学生相信他们真实的自我评价能够促进自己的进步

全校范围内实施

检查学生是否理解，作为教师教学和学生学习间的桥梁，是全校实施学生参与式评价体系中的重要一环。学校领导者要在专业发展和教室观察方面多花时间，从而帮助教师能够及时采取适当的方法检查学生是否理解。帮助教师运用本章所介绍的方法收集关于学生进步的数据非常重要，这样教师就能随时调整教学进度，给学生提供学习帮助。

同样地，学校领导者也要让教师明白，这些方法是让学生积极参与学习过程的一种策略，要鼓励学生内化每天自评理解程度的学习习惯。在衔接教学和评价的过程中，学校领导者要谨慎地计划如何让师生参与、支持这一实践活动，同时为其承担相应的责任，推动这一活动实施得更顺利。这里也想强调一些关键的领导支持，这会促进全校范围的活动顺利实施。

奠定基础

• 领导者必须公开分享和表达关于学校教学质量的共同愿景以及学校发展的目标。发起全校专业发展项目，分享成功经验背后的实践、基本原理和实施策略。

• 加强背景知识——学校领导者和教师必须深度理解检查学生是否理解的各种方法及其潜在影响。

• 为教师学习州立和共同核心标准提供时间和专业引导，同时也要让教师知道检查学生是否理解的影响，这样有助于学生更好地达成标准。

• 设定具体目标深化实施这一活动，同时测量学生的学习结果。

培养教师能力

• 选择一系列优先活动，与全体教职工一起制定一个关于成功的共同标准。

• 根据教师需要提供支持。通过收集的学生数据检验班级中运用检查是否理解方法产生的积极影响。检查学生是否理解的结果是师生共同讨论、调整教学进度，评价与学生成就相关的结果，支持教师拓展他们所采用的方法。

• 区分教学的先后次序，确定教师培训周期。

• 整合资源支持这一活动，包括开展活动的必需品、专业文献以及专业发展指导。

"学年之初，教师要花费更多的时间将几种常用的检查学生是否理解的方法融入班级日常教学中。如果一开始就尝试各种各样的方法，效果是难以掌控的，还不如专注于优先采用三到四种方法。"

——马萨诸塞州斯普林菲尔德复兴学校校长，史蒂芬·R. 马奥尼

支持教师深化这一活动

• 要求所有教师掌握检查学生是否理解的方法。为了提高标准，最好能将标准融入教师专业发展中，同时也要与教师的个人指导计划相联系，为每个教师的教学实施提高个性化的持续指导。

• 监测进度，做出调整。通过日常学习走访、数据收集和学习反馈，学校领导小

组要分析得到的结果，改进专业发展和指导计划，以满足全校教师的发展需要。表 2.7 展示了为了达成这一目标的一种工具，是根据斯普林菲尔德复兴学校的一个表格改写而成的。

- 综合分析各年级教师对学生成绩带来的影响。

- 树立优秀榜样，同时完善同伴观察机制，让教师能够模仿和学习其他教师的经验。增加教师接受指导的机会，营造同伴互助文化，培养教师持续发展的思维方式。

表 2.7　班级观察检查表样本

项　　目	例证	达到预期	接近预期	未达预期	未采用（注明原因）
学习目标：日常学习目标要与支撑性学习目标紧密联系。学生在课程初期、中期和末期讨论学习目标（可以采用询问技巧）					
现在就做：给学生布置一个与课程学习目标相关的小作业作为现在的学习任务。学生需要独立完成作业，并且能够提供自己理解学习内容的学习证据					
指导性练习：教师要逐渐让学生自己承担学习的责任，为学生参与活动营造安全的班级文化，同时让学生感受成功的乐趣					
理解和表达技巧：教师通过检查全班同学的进步、分享学习策略、修正共同错误或者让学生解决常规问题等形式来理解学生					
随机点名：随机点名常常需要借助小卡片，让所有学生都参与其中。学生熟悉这一规则，它采用一种积极的方式检查学生是否理解					
零错误：学生的所有错误和不完整的回答都会得到及时指导、同伴的随机抽查以及正确信息，直到学生能够对问题做出正确、准确的回答					
询问：回到学习目标，综合学生的学习情况，评价学生是否都达成了学习目标。修正学生的理解错误，强化重点概念理解					
家庭作业：布置家庭作业是为了提高学生个人对学习目标的掌握能力。这适用于所有学生，同时它也是评价学生努力和理解程度的一个方面					

个案研究

马萨诸塞州斯普林菲尔德复兴学校为检查学生是否理解的方法设定优先顺序

马萨诸塞州斯普林菲尔德复兴学校的教职工在最初几年一直在完善系统、优化结构、建设班级文化，希望能够更好地了解学生。当学校内师生都有了很强的集体荣誉感后，他们就将全校教学实践活动的焦点转向检查学生是否理解，这使得学校的教学发展走上一个新台阶。

校长史蒂芬・R. 马奥尼介绍道，"这一实践活动让教师和学生共同为学习承担责任，这些常规活动使师生更了解自己、更加自信。每个学生都知道自己对未来应该期待什么、设定什么目标，而教师也能够从学生那儿获得关于自己近期教学工作的反馈"。

设定一系列可操作的优先级方法

教职工选了以下五种方法作为当下焦点：

- 张贴和运用学习目标
- 指导性练习
- 理解和表达
- 零错误和随机点名
- 下课前的询问

教学领导小组——校长、两名校长助理和两名全职教学指导老师——每周观察三个教师的教学情况。他们会一整节课都在教室中观察（能够完整地观察到各种方法的使用情况），同时用同样的检查表收集关于策略使用的数据（参见表 2.7）。接着，星期一的时候马奥尼会向全校教职工分享收集到的关于这一活动的数据（在分享时会隐藏班级的基本信息）。"我们的目标是课堂教学中有 80％ 的时间在运用不同的方法检查学生的理解程度。例如，在我们现在看到的这份检查表中——这是我们这周所观察的班级实施情况，所观察的几个教室都张贴了学习目标。其中 50％ 的班级教学使用了零错误和随机点名的方法，80％ 的班级教学使用了下课前的询问技巧。这些数据也同样有助于我们指导交流、评价标准达成情况以及确定专业发展计划。当然，这也确实是一个需要不断学习的过程。"（具体可参见视频中对马奥尼校长的访谈内容）

观看视频：组织全校实施检查学生是否理解的活动

我们的期望

教师应该能够立即实施本章介绍的检查学生是否理解技能中的大部分技能，其中的许多技能都是易学易用的。六年级教师杰茜卡·伍德提醒我们，"如果你认为什么是可行的，那么就在第二天付诸行动"。然而，伍德也提醒了我们，相较于生搬硬套地实施这些技巧，采用一种策略性的方法（如大量地使用写作与反思、学生讨论方案、快速测验、有策略地观察和倾听以及询问的技巧）是多么重要。在具体实施的过程中，为了能够准确地监测学生的进步，教师应能够越来越灵活地知道选择运用哪种方法最合适以及何时使用最合适。他们要学会运用学生给出的对学习内容理解情况的信息，及时满足学生的学习需要。更重要的是，通过这一实践活动，学生开始对自己的进步负责，他们将会不断回顾检查整个活动的过程，将之视为他们学习过程的重要部分——学生真实的自我评价有助于他们更好地达成学习目标。

当全校都开始运用本章所介绍的一些检查学生是否理解的方法时，这一实践活动对学生成长的积极作用就会成指数倍增长。从一个班级到另一个班级，学生逐渐掌握了更多的技巧来监控自己的进步，并且在这一过程中学生表现得越来越独立和自主。全校范围内的实施也会促使学校领导者关注班集体的学习情况，确保他们能够及时了解学生朝着学习目标都有哪些进步。同时，学校领导者也会对教师的专业成长和学习提供更好的支持。

下面我们会提到一些基准，这是学校领导和教师在实施检查学生是否理解活动的初期、中期和提升阶段可以期望的结果。

初期阶段

• 教师花费一定时间和精力创建充满信任和尊重的班级文化，在这种氛围中让学生相信他们能够通过自己的努力不断提高。

• 在设计课程的同时，教师要提前设计一些问题，帮助学生评价他们对于所学内容的理解程度。

- 教师组织课程以确保学生有时间运用所学的概念和技能，从而让师生能够准确地监测他们对于学习内容的理解程度。

- 在课程的开始、中间和结束环节，教师运用一系列易于操作的方法来检查学生的理解程度。

中期阶段

- 教师要逐渐拓展延伸他们所使用的方法。
- 教师在课堂中持续使用检查学生是否理解的方法。
- 教师有策略地将检查学生是否理解的方法与评价目标结合起来。
- 在课程的不同时期，学生能够描述他们基于学习目标和学习任务的进步，同时还要知道为了达成最终学习目标他们还需要做什么。
- 基于使用检查学生是否理解的方法所得到的信息，教师能够实施一些有助于达成最终学习目标和满足学生个性化需要的不同策略。

提升阶段

- 建立检查学生是否理解的方法库和专业发展的学校愿景。
- 所有教师接受关于检查学生是否理解的方法的指导。
- 观察各个班级使用检查学生是否理解的方法的情况，将这一活动作为班级的一项常规工作。
- 根据每个教师的优势和需要，为其提供个性化的专业发展指导。
- 教师根据学校教学目标，减小学生理解程度的差距，采用多样的检查策略帮助学生迅速知道自己的理解程度。

共同挑战

缺乏丰富而严谨的课程内容

重视这一问题。确保每一堂课都让学生学到有意义的内容，能够尽可能地表现自己，基于共同核心标准和州立标准设置有挑战性的学习任务。另外，不要过多检查学生对不重要内容的理解。

脆弱的班级文化

奠定强有力的基础。如果没有一个良好的班级文化，检查学生是否理解这一活动就不可能在班级内生根发芽，它将只能是一种技巧。班级中必须要营造一种安全、信任的氛围，学生才会敢于分享他们的困难，同学之间互帮互助。学生应该为他们的努力学习、诚实、激情、合作以及勇于承担责任、不断改正和成长而庆祝。

缺乏成长型思维方式

每个人都能变聪明。确保每个学生都相信通过努力学习他们都会变聪明、变强大。如果学生相信他们中有的人聪明有的人笨，那么学生就会隐藏自己的困惑，这将会限制学生的进步。

过度强调教师的角色

倾听学生的想法。引导和鼓励学生成为这一活动的积极成员。高效的检查活动也包括教师和学生之间的交流——无论是口头形式还是其他方式。因此，教学生反思自己的理解和设定合适的目标能够促进他们达成目标。学生应该积极地定期讨论他们对于学习内容的理解情况。同学间需要相互合作以确保全班同学都"理解"了。

陷入一种生搬硬套模式

这一活动并不是简单地顺从和控制。实施检查是否理解这一活动的目的是了解有多少学生学会了以及应该怎样调整教学计划。引起学生注意，让学生举手发言都只是实施这一活动的一种手段而已，但这些不应该是这一活动的终结。

没在全校范围内实施

组织在全校范围内实施这一活动。当检查是否理解的活动在全校范围内或在全年级内实施时，它的积极影响将会非常明显。当教师都采用同样的策略、使用同样的语言教学时，对学生的注意力和成绩都有积极影响。

过度信赖自我报告而不是检查

讲究策略。这里需要在学生检查自己是否理解和教师检查学生是否理解间取得平衡。如果没有学生对自己理解程度的检查，学生将永远不能成为一个独立的学习者；如果没有教师对学生理解程度的检查，学生就可能对他们理解了什么、学会了什么存在错误的认识。学生要知道在什么时候需要采用什么样的方法检查自己的理解程度才是合适的。

检查方法缺乏变化

改变检查方法。尽管从一些关键的技巧开始着手实施这一活动很好，但是丰富检查的方法要靠深度参与和确切的完成信息。不同的检查策略能够产生不同的结论，匹配不同的学习风格。

缺乏询问技巧

保证这一活动的完整性非常重要。反思能够总结学习过程，有助于明晰紧迫的学习需要和新的学习问题。确保整个活动中包含询问。提前准备与学习目标相关的策略性问题，构建强调学生反思和自我评价的询问技巧。

缺乏对学生理解差异的后续跟进

缩小学生的理解差异。检查学生是否理解这一活动必须用以指导有差异的、不断改进的教学。优秀的教师会通过改进教学和课程计划来保证每个学生都能理解教学内容。聚焦于差异教学的专业化发展应该与检查学生是否理解这一活动紧密联系起来。

第三章　运用学生数据

十几年来，我一直教学生用考试成绩描述他们的数学能力，"我数学学得很好"（我的考试分数很高），"我数学学得不错"（我的数学成绩在中等水平）。尽管我尽最大的可能尝试让他们对数学抱以一种发展的（成长的、积极的）心态——指出他们的能力还有待提升——并且尝试帮助他们理解他们在数学的不同方面表现的不同之处，但学生好像仅仅只记得具体的考试分数，"我在前两次数学考试中分别得了89分和84分，我考得还不错"。这是关于量化数据的强大威力的有力证明，但是这又显然没有培养学生的积极心态和发展的眼光。

接着，我效仿了一个同事的方法，然后，一切都改变了。我开始使用一个针对学生错误类型进行数据追踪的方式。学生分析考试和作业中的错误，将每个错误进行归类（例如，抄写错误、计算错误、方法错误）并且用表格标注出来。由于学生可能对自己出错的原因不太清楚，因此，学生会一起讨论分析出错的原因。通过对错误类型的分析和归类，学生的学习兴趣大大提高。他们制作了关于错误分布的表格并持续跟进了自己对错误的更正表现，并在数学课上和同学分享、讨论这些表格的内容。

当这些学生在学生领导的会议上呈现他们的数学表现时，一切都变得不一样。他们描述自己改正错误、解决困难以及不断进步的过程，同时描述自己作为一个数学学习者所处的位置。现在，听到这样的描述是一件司空见惯的事情，例如：

"我擅长理解比率和百分比，但是我在做百分比的题目时偶尔还是会出现计算错误。"

"我的除法不好，是因为在很大程度上受数字排列的影响。坐标纸可以很好地解决这一问题，这一点可以从我的表格数据中得出。"

"我对正整数和负整数的概念一直很迷惑，但2月5日我开始明白了这两个概念……"

这段时间，我们一直尝试基于数据做出判断，但是显然，我们关于谁能更好地利用数据这个问题限制了自己的视野，学生被置于门外。当学生开始分析他们自己的学习数据时，不管是大规模的终结性评价还是日常的形成性评价，这些数据作为学生发展核心的力量是主要集中在学生身上的（关于学生的数据为学生的发展所用，而不是用于评价教师教学能力、学校质量），这种力量具有能够激发学生进步的巨大潜力。

——罗恩·伯杰

增加学生参与度，提升学业成就

在纽约州罗切斯特杰纳西社区特许学校里，三年级的琼·赫斯特老师正前倾着身子聚精会神地听学生杰西琳大声地朗读。杰西琳的朗读越来越流利了，这是她们这几周一直在训练的一项技能。同时，赫斯特也发现杰西琳的朗读更有节奏感，更加自信了。在杰西琳朗读的过程中，赫斯特认真地标注了她朗读时的错误，记录了她朗读全文的时间。老师和学生一起进行讨论，他们回顾了杰西琳之前定的学习目标和取得的成功以及证明她朗读水平不断提高的表格。他们主要讨论了赫斯特老师提出的杰西琳朗读中流利性和词语替换的问题。"我们一起来看看这个单词，"赫斯特说道，"你再重新读一遍这个单词。"杰西琳起初有些犹豫，读作 proclaims，赫斯特指出她朗读时读作 announces。"这就是词语替换，你在朗读时有留意这种现象吗？"赫斯特问道。杰西琳想了一会儿说："我不太确定这个词的意思，但通过这个句子我猜测它应是 says 或 announces 的意思。"

赫斯特和杰西琳讨论了怎样通过词语替换帮助她理解所读的内容，同时又不影响她的整体阅读速度。赫斯特向杰西琳展示了她的发展性阅读评估（Developmental Reading Assessment，DRA）中的阅读流利性分数，相较于她之前的成绩有了明显的进步。

作为一个阅读方面的后进生，杰西琳反思了她的进步过程，"这就好像运动员赛跑一样，有的人跑得快，有的人跑得慢，但是所有人都是可以穿过终点线的，我只不过需要比别人跑得快一点"。在这个过程中，她借助数据（在老师的指导下）设定并实现了从学期初的幼儿园大班水平达到学期末的三年级入门水平的学习目标。赫斯特指出，"虽然她仍然没有达到三年级的平均水平，但她已经实现了两个年级水平的飞跃，并且通过学习数据反映出的点滴进步也逐渐让杰西琳成了一个积极主动的阅读者"。

运用学生数据贯穿整个课堂教学，以此培养学生有效获得、分析和运用数据以进行反思、设定目标以及记录成长的能力。具体包括以下活动：

- 学生将他们的课堂作业作为数据源，分析个人学习的优势、弱点及其类型来提升作业质量。

- 学生分析自己的学习进步。学生通过学习评价和作业追踪自己的进步，分析错误类型，并且描述数据反映出的他们现在的表现水平。

- 学生运用数据设定目标、反思进步，且将数据分析的结果呈现在学生领导的会议中。

教师和学校领导借助这些数据做出与教学相关的重要决策，以保证每一个学生都能够达到州立和共同核心标准。然而，在许多学校由于很多学生的点滴进步都被忽略了，这种借助数据帮助学生学习的力量还没完全发挥作用。促进学生学习进步的决定性因素是学生的学习态度和学习策略，这决定了学生愿意为学习进步付出多少努力，决定了学生是否相信他们的努力能够促进学习进步，决定了学生是否有能力采取策略聚焦、组织、记住以及解决问题。

当学生开始记录、分析和运用学习数据时，说明他们成了自己成长过程中的积极管理者。他们借助数据设定个人的成长目标，这意味着学生自己拥有这些目标。学生参与式评价框架提供了许多的机会，帮助学生运用数据提升学业成就。通过杰西琳的学习事例，说明运用学生数据在很大程度上能够提升学生自信、培养学生的反思习惯，这些正是大学生和准备工作者所需的重要素养。

为什么运用学生数据很重要

运用学生数据意味着每学期除了考试成绩外与学生有更多交流的机会。这也是班级文化的一部分，这种学习氛围有利于学生收集和分析信息以提高他们的成绩。今天，"数据驱动"已经成为学校的高频词汇，典型的表现就是使用学生标准化考试成绩来调整教学的重点和进度，包括学年州立评价结果和中期学区评价结果。但是，如果我们将学生数据的价值仅仅局限于此，我们就错失了整合大量学习证据的价值（如，个人的写作风格、数学解题思路、完成家庭作业的习惯以及阅读的专注程度等）。这一类数据可以由学生自己收集和分析，并用于帮助他们设定和达成学习目标，以此提升学习。运用学生数据在促进学生学习过程中发挥了巨大作用。

有助于学生准确评价他们现阶段的学习水平以设定有挑战且可达成的学习目标

要想确定并达成一个充满雄心和抱负的学习目标，学生首先得知道他们的学习基础或起点。在很多情况下，为了保护学生的自尊心，我们都尽量避免详细讨论对学生的评价标准以及学生达成标准的情况。这种做法与其说在激励学生的学习信心，不如说它误导了学生对自身学习现状的正确判断，甚至阻碍了学生的进步。如果学生能够抓住机会通过数据分析认清自身的优缺点，这将成为促进学生进步的强有力的动力。它使得关于学习进步的交流从宽泛粗略的学习目标（如，更努力地学习更多知识）变成了具体有针对性的学习目标（如，提升三个学期的阅读水平、实现80%的学习目标、确保能够保质保量完成家庭作业），同时，这些数据也能为学生更好地达成目标提供一定策略。当然，将这些数据透明化的前提是安全的班级文化，这一话题在本章的后面会详细讲述。

调整学生心态，从相信智力决定成绩转变成相信自己的潜力，相信通过努力可以获得成功

为了实现具有挑战性的目标，学生首先要相信他们是有能力实现这些目标的（Dweck，2006）。许多学生由于在学校的前期成绩不理想就产生了思维定势而不是一种成长的思维观念（如，有些学生数学学得好，有些学生语文或阅读成绩很好）。他们认为人的智力是天生的而不是通过后天努力可以改变的。运用数据的学习策略给学生提供了很好的机会去克服这种思维定势的局限。它帮助学生记录学习过程，同时也向学生证明他们通过努力是可以不断进步的。甚至，这一策略加强了学生努力与成绩间的联系，让"我努力我进步"的观念替代"有些学生更聪明"的观念。

朝着标准努力，使分层透明化

大多数情况下，学生实现或达成了某一标准都是被秘密隐藏起来的。学生和家长都不明白他们为什么能够升级或者需要额外学一些内容。运用学生数据就好像使整个学习过程都透明起来了。它为学生提供证据证明他们知道了什么、能够做什么。同时，它也让学生从"我学会了"或"我没学会"的思维方式转变成了认识学习过程中自己进步的思维方式（如，我在原有水平的基础上又掌握了 75％的学习内容；为了达成90％以上的学习目标，我还需要做……）。

使学生对自己的学习负责

数据收集和分析是许多学校专业发展的重要一环。但是，这些数据有时候直接被忽略了，或者记录了与学生成长无关的数据。在班级中引入数据分析是一件很好的事情，使班级从传统意义上的教师领导转变成学生领导。当然，数据的处理在不同成长阶段有不同的方式，甚至是年龄最小的学生也应该被给予一定的机会去探索与他们的学业或性格发展有关的数据。

关于数据的共同误区

我们许多人对数据都有先入为主的观念。从这一方面来说，我们非常有必要澄清一些误区。

误区 1：仅运用与基本知识和技能相关的学生数据

尽管对许多教师来说，记录和分享关于基本知识和技能的数据是一个很好的开始（如，识记七大洲、区分不同的发音、辨别细胞的组成等），但学生应该更多地运用数据去理解成绩反映的深层内容，包括批判性思维能力、清晰的语言表达、概括内容的能力以及按时完成高质量作业的能力。例如，当学生归纳他们的作业和行为的类型时（如，他们专注学习时、感到困惑时或者面对挑战时），他们能通过数据不断改进自己的学习策略。

误区 2：运用数据仅为准备考试

在州立考试、国家考试或学校考试中取得更高的分数是运用数据的目的之一，但这并不是运用数据的唯一焦点。相反，这一目标应被嵌入班级的日常教学和更大范围的以学生为中心的教学活动中，以此来提升学生的学业成就。

学会追踪和分析有关个人表现和班级表现的数据有助于学生真正为自己的学习承担责任

误区 3：数据收集局限于量化数据

尽管学生从收集易于计算的量化数据开始比较好（如，数学作业中的错误、独立阅读的耗时等），但是还有更多的质性数据对学生的成长有利。包含了大量对学生质性描述的评估准则中就有很多这样的数据，许多的记录表、日志、课堂反馈卡都可以为学生提供大量的数据资源，证明他们是如何思考以及为什么会这么思考。这些数据给学生提供证据反思自己的思维过程，是共同核心标准中要求的一项重要技能。

共同核心联系

- 借助数据分析提升学生基于证据做出判断的能力，这是贯穿共同核心标准的一项技能。
- 借助数据反思可以帮助学生更好地面对共同核心标准中的严峻（复杂）挑战，让学生的注意力逐渐集中于他们的进步过程。
- 理解自己在达成标准要求的过程中不断进步的数据，是提升共同核心标准中强调的独立自主学习能力的关键。如果对学生进步数据的处理仅仅停留于为教师所用，那么学生就被剥夺了朝着标准积极努力的机会。学生参与整个学习过程可以提高学生的学习动机以及他们获得成功的可能性。

开始

创建安全的数据收集文化

教师、教研组甚至整个学校运用学生数据有许多方式。其中，以创建能够促进学生评价个人进步的班级文化和采取能够提升学生数据分析技能的措施为起点非常重要。

让学生仅仅通过自己表现的数据来分析他们的优缺点是不合适的。关键的一点就是要创建班级文化，在这种文化下犯错是被接受的，而且它的指导信念是"努力就能够进步"。这样的班级文化是学生参与式评价所有活动的基础。它需要培养学生发展的思维方式，形成完善的小组规则，谨慎地树立榜样以及持续运用数据。

学生不需要和他人竞争。在班级中使用学生数据并不是为了进行排名，证明哪些学生是学习的赢家哪些是失败者。相反，学生应该与他们自己的表现做比较。运用学生数据应该注意让学生学习怎样通过标准来衡量自己的作业和进步。这并不是为了要排出班级的优等生，而是让学生知道他们在班级同学中的排名情况，更重要的还是要让学生关注他们的进步和学习目标。师生都要明白每个学生都应该有能反映自己优缺点的学习档案袋，这是创建安全数据文化的一个重要部分。

为学生收集、分析和分享数据提供支撑（如，学生积极参与班级活动、坚持复习）是创建健康数据文化的重要部分。这一类的数据不是作为改正学生问题的短期策略被呈现，这是一种长期的——我们希望是终身的——习惯和技能，它有助于学生更好地理解自己的个性行为和学习类型。甚至，能够帮助学生理解关于学习习惯的数据是如何与学生学业成就数据共同作用于培养学生的批判性思维能力，这种元认知能力是学生进入大学和职场的必备技能，对学生的学习和生活有积极的引导作用。例如，学生如果知道自己一直在哪些语法点上出错，那么，当他在修改大学论文的时候，就很可能会向学校写作中心的某位同伴或某位老师寻求帮助。

快照：让学生通过数据认识"迷你自我"

在学生学会运用数据制定自己的学习目标之前，他们必须首先正确认识数据，学会如何对数据进行收集、分类、分析，以及以多种形式呈现数据分析结果。在马萨诸塞州格林菲尔德市四河特许公立学校阿曼达·洛克所教的七年级数学和科学班级中，学生通过参与名为"迷你自我"（这一活动改编于缅因州波特兰市国王中学的某一类似活动）的活动，来学习收集和分析数据。学生收集关于自己的数据（如，年龄、身高、体重、视力等），制作迷你图画，写迷你记录，同时整合全班同学收集的所有数据。学生相互学习所收集的质化和量化数据及关于数据的常用术语（如，平均数、中位数、模型、异常值等）。

"这一活动在很大程度上帮助学生收集了零散的、部分的和整组的数据，同时也教会学生如何整合数据。"洛克说道。她还帮助学生开展了一项调查，研究学生的哪些数据是共有的，哪些数据是每个学生独有的。学生根据收集的数据，制作了大量的图表、树状图以及其他可视化形式来使数据结果更清晰。

虽然看起来就像是"数学"，但洛克却创造了一个智能基础。这一基础是她的班级在用数据分析学业表现时所需要的。学生通过"迷你自我"项目学到的东西能帮助他们理解老师是如何用基于标准的分数系统来评价他们的表现，大多数学生对于这点并不熟悉。

培养学生发展的思维方式

就好像学校领导和教师坚信运用数据能改进教学、促进学生进步一样，学生也要相信数据的力量。长久以来，数据只是被用于给学生贴标签，却没有发挥促进学生进步的作用。而认知心理学家已经发现，生物体不是生而既定的，其智力是不断变化的。让学生认识到这一点，不仅让学生相信通过努力会获得进步，而且能够驱使学生基于数据设定目标，不断进步。

运用学生数据首先要客观评价学生的现有学习水平并确定哪个水平的目标是学生能够达到的。设立清晰的学习目标，通过运用数据来帮助学生建立"我想要成功"的信念以及培养学生成长的思维模式。尽管有许多学生甚至教师都相信有些人生下来就比别人聪明，但是，教师仍然要坚持通过有意识地运用数据促进学生进步来打破这一观念。

明确地教学生数据知识

定义数据并且描述如何应用数据能够提高学生成绩。在当下非常流行数据分析的浪潮下，有许多例子能够很好地说明恰当运用数据能够提升学生成绩。体育测验很好地证明了如何理解数据确实是文化的重要部分。收集运动员和教练的量化和质性数据，让运动员分析个人成绩表、比赛录像以及其他证据，有助于运动员设定目标以及取得进步。销售人员通过收集数据追踪销售情况，调整营销策略。科学家和医生一起分析临床实验数据从而确定新药物的有效性。每一天，思考如何运用数据使我们的生活充

类似于这样的数学档案是训练学生收集关于自己学习表现数据的很好方式

满意义（如，迟到的学生人数、餐厅乱扔垃圾的现象、废纸回收利用的情况等）。

运用共同数据： 每个人都必须攀登这座高峰

从班级共同目标开始数据分析能够形成一种团结的精神，学生从只关注自己的学习进步转变为关注全班同学是否都达成了目标。三年级学生可以将熟练掌握乘法表作为学习目标——每个人在规定时间内完成随机练习题，让学生分组检查是否都能完成目标。九年级学生要认识到他们需要尽快地进入学习状态，可以设定这样的学习目标：在上课铃声响起前，班级同学能够端坐在自己的座位上做好上课准备。诸如此类的学习目标对整个班级来说有一定挑战，需要每个同学承担起自己的责任。这是一种相对安全的运用班级数据的方式，但是需要重申的是，尽管每个学生都有达成这一目标的责任，学生达成目标的具体成绩仍不宜公开。

确保早期成功

对于那些多疑以及好奇心重的学生，早期运用数据产生效果很重要。只有当学生从中获利并见证了自己的进步，他们才会在学习上投入更多的时间和精力。尽管运用数据有多种方式，但对初入学的学生而言，早期的成功对他们非常重要。选择一种你认为学生能够很快见成效的数据资源来跟踪记录，并在设定更多长远目标前公开庆祝学生的成功。

专注于挖掘数据

将学生运用数据这一活动与班级常规活动整合是一个长期的过程，重要的是要从小处着手。相较于处理班级的所有数据，教师应设计一种可以随时填充的、核心的数据日常活动。图3.1代表了班级中一个典型的数据分析过程。教师需要找到一种最能满足学生需要的方法，其中的一个关键点就是选择哪些数据供学生调查挖掘，要知道并不是所有的数据都适合学生去分析和挖掘。

接下来的指导有助于教师确保运用数据取得成效：

• 将标准置于核心位置——收集数据是为了帮助学生满足标准的要求。

• 从量化数据开始——对于刚开始这一活动的教师而言，一条简单的运用准则就是：相加减。要计算的数据应与你所期待的进步有关（例如，有多少学生掌握了词语替换、有多少学生能按要求完成实验报告）。而对于质性数据，例如学生档案袋中的日志和反思日记，则可以更多地给予教师开展这项活动的信心。

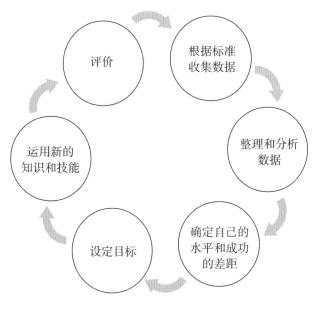

图 3.1　数据分析挖掘过程

- 选择经常出现的数据源——进行有效的数据挖掘，包括比较学生最初水平与不同时期的学习表现。因此，选择一个可以被多次测量的数据源十分重要。

- 使数据有意义——确保所计算的数据是有价值的。学生应该收集和分析能帮助他们设定目标和实现目标的数据。例如，关于学习习惯的数据（如，学生完成家庭作业的情况）可以用于培养学生的学习习惯，而学生日常计算训练的数据则能证明勤加练习的影响。帮助学生建立起零散数据之间的联系本身就能够提高学生成绩，同时也是培养学生批判性思维能力的关键。在接下来的视频中，六年级学生回顾了他们在发展性阅读评价中的数据，同时运用这些数据检验了他们是否达成了学习目标。

 观看视频：阅读成就目标设定——运用学生数据

个案研究

纽约市华盛顿高峰探险学校运用学生数据培养学生的地理技能

六年级社会学教师斯蒂芬妮·阿伯格对她的新一届学生缺乏地理基本技能的情况表示担心，几乎所有学生的水平都比本应达到的水平低两个等级。同时，她也担心许多学生对历史基本概念的缺乏。她需要找到一种方法帮助学生适应他们以后的社会学科学习。阿伯格决定在班上采用如下的数据挖掘程序：

- 我们现在处于什么水平？——预评价，诊断现在的表现
- 我们要达成什么目标？——设定学习目标（由教师决定，或由师生参照年级标准共同决定）
- 数据测量——监测学生现有表现与学习目标间的差距
- 反思进步，设定新的学习目标

她开始收集数据以确定接下来的诊断性问题：学生现在有哪些地理技能？学生知道哪些世界地理知识和历史事件？

接下来，她与学生分享了这些数据（诊断结果）。她通过整合班级和年级学生表现水平对数据做了匿名处理，然后让学生分别设定了个人和班级学习目标。

这个程序中的第三步包括一系列的评价。要想获得快速的、数据驱动的进步，教师需要选择，进行教学设计，以确保能够掌控整个教学过程，同时组织学生评价学习目标的达成情况。每两周学生就要进行一次地图集测验，然后她会公开分享测验结果（如，82％的学生能够正确地识记、拼写、标注关于巴基斯坦的关键信息，但是只有58％的学生能够完全掌握关于厄瓜多尔的关键信息）。学生的长期目标就是能够识记、正确拼写、标注40个国家的关键信息。最后，95％的十八岁学生达成了这一目标，并且他们已经准备好继续设定关于其他国家地理和历史知识的更有挑战性的目标。

和家人交流

使用数据的目的是让学生认识到自己的优点和学习需要，基于标准和学习目标设定可达成的阶段目标，制订详细的行动计划，然后，在教师和家长的帮助下达成目标。花点时间帮助家长跟上数据分析的步骤也很重要。可通过致家长的一封信、家长会和其他形式向家长介绍什么是数据深挖以及用数据追踪学生学习的关键是什么。

在许多学校，数据报告会在学生领导的会议和学生档案展示活动中呈现（详情参见第五章和第七章）。这种持续地、有意识地运用数据活动，让学生和家长随时了解学生的学习进展。尽管学生基于数据对进步的感知和反思并不总需要在正式的报告中去讨论，但还是应该将学生的自我评价和基于标准的年级考核（详情参见第八章）紧密

联系起来。学生运用的数据和教师运用的数据应保持一致。教师能够通过学生的学习目标追踪表、作业本和其他能真实评价学生表现的数据来检验学生等级。这种一致性也能够使学生和家长体会年级进步和学生个人进步间的紧密联系。

"让家长参与设定学习目标。给他们一些具体的任务，例如闪卡练习、听写单词、听学生大声朗读等。家长也愿意参与到这些活动之中。"

——纽约州罗切斯特杰纳西社区特许学校三年级教师，琼·赫斯特

实践

构建体系以支持和深化学生数据运用

当班级开展一些新的常规活动时，教师需要构建良好的体系来收集和存储学生的数据。无论是通过简单的方式（如，学生作业）还是通过电脑制表，教师都必须为学生提供一种收集数据的方式，给予学生一定的时间和空间运用这些数据。就算这些体系、数据结果是一样的——学生准备成为一个反思性的学习者，他们也能够认识到自身的优点和不足，同时也能够设定目标让自己逐渐满足标准的要求。

"就学生在知识、技能及学习习惯方面的进步而言，我们试着尽量清晰地表达学习目标的内涵。例如，共同核心数学标准强调学生要坚持不懈地解决有挑战性的数学难题。学生可以运用学习目标追踪表来认识自己的进步，不仅是学习能力上的进步——包括运用不同策略解决问题以及知识迁移的能力，还包括学生品格的完善——勇于挑战和寻求解决方法的精神。"

——纽约州罗切斯特杰纳西社区特许学校三年级教师，克里斯·道格斯

表格

教师所制的表格能够成为学生收集数据的工具。持续记录、预测性的表格——例如学习目标跟踪表、项目或错误分析表、反思表、评估细则表等——有助于学生收集关于自身进步的数据。长此以往，学生就会理解这种记录的重要性，成为学习类型和

趋势的谨慎观察者。表格有助于在学生领导的会议或展示中总结和讨论学生的进步。图 3.2 列举了数学和写作的错误分析表和学前字母识记追踪表。图 3.3 为某代数二班的学习目标追踪表。所有的表格应满足处于不同发展水平的学习者的需要。

数学考试错题自评

姓名＿＿＿＿＿＿＿＿＿＿

日期＿＿＿＿＿＿＿＿＿

考试主题＿＿＿＿＿＿＿＿＿＿＿＿＿＿＿＿＿＿＿＿＿＿＿＿＿＿＿＿＿＿＿＿＿＿＿

你参加考试的次数（也可以设置其他选项）＿＿＿＿＿＿＿＿＿＿＿＿＿＿＿＿＿＿＿

这次考试的错题数＿＿＿＿＿＿＿＿＿＿＿　　　　正确题数＿＿＿＿＿＿＿＿＿＿＿＿

正确率＿＿＿＿＿＿＿＿＿＿＿＿＿＿＿＿＿＿＿＿＿＿＿＿＿＿＿＿＿＿＿＿＿＿＿＿

> 错误分析：
>
> 　　类型 A：粗心错误（一个愚蠢的错误，知道知识点和解题过程的错误）
>
> 　　类型 B：图表、绘画错误（抄写问题出错，书写错误，图形连线错误等）
>
> 　　类型 C：对解题过程感到困惑
>
> 　　类型 D：运用错误的方法解题
>
> 　　类型 E：完全没思路（不知道如何开始或选什么方法解题）

列出每道题的错误类型，标明错误代码：

各类型的总错题数：

A：＿＿＿＿＿＿＿　　B：＿＿＿＿＿＿＿　　C：＿＿＿＿＿＿＿　　D：＿＿＿＿＿＿＿　　E：＿＿＿＿＿＿＿

你注意到了哪些错误类型？这张试卷告诉了你什么？

你完成这张试卷的仔细程度如何（单选）：

特别仔细　　　　　　仔细　　　　　　一般仔细　　　　　　不仔细　　　　　　糟糕

你对自己表现的满意程度（单选）：

非常满意　　　　　　满意　　　　　　一般满意　　　　　　不满意　　　　　　无所谓

书写错误自评

收集第一张自评表中的抄写错误和语法错误

姓名_____ 日期_____

作业分析数量_____

时间段（第一次和最后一次作业）_____

总错题——平均数_____

总错题——中间数_____

每个类型的总错题

格式错误

整洁度 _____

页边距 _____

大标题 _____

空格 _____

小标题 _____

结构错误

段落 _____

开头 _____

句子顺序 _____

语法错误

句子完整 _____

句意连贯 _____

时态 _____

主谓一致 _____

主宾，代词 _____

其他词 _____

标点错误

句号 _____

大写字母 _____

逗号 _____

省略号 _____

引用语 _____

冒号 _____

分号 _____

拼写错误

整体拼写 _____

名词 _____

近音词 _____

同音词 _____

字母顺序 _____

复数 _____

连词 _____

仔细程度（简单词汇）_____

| 我能够分清这些小写字母 |

姓名＿＿＿＿＿＿＿＿＿＿＿＿

字母	___年___月___日检测	___年___月___日检测	___年___月___日检测	___年___月___日检测	___年___月___日检测	___年___月___日检测
a						
b						
c						
d						
e						
f						
g						
h						
i						
j						
k						
l						
m						
n						
o						
p						
q						
r						
s						
t						
u						
v						
w						
x						
y						
z						

　　像这样的表格能够帮助各个年级的学生朝着共同核心标准努力，包括共同核心语言目标中要求的英语标准用语和共同核心数学标准中要求的精准练习等

图 3.2　用于数据追踪的表格范例

第二学期——LT♯3 追踪表（大概五周）

姓名_____　　　　　　　　　　　单元_____

课程学习目标 3：我能完成二次方程建模并解决相关问题

	阶段学习目标	评价日期	评价者姓名	评价分数	评价权重
A	我能够在其他方程式和图表中找出抛物线（F－IF）				
B	我能够用图像表示二次方程的截断、间隔；知道什么时候函数变大或变小；知道方程是正向或负向的；知道方程的最大值、最小值、极限值和频数（F－IF）				
C	我能够写出抛物线的顶点公式，也能够用因式分解的形式表示				
D	我能够在顶点、因式分解和二次方程标准式间转换				
E	我能够通过因式分解求出方程的根，并恰当运用（A－APR）				
F	我能够通过方程公式求解方程的根（N－CN）				
G	我能够通过二次方程的判别式决定解决方法（N－CN）				
H	我能够通过计算平方求解方程的根（N－CN）				
I	我能够展示复平面的复杂计算过程＊＊HONORS＊＊				
J	我能够完成平方以证明方程公式				
K	我能够用完整的、综合的知识开始学习二次函数				
L	我能够区分二次函数的线性模型和指数函数模型				
M	我能够用方程模型解题				
N	我能够通过变形、映象、旋转、拓展以及写转化公式来转换二次方程（F－BF）				

图 3.3　学习目标追踪表范例

快照：用数据纠正英语写作规范

　　玛丽拉是马萨诸塞州舒茨伯里市舒茨伯里初级学校罗恩·伯杰班上的一名六年级学生。她从档案柜中拿出自己的写作档案，借此准备最后的档案陈述活动。这一活动是学校要求每个毕业生都必须参加的。玛丽拉的西班牙语非常流利，但英语对她来说还是一门新的语言，她到这座城市后才开始学习，因此她对英语写作的基本规范的理解还很浅显。她用非常消极的词描述了她的英语写作水平（如，"我的语法和拼写都非常差"），这样的表述既不利于她自己的学习也会影响评委小组对她档案的客观评价。

　　幸运的是，她的档案中有许多的数据能够反映客观情况。她展示了一些有关个人经历的作文（是关于一些简单话题的一两页纸，如"最喜欢的书"或者"我的生日"等）。档案显示，这一学年她一直坚持在写这一类的作文，并且每一篇作文中都有伯杰为她批注的常用表达错误。每篇作文得到老师的反馈信息后，玛丽拉会对错误进行分类（在他人的帮助下），同时将这些数据记录在一张放入档案袋的表（参见表3.2）中。在这张表中，她非常详细地记录了每篇作文中所犯的语法和拼写错误，并归纳了各种错误的具体类型。这样她就制成了非常清晰、有条理的数据表格。

　　当玛丽拉向评价小组的专家们、校董会和家长会呈现她的档案袋时，她就能清楚、详细地说明她学习英语写作的过程，展示她这一学年在英语写作规范和遣词造句方面的进步。她可以充满信心地用证据告诉大家她学会了什么，在哪些方面还有待继续努力。在汇报中，她可以骄傲地告诉大家，班级所有同学中她的进步最大，她的数据表格能够很好地证明这一点。

作业簿和档案袋

　　对教师而言，他们并不准备用数字化工具追踪学生成长，作业簿和档案袋就是很好的数据资源，这一点在玛丽拉的案例中得到了很好的体现。学生作业簿包括了学习目标追踪表、其他相关表格、所有的作业以及学生的评价表，非常全面、客观。作业簿让学生有机会整理和回顾他们的作业，能够从作业中收集自身进步的证据，同时也更好地监管自己的进步。在运用学生数据时，管理收集和存储数据的系统也很重要。教师有必要每个月花一点时间将学生这段时期内的所有作业都放入学生作业簿中，同时还要引导学生分析、总结这些数据。在接下来的视频中，我们将会看到杰纳西社区特许学校的两位六年级教师——克里斯·道格斯和香农·希尔曼——与学生一起整理作业簿，并反思所得到的数据。

 观看视频：属于学生的进步——运用学生数据

作业簿可以按不同主题分类，放在固定的文件柜中，以便学生随时取用。创建、运用学生作业簿数据系统以及其他的数据系统都是需要时间的，保证这一活动取得成效的一个重要方面就是要给予学生充足的时间，这样学生才能根据学习目标持续追踪和记录自己的进步。

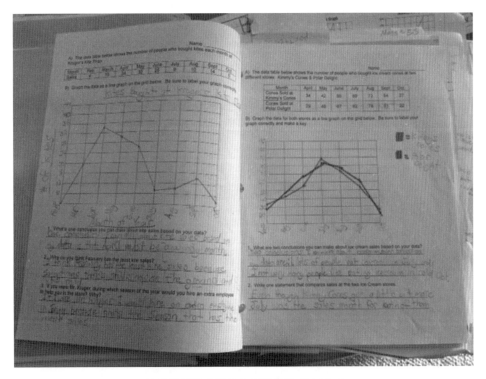

档案袋是学生追踪自己数据的很好方式

作业簿可以作为档案袋的基础，这样有助于学生更有针对性地收集和反思作业数据。师生能够不断分析作业中的错误类型，总结学生基于标准的进步趋势、学生的考试成绩，这些是档案袋的关键信息。

运用数字化工具

学生使用 Excel 收集和合成数据非常方便。图 3.4 是堪萨斯州邦纳斯普林斯的罗伯特·克拉克初级中学一个六年级学生所制的 Excel 表格，该表追踪了该生这一学期阅读流利度和阅读速度的进步。通过这个表格，我们可以知道这个六年级学生的阅读流利

要点：

X＝黑线＝年级水平流利分数   ＃＝蓝线＝年级水平理解分数

＊＝红线＝我的流利分数   ∧＝绿线＝我的理解分数

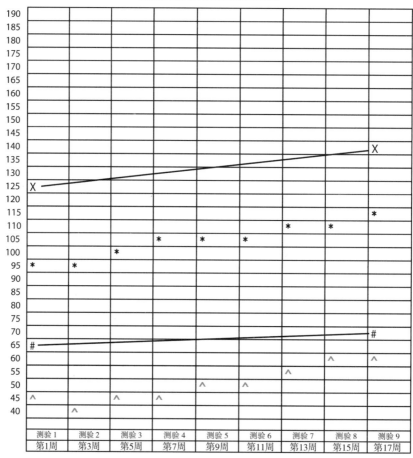

我的阅读流利分数一开始是：95   理解分数是：45

我的目标是：115   截止至第 17 周

我具体要做的提高阅读和理解能力的事件有：

1. 每天晚上进行 20 分钟无间断的阅读

2. 跟着语言专家进行日常词汇学习

图 3.4   用 Excel 软件追踪进步

度低于六年级的标准水平，他正在努力达到五年级共同核心基础技能标准 RF. 5. 4：准确和流利地完成阅读理解。

程序如下：

1. 该生首先根据老师所提供的年级水平的平均阅读流利分数在追踪表的第 1 周到第 17 周间画了一条黑线，这代表该学期所有六年级学生在这门课上的平均进步情况。按照同样的方法，这个学生在追踪表的第 1 周到第 17 周间画了一条蓝色的线表示年级水平的平均阅读理解分数。

2. 该生根据他每周的测验情况确定其学习起点。他设定了课程的学期目标同时还与老师一起讨论决定了完成这一学期目标所需的具体目标和学习策略。

3. 该生每两周进行一次阅读测验，检验其流利阅读程度和阅读理解能力。学生的阅读流利程度由老师根据他每分钟能读的单词数而评价；学生的阅读理解能力由老师根据学生重述文本重要内容以及记忆具体的重点词汇数而评价。

4. 每次测试后，该生都在 Excel 追踪表中记录他的分数。

培养学生设定合适目标的能力

运用数据的难点之一就是让学生根据数据设定合适的学习目标。通常情况下，学生的学习目标不是设定得太低（确保他们能够达成目标）就是太高（不切实际的期望或者参考了不真实数据）。教师应帮助和指导学生设定学习目标，特别是低年级的学生，同时还应积极创建数据模型以及安全的班级数据文化。在创建了这种数据安全文化的基础上，教师也要思考如何教学生运用数据，可以设计相关课程让学生学会分析和挖掘数据（参见表 3.1）。

学生可以根据自己的学习起点设定合适的学习目标。例如，"我要掌握数学标准中 70％的内容，甚至我在学年末的时候可以掌握到 85％以上"，或者，学习目标也可以根据标准化的成长目标而定（如，所有学生的阅读水平提高一个年级水平）。类似于这样的学习目标就很好地区分和解释了学生的表现是否高于、等于或低于年级水平。学习目标的设定也能在一定程度上反映学生的高阶思维能力（如，分析一个月内的所有日常课堂反馈卡，以此证明学生在新的学习中运用了已有的知识）。图 3.5 是纽约州罗切斯特杰纳西社区特许学校的每周反思表，能够帮助学生更好地理解学习目标、追踪学习进步，同时促进学生达成他们的学习目标。

姓名＿＿＿＿＿＿＿＿＿＿＿＿＿＿　　　　　　　　完成日期＿＿＿＿＿＿＿＿＿＿＿＿＿＿

每周反思

我这周正在努力达成的目标是＿＿＿＿＿＿＿＿＿＿＿＿＿＿＿＿＿＿＿＿＿＿＿＿＿＿＿＿＿＿

这个大目标包括的小目标有＿＿＿＿＿＿＿＿＿＿＿＿＿＿＿＿＿＿＿＿＿＿＿＿＿＿＿＿＿＿＿＿

＿＿

＿＿

我认为我在达成这些目标的过程中取得了很少/一般/很大的进步＿＿＿＿＿＿＿＿＿＿＿＿＿＿＿

＿＿

＿＿

及时完成 家庭作业 反馈率	％	我有/没有遗漏任何作业 （将遗漏的作业写在下面）

＿＿

＿＿

教师签名：＿＿＿＿＿＿＿＿＿＿＿＿＿　　　　　家长签名：＿＿＿＿＿＿＿＿＿＿＿＿＿＿＿＿

评语：＿＿

＿＿

＿＿

图 3.5　目标设定工作表样例

相关策略：SMART 目标

SMART 目标有助于学生理解学习目标。

S（specific）即具体。将目标尽可能地具体化，这样有助于学生达成目标。

M（measurable）即可测量。这些目标可量化吗？在某些情况下是可以计算的吗？

A（attainable）即可达成。这些目标在规定的时间内是可以达成的吗？

R（realistic）即切合实际。为了克服学生自身不足的挑战，教师可以根据实际情况帮助学生重新设定目标（目标并不是一蹴而就的）。

T（timely）即时效性。学生可能需要在教师的帮助下区分各个目标的先后顺序（如，乘法应在分数的除法之前学习）。

个案研究

纽约州罗切斯特杰纳西社区特许学校运用

班级数据和 MAP[①] 数据评价学生的进步以及设定学习目标

香农·希尔曼和克里斯·道格斯两位老师每个月都会用一些时间让学生回顾自己的作业簿，包括家庭作业的反馈意见、近期的小测验以及其他作业。然后，学生会根据数据给教师和家长提供一个六周成长报告，让同学、教师和家长都能清楚地知道自己最近一段时间内基于学习目标的进步情况。同时学生也会在学生领导的会议中分享这一成长报告，向家长说明他们对于数据的具体分析过程。这一成长报告为学生领导的会议提供了基本框架——学生说明自身的进步、大家庆祝学生的进步、为后续学习设定目标。

学生完成自己的成长报告后，香农·希尔曼和克里斯·道格斯两位老师会单独与每位学生座谈，分享学生在近期学业进展评估中的成绩。运用这种根据共同核心标准设计的、不断更新的计算机测验，老师能够了解每个学生的学习进展并生成详细报告。"学生能够从学业进展评估数据中看到自己正在努力达成的目标，或者这些数据能够反映出学生正在努力达成的小目标已经达成了，"道格斯说道，"最终，我们希望学生能够在实现一个个小的学习目标的基础上达成最终的学习目标，甚至比预期的学习目标做得更好。通常情况下，标准化的考试数据并不能很好地说明这些问题，因为这些考试数据没有及时地反映学习目标的具体情况。学业进展评估数据帮助我们老师设计高效的教学方案，帮助学生认识到他们接下来应该做什么、达成什么目标。"

道格斯和希尔曼庆祝了学生的点滴进步，但是他们也在不断考验学生将学习目标进一步精确、细化的能力以及让学生用数据检验他们的学习目标是否合适。"运用数据并不仅是围绕数据练习如何分析表格中的一些关键点，"希尔曼说道，"这些数据代表了学生学习过程中智力和情感的投入情况，同时它对教师更好地了解学生情况、帮助学生进步也很重要。"由于学生完全参与了分析、挖掘数据，并且与教师一起设定了合适的学习目标，因此，相较于教师独自完成数据分析和设定学习目标的过程，学生的进步就会更显著。

① MAP：Measures of Academic Progress，学业进展测量，由西北评估协会发布。

深化学生参与的重要行动

运用数据时需要仔细确认学生是否完全参与到这一过程中了。学生必须在教师的指导下思考、分析和理解这些关于他们学习表现的数据，这样学生才能设定合适的学习目标，促进学习进步。这种情况只会出现在班级文化是安全和积极的班级之中。同时，教师也要时刻关注学生不断发展变化的学习需要。表 3.1 说明了运用数据增加学习参与度、提高学生成绩的人物、事件和结果。

表 3.1　运用数据的人物、事件和结果

教师做什么？	学生做什么？	结果怎么样？
基于州立和共同核心标准设定学习目标，根据学习目标指导学生选择和分析数据	用自己的话解释学习目标，将之与学习内容和作业联系起来，并理解怎样才算是获得成功	学生和教师共同期许未来的成功
创建安全的数据运用文化，让学生感受数据的强大力量，培养学生的数据素养；形成班级规则，明确帮助每个学生达成目标的价值	努力理解和实行教师制定的班级规则，同学相互帮助，共同达成目标	以创建安全的数据运用文化为基础促进学生进步

续表

教师做什么？	学生做什么？	结果怎么样？
列出与学习目标相关的班级常规工作、任务、课堂反馈卡、家庭作业和各项测评	阅读和解释学习目标，并用所学的知识和技能完成课堂练习和家庭作业	教师能够清楚地说明他们对学生的期望，学生能够理解教师的期望
设计课程以清楚地解释学生是如何进行作业的自我反思的（如，评价后的反思感想、试题分析和作业改正）	反思自己的作业，认清自己的长处，并根据学习目标总结自己仍需努力的地方	学生开始关注他们作业的类型——他们能够认识自己的优点，并不断努力取得学习进步
根据年级教材的学习重点为学生设计学习目标追踪表	认真回顾作业，评价自己现在的学习水平，确定接下来的学习起点	学生能够发现自己的不断进步
树立榜样指导学生收集各种类型的数据，包括作文、数学习题以及标准化考试成绩；教学生用各种表格和数字化工具追踪自己的数据	分析数据，评价当下学习表现的水平	学生量化作业数据，并准备设定学习目标
教学生设定 SMART 学习目标	基于个人的学习数据和行动计划设定合适的学习目标	学生自己掌控学习目标设定过程，并能对自己的行动计划负责
设计多样的高质量评价（如高利害考试）来判断学生长期学习目标方面的进步情况	在规定的时间内，学生采用多样的形式展示他们学到了什么、能够做什么	在基于学习目标收集了大量数据之后，学生有更多的机会展示自己学到的知识和技能
设计学习证据收集系统，教会学生运用这些学习数据，使之为学生所用	将回顾作业簿作为一项常规任务，认识到作业是如何帮助自己逐渐达成学习目标的以及自己的学习需求是什么	师生共同使用从学生作业中收集和分析得到的数据
课堂上提供时间让学生整理数据，反思学生的学习目标和学习成绩，整合学生数据	认识到自己一段时间内学习的进步，发现能够明显反映进步的数据（如，数据图、表格）	学生记录了自己的进步，并准备好在学生领导的会议、文本展示活动或其他各种活动中分享他们的进步

全校范围内实施

当我们坚定地发展学生参与式评价的全校体系和创建基于数据的专业文化时，运用数据会给予我们强大的力量。只有教师更习惯、更愿意运用数据，才能让学生也愿意运用数据。在帮助教师开展这一实践的过程中，从最开始的倡导教职工运用数据到最后的全校师生运用数据，学校领导起着核心作用。这一实践的核心是帮助教师和学生发现数据的巨大力量，让学生基于数据设定学习目标，不断取得进步。下面所强调的一些关键的领导行为能够帮助学校更顺利地开展运用数据的实践。

奠定基础

• 为这一活动构建一个师生共同的愿景。将构建班级良好的数据文化与运用数据的力量联系起来，加强全校师生运用数据的背景知识学习，强调这一活动对学生成绩和学习动机提高的潜在影响。

• 将运用数据融入学生参与式评价的方方面面：学习目标、树立榜样、质疑、描述性反馈、检查学生是否理解、学生领导的会议、学习庆祝活动、文本展示和基于标准的等级评定。

• 将师生数据交流与师生共同愿景和全校发展目标联系起来。

• 深度理解州立和共同核心标准。在课程表中体现标准的先后顺序，或者让教师以及年级组区分年级水平标准的先后顺序，以便学生数据的运用能够为达成这些标准服务。

培养教师能力

• 为收集和分析数据创建一种安全的、专业的证据文化。确保数据能成为总结学习发展趋势的"指路明灯"，而不是打击学生学习热情的"俱乐部"。

• 确保所有的教师都有扎实的数据技能。教师有能力选择合适的表格收集、分析和呈现数据。

• 让教师自己发现学生数据表现的趋势——而不是通过别人告诉他们这些趋势。

当教师自己发现了自身的问题，他们就很可能会想办法解决这些问题，而不是粗暴地与问题做斗争。另外，要保证教师和学生用同样的数据分析方法——让学生也发现他们数据中的那些趋势。

- 让所有教师选择一个点检查数据，确保数据使用的正确性。例如，教师可以在整个中期评价（如，MAP 考试成绩）中根据某一点整合部分数据（如，数字敏感度、代数思维等）来检查学生成绩与年级水平的差距。由教师生成的班级数据报告能够说明教师需要进一步讲授的教学内容以及学生对学习内容的掌握程度。

- 和班上学生一起选择一种合适的运用数据的方式，与其他教师一起确定标准和规则。

- 支持所有教师按规则运用数据。为了更好地开展这一实践，为教师提供持续的专业发展和指导，发挥教师的专业知识，为每位教师提供个性化支持。

- 优先发展教学领导力，和教师一起开发一个指导体系。

- 运用数据分析的结果调整教学目标、专业发展和指导方式（在教室与教师团队一起）。

"关键要记住：数据反映了学生的真实状态。"

——纽约州罗切斯特世界探究学校校长，希拉·韦伯斯特

与利益相关者做好沟通

- 确定全校关于运用学生数据的期望，使家长在参加学生领导的会议和文本展示活动时也习惯运用学生数据。

- 学校领导应该制作一张时间表，以确保教职工日常对学生数据进行交流。

- 确保在学生领导的会议和文本展示活动中所运用的学生数据能够被家长所理解，并能针对这些数据与学生交流他们在运用数据过程中的进展。

- 鼓励家长参与设立基于数据的学生学习目标。

- 向学区领导和校董会描述与汇报学校运用数据的情况。

支持教师深化他们的实践

- 组织教师持续分析参与这一活动对学生学习成绩的影响。

学校领导应制订计划，定期组织学校教职工开展数据交流活动

- 确定详细目标，深化这一实践，并将之与测量学生成绩结合起来。

- 通过提供个性化的教师支持，推动每位教师在班级中开展这一实践。

- 选出在这一实践中表现突出的教师榜样，并组织同伴监督检查。

- 提供更多的指导，创建积极的、专业的同伴文化，激发教师不断追求进步的动力。

个案研究

纽约州罗切斯特世界探究学校教师运用数据的实践推动学生运用数据的实践

当这个学校的教师明显意识到学生在阅读方面进步缓慢时，他们认为自己应该充分运用学生数据。当开始这项活动的时候，他们手上有大量的数据，但这些数据都是零散的，没有通过合适的表格整理出来。希拉·韦伯斯特校长，当时的英语学科专家，回忆道："最开始我们将数据分类用夹子分别隔开，但是这种做法非常低效，因为我们浪费了大量时间用于翻阅纸张。当你被大量数据包围着的时候，你就会体会这种无力感。"

为了能够充分发挥学生数据的价值，韦伯斯特意识到应该采用一种方法将数据与教师个人分开。"我们想要找到一种数据交流的方法，并不是为了根据数据的结果来批评或惩罚某个老师。"他们决定按照各个年级的水平而不是以班级或某具体指标为单位分类整理数据，并以此来判断学生的阅读能力：最高干预、较高干预、适度干预、较低干预和延伸训练。他们不再将数据与教师个人捆绑起来，但是会紧密联系每个学生的学习情况。

创造数据墙

聚焦于阅读，学校必须决定提取和运用哪些最关键的数据，用以支撑他们进行数据交流和讨论。这就需要创造数据墙。他们需要制作包含学生姓名以及年级水平和学生阅读成绩等相关内容的索引卡片，并且用不同颜色表示他们的阅读水平（如，用红色表示最高干预水平、蓝色表示延伸训练水平）。每个学生的卡片都要放在年级水平数据墙上，每周召开年级小组会议，集中讨论为什么这个学生是在这个阅读水平上，应从哪些方面提高阅读水平。"我们管理 DRA 数据每一学年有三次，这样我们就能用数据掌握学生的进步情况。有些学生 1 月份的时候是红色卡片，到 4 月份就能进步到绿色卡片了。我们时刻关注哪些学生进步了，哪些后退了，并且分析产生这些现象的原因。"让所有教师都愿意采用这样的方式运用学生数据非常重要——教师在多大程度上愿意运用学生数据取决于他在多大程度上自己愿意运用数据。在接下来的视频"全校范围内组织运用数据"中你会看到韦伯斯特校长详细介绍这些策略。

将这一活动带进课堂

"让班级中的学生运用数据才是这一活动的关键。在这方面我们取得了一定的成绩，但还有许多需要反思的地方。一旦我们开始了有意义的交流——这会让我们的教学活动变得更加高效，"韦伯斯特说道，"许多教师会用到这些数据，并用它发现学生的水平——例如还在练习熟练程度——并且开始问'在读写板块我们可以用到哪些策略？'"

紧跟着召开这样的小组会议，三年级的阿里·瑞奇老师将这些数据返还给学生，让他们分析。她向同学们分享她和同事们对于这些数据的讨论："我们讨论了关于大家学习数据中的发现，同时画出了图表分别表示大家第一次和第二次的成绩。但是我们要说的并不是你们的分数，那么请问我们要说的是什么？"一个男生举手说道："通过曲线图看我们是进步了还是没有进步，还能让我们知道哪些是学习的重点。"瑞奇同意这位同学的观点，并做出了详细解释，即学生有机会看到他们的两次成绩并进行比较，在此基础上画出曲线图。她既向学生说明了他们面临的挑战，同时也考虑了学生的感受。"这只是两次考试,"她说道,"它们并不能代表你学习表现的全部。"她想让学生在这一活动中感受到安全的班级文化,同时她也想让学生清楚地知道自己的优势和弱点。"我们将会看到这两次成绩,利用这些数据信息我们可以在以后的学习过程中做得更好。"她向全班同学说道。

当学生在处理这些图表的时候,瑞奇在教室内来回走动,给学生提建议,鼓励同学们相互帮助。当学生将要分析完这些图表时,她停下来提出一些有关他们下一步需要做什么的问题。"用图表表示数据的过程好玩、有趣,它能够给你许多的信息,但最重要的还是要反思这些数据反映的信息。"

- 从这些数据中你注意到了哪些信息?
- 对于这些数据你有什么想法? 在担心什么问题?
- 关于后续改进工作有什么计划?

学生分享关于如何改进的初步计划:"我计划记住更多的单词""暑假我要做大量阅读"。瑞奇在教授具体策略的过程中改进了学生的计划。"我决定用接下来的两次读者研讨会重点讲授学生感到很困难的四个故事。"在读者研讨会期间,她不断带领学生讨论他们所看到的数据,同时告诉他们相关的改进策略。接下来的视频"三年级教师处理年级水平数据——运用学生数据",讲述了学习小组达成共同见解与分享学生数据间的联系。

 观看视频: 全校范围内组织运用数据

 观看视频: 三年级教师处理年级水平数据——运用学生数据

我们的期望

正如其他新的常规活动一样,我们需要持续不断地在班级中去展开运用数据的实践。尽管对学校而言分析学生的学习成绩(并运用数据指导教学)非常常见,但是在每个班级中开展这一活动且让学生参与其中却并不多见。培养学生理解自己的学习进步数据和设定学习目标的能力是学生参与式评价体系的重要部分。花费一定的时间培养学生运用数据的能力是非常值得的，这些数据能够证明学生在达成学习目标的过程中的持续投入和点滴进步。

在开展这一活动的初期，教师应养成运用数据和用数据进行交流的习惯，创建对学生来说能够安全地探索和反思数据的班级文化，建立良好的数据收集程序。在正式开展这一活动的过程中，师生共同合作，分析数据的类型、设定学习目标、监控学生成长和进步。开展这一活动与学生参与式评价体系中的其他活动是相辅相成的，同时，当学生在学生领导的会议和文本展示活动中运用他们的学习数据来说明自身的优点和不足时，家长也能更加清楚具体地了解学生的学习情况。

下面我们会提到一些基准，这是学校领导和教师在运用数据的初期、中期和提升阶段可以期望的结果。

初期阶段

• 学校领导和教师收集与分析学生的学习数据，同时基于州立和共同核心标准分析学生的进步情况、学习习惯和学习参与度。通常情况下，强制性地让全校教职工参与收集和分析数据能够有效带动各个班级开展这一活动。

• 教师创建数据安全的班级文化，培养学生的成长型思维方式。学生都关注自己的学习进步，但并不是为了和任何人竞争。

• 学生学习数据语言。

• 教师帮助学生树立运用数据的信心，在活动初期尽可能让学生感受成功和进步。当然这也是一项需要长期努力的工作。

• 教师建立一个收集学生学习数据的体系（例如学生作业簿）。

中期阶段

• 教师运用数据分析体系确保学生实现了州立和共同核心标准。教师不断评价学生的进步，并根据学生的学习情况调整教学计划。学生学会理解自己的学习数据，并根据学习数据为自己设定合适的学习目标。

• 教师开发工具帮助学生收集数据，例如学习目标追踪表和错误分析表。选择合适的时机教学生学会用数字化工具收集数据。

- 师生共同决定收集和分析哪些数据。

- 良好的、安全的、合作的班级文化对实施这一活动有积极影响。

- 数据分析结果不仅能说明学生的优点和进步，而且还能提醒学生有哪些学习内容需要进一步学习和巩固。

- 学生基于个人或小组学习情况设定学习目标，并且确定追踪自己学习进步的体系和常规时间。学生应该利用自己的学习数据说明他们的进步情况。

- 学生的作业簿或档案袋是班级的动态工具，能够帮助学生日常追踪自己的进步。

- 教师和学生共同决定什么时间、采用什么形式向家长汇报学习数据和学生的进步，通常都是在学生领导的会议和文本展示活动中进行。

提升阶段

- 完善的档案袋体系能够帮助学生将数据归类，整理他们的学习成长路径。

- 学生应对自己分析的数据负责，与教师和家长分享分析数据的发现。

- 学生的学习目标清晰、具体且有针对性。

- 学生十分愿意甚至期望好好保存他们的作业簿、档案袋和数字化数据收集系统。

- 数据分析是每日、每周的常规工作。

- 学生独立设定自己的学习目标、制订行动计划，由教师对其提出质疑。

- 学生能够为任何听众准备数据分析以及呈现数据分析结果（例如在文本展示活动中）。

共同挑战

忽略了创建安全完善的数据分析环境

文化的重要性。学生和教师可能有点害怕数据，认为数据总是带来一些坏消息，使问题更突出，并且也很难理解。解决这一难题的关键就是，学校这个整体以及各个班集体都要创建积极完善的数据文化，让数据分析成为学生成长的"指路明灯"，揭示学习的趋势，而不是惩罚学生的"俱乐部"。

学生和教师不能自己发现数据趋势

让他们自己去发现。当学校领导告诉教师"你的学生在这些方面学得不好"时，教师总是很抵触。而当他们自己从原始数据中发现了错误类型，他们就会积极地改正这些不足。这对学生来说也是一样——发现自己的错误类型能够让学生真正掌握这些数据，并用数据分析结果设定个人的学习目标。

管理数据资源的挑战

设定清晰的数据结构。给学生充足的时间和合适的工具，让他们能够熟练地追踪和运用数据非常关键，这需要学生按照常规按时完成这些工作。在这一过程中，数据图、表格以及数字化工具能够发挥很大作用。无论是选用作业簿和档案袋还是选用数据库支撑的数据收集系统，都要保证所选的工具是学生能够操作的。

收集了错误或无用数据

选择正确的数据作为证据。确保所收集的数据能够促进学生进步。尽管一系列的高分数学训练题能够说明学生的优点，但这些数据并不能帮助学生进一步提高自己。要帮助学生选择正确的、合适的数据作为证据，进行数据分析。学生收集的数据应涵盖从反映基本技能到反映高阶思维能力（如，问题解决能力和批判性思维能力）的数据。

宽泛的或模糊的学习目标

合适的学习目标是行动的基础。许多教师在运用数据的初期会根据个别学习小组的需要设定整个班级的学习目标——但却并不按照这些目标行动。类似的情况还有：单由教师或学生设定小的学习目标，且这些小的目标对达成最终目标而言太宽泛、模糊。像"我要在阅读上有所进步"这样一个学习目标对学生个性化的学习没有任何激励意义。一个好的、具体的学习目标应该这样表述："到下学期，我的阅读速度将达到每分钟 160 个单词。"

数据与学习目标和标准不同步

检查数据和目标之间的联系。如果所收集的数据与最终学习目标或标准不相关，甚至是评价体系之外的数据，则会对学生设定合适的学习目标增加难度。要确保评价方法与学生运用所收集数据制订的学习目标追踪表之间是一个有机整体。学习目标追踪表应根据课程单元或学习活动之初规定的标准以及设定的最终学习目标来设计。

缺少听众

数据分析需要公开。学生参与学习证据收集和数据分析并不是要代替老师的相关工作。学生应该要明白，他们不仅要非常清楚数据分析结果与相应的学习目标和行动计划，而且也要将结果告诉老师和家长。在一些学校里，他们会公开张贴学习目标以形成强调质疑和反思的学校文化。

不能为辨别学生错误类型提供充分指导

学生需要明确的指导。尽管许多老师都认为通过检查和评价学生作业来辨别学生的错误类型进而改进教学是一种自然而然的做法，但学生仍然需要花费时间学习相关的系统课程才能掌握。制作合适的数据追踪表能够帮助学生更好地理解数据（如，表格、图形及图表等），而且也能让学生更清楚地知道他们是如何朝着目标不断进步的。

不能支持学生目标

提供个性化的、有针对性的教学支持。当教师与学生一起商讨学习目标时，他们就能发现每个学生的特殊问题，根据具体的教学需要提醒学生注意具体的知识和技能。有时候，这种支持还应该更具有针对性。例如，如果某个学生认识到他学术词语匮乏，影响了阅读理解能力的提升，他就设定学习目标——每周掌握三个学术术语。那么，他的老师就应该记住这个学习目标，在完成一般教学任务的基础上给这个学生提供更有针对性的教学指导。

学生设定和追踪学习目标缺乏持续性

运用数据需要持续性。像其他好的教练一样，教师应给予学生一定的时间，让他们练习收集和分析数据的技能，并针对他们的进步给出反馈。仅仅是拿到学生的"追踪数据"是不够的，教师还要确保学生收集和分析的数据是正确的、有价值的。检查学生作业，组织数据分享和目标设定会议，以此帮助学生持续开展数据追踪活动。

第四章　范例、评价和描述性反馈

在日常教学中检查学生是否理解

运用学生数据

范例、评价和描述性反馈

学习目标

学生参与式评价

学生参与式评价是一个相互关联的体系，它让学生做学习的领导者

学生领导的会议

基于标准的等级评定

用档案袋进行文本展示

学习庆典

几年前，我曾访问过俄勒冈的一位经验丰富的高中物理老师，她曾作为教学教练寻求我的帮助。观察她的课堂后，我很难猜测她为什么会对自己良好的课堂氛围和课堂不满意。学生们都是激动和热切的。下课后她解释了自己的需求："这是实验报告。他们的实验报告是糟糕的！这令我发狂。"我询问是否仅仅是这部分存在问题。"不，我所有的课都是如此。我给出他们成绩并且在上面写上批注和正确答案。他们不知道如何写科学报告。"

我问她是否曾向学生展示过好的实验报告范例。她回答说没有。我们浏览学生的档案，她从所有学生的实验报告中发现了一个很好的报告范例。我们找到了这个学生，该生也允许用她的实验报告作为范例——对此她感到很高兴。为了避免分散学生的注意力，我们去掉了她的名字，并复印出来为接下来的课所用。

接下来，我们就一个好的实验报告是什么样子上了一节课。每个学生都看了这个作为范例的实验报告和文字标注——标记出了做好报告的想法和提出的问题。他们相互讨论，然后我们作为一个整体小组，讨论出了他们认为好的实验报告所具有的特征。

学生们都对报告的深度和长度以及语言的清晰度感到惊讶。他们赞赏作者的精确性和词汇量，并且他们在讲话时也引用了报告中的句子。这是他们认为的典型报告的样子，用他们的话来讲，"非常抱歉"。他们中的许多人嘲笑自己写报告的标准是多么的低。一个年轻人转向这个老师说："老师，这就是你想让我们做的吗？你为什么不在9月份的时候给我们看这个？"

对于我们做的修订、我们给的指导以及我们编制的实验报告的评估准则，学生往往不清楚他们的目标，直到他们看到并且分析了好的范例之后。

——罗恩·伯杰

用于改进的工具

如果不依赖于范例、评价和描述性反馈等来提高效能，对一个成熟的专业来说是很难的。在我们能够想象到的领域，如医药业、新闻业或者软件开发行业，都离不开清楚明了的范例、持续的评判与修正。在这些领域的专业人士知道高品质的产品是什么样子——获得普利策奖的文章或者破销售记录的软件应用，他们进行作品（产品）评论、提出可以改善自己工作的反馈意见时，这些范例给他们提供了参照。专业舞者观看了成千上万的舞蹈表演并已经铭刻在他们的脑海里，职业篮球运动员观看了数千场比赛。他们已经设计出了一个"想去哪里"的清晰蓝图：需要从教练或者同事那里得到持续不断的评判才能达到这个目的。

设想一个芭蕾舞剧团没有一些不断调整姿势和站位的舞蹈演员，或者一个篮球队从来没有在中场时质疑篮球战术或分析作战视频，结果会怎样？这些帮助我们改善自己的持续不断的反馈几乎在任何一个领域都是必要的。尽管这种直接的、现场的、基于强说服力的范例的反馈在世界各地都是很普遍的，但是在许多学校和课堂仍是奇缺。可以肯定的是，名次和测试成绩遍布周围，学生偶尔才会收到详细评论的作业反馈，而且这些"结果"对学生学习的益处不大，也远离学生的有效努力。随着严格的"共同核心素养"的提出，学生没有比现在更需要可以满足这些标准的范例教学，他们需要这些符合标准的范例，他们也需要及时的评价和描述性反馈，从而完成能达到标准的工作。师生都将受益于他们看到的或者他们自己掌握的范例。

我们应该区分出小组评价课与描述性反馈之间的差异。小组评价课上的讨论是为了培养学生共同的理解技能与素质（想想一个医药团队的观察力和外科专家进行手术时的分析能力）。描述性反馈是为了改进学生个人的一份具体作业（想想一个编辑与一个专业作家共同工作来改进手稿）。这些活动并不是独立的——许多时候它们都是交叉重叠的，都能帮助学生明白要做些什么来改进。然而，区分两者之间的差异才是有用的，因为有目的、有策略的小组评价课与个体的描述性反馈是不同的，教师必须两者都要适应。

以范例为蓝本，可以给学生提供一个清晰的目标以及高质量作业的标准。让学生理解"在看起来类似的作业中什么才是好的作业"是困难的，除非他们已经看过或者分析过。评分规则有助于学生评估高质量的作业细节，但是它们没有提供一个"那些高质量的作业是什么样子"的范本。我们为篮球比赛中的跳投动作或者一个生动精确的文章段落制定标准，但是我们需要看到它们才能理解。范例为生活带来标准。

范例：用于在一个领域内建立一个高质量的典范。范例通常在重要的部分具有强

说服力，这是在评价课上讨论到的。它们可以由老师从过去或目前的学生作业或专业领域来选出。

评价课：通过评价课，师生共同界定某一具体类型的高质量的作业，或者指引学生根据标准来改进作业。评价课是一种带有清晰目标的课，不仅仅是为了改善某一位学生的作业，而是为了支持所有学生的学习。作为产生高质量作业标准的范例是评价课的核心。

描述性反馈：描述性反馈可以以师生会议、教师书面意见或面对面对话反馈等形式来进行。这些建设性的、精确的评论组成的描述性评价阐述了由单个学生完成的具体作业，并且促进作业质量朝着范例的黄金标准提升。

为什么这些实践很重要

范例、评价和描述性反馈都是学生参与式评价的重要组成部分。这些活动通过给予学生所需工具来达到标准，借以回答当他们的作品被返回来重新修改时可能会不知所措地想："现在怎么办？"通常，学生只是在老师更正语法、拼写和标点的基础上进行常规修改，这实际上并没有真正地修改作品。

相反，假如一个学生加入了一个很强的历史论文评价小组，并且作业被老师选中作为范例。老师决定只关注序言——每个学生阅读并且对这个范例中的这些段落进行文本编码。然后，课堂上就能生成一系列的被证明有效的高质量范例（如，论点清晰明了）。这些高质量范例经过讨论并且以图表形式贴在教室的前面。

第二天当老师将学生的初稿退给他时，这个学生还会收到一份高质量范例的复印件，这些高质量范例能够很好地引导他和他的同学写作论文。他现在必须根据范例修改序言。于是学生再次检查自己的论文，明确需要修改的地方，也就是他需要增加和改变的基本内容。

评价、描述性反馈以及范例等都旨在给学生一个高质量范例，使他们知道自己的目标是什么。

使标准真实可行

标准并没有创建学生学习目标的蓝图。它们通常是枯燥的专业术语的描述。当共同核心素养要求学生"使用与任务和目的匹配的组织结构"或"使用各种转折词和短语来安排事情的先后顺序"时，这是什么意思？

"我喜欢例子，因为它们直观地呈现在人面前，比通过阅读或者听可以让学生学得更好。"

——加利福尼亚州草谷特许学校七年级学生，佩奇

在学生参与式评价体系中，我们从学习目标开始，而目标是通过学生能够理解的具体术语来展示的。然后，为学生提供实现这些目标的范例。最后，他们应该分析这些范例从而建立一个有效的理解基础。

形成不断改进的思维方式

评价和描述性反馈可以帮助学生理解：所有的作业、学习、表现都是能够改进的。我们可以告诉学生：他们学习的潜力是巨大的，但是他们并不相信，尤其是在他们感到没有信心的那些地方，直到真真切切地看到了自己的进步他们才会相信。学生通过多个草稿、排练或练习，并最终在超出其预料的水平上完成了作业，没有什么比这更有效的了。参与评价课堂以及给出、接受、使用反馈等教会了学生努力和修改的价值。图 4.1 就是养成一个不断改进的习惯会产生强大力量的典型例子。

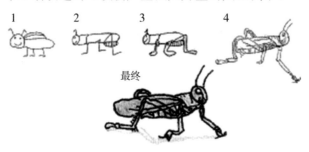

图 4.1　对持续改进的信念是帮助学生修改作业的关键

慢慢培养责任感和主动学习意识

评价和描述性反馈强调批判性分析和自我评估技能，并且要求学生能够对他们的任务和学习做出重要的决定。因为达成学习目标之路被清晰地界定为一个共同的愿景：高质量、学生能独立学习、自信地养成技能。

有助于合作与安全文化的形成

高效的评价和描述性反馈要求对学生情绪进行认真的、持久性的关注，并且取决于师生的合作。这些实践有助于课堂成为一个"让大家一起变得更好"的学习社区。

共同核心联系

· 范例和成功的标准给了学生一个达到标准的路线图。他们知道目标是什么并且清楚怎样才能达到目标。

· 数学和读写标准都明确要求：学生要成为一个能够"评价他人推理过程"的自主学习者。

· 学生对自己的逻辑思维水平与技能的评估离不开标准。本章描述的策略是在以一种精确的方式来构建学生的相应技能。

· 高质量的评价要求学生提供支持他们观点的证据，这也是达成标准的关键。

开始

形成积极的评价文化和描述性反馈

在任何一个课堂上，评价和描述性反馈的一个基本出发点就是确保指导方针是好的、准确的，并且对每一个班级中的大部分学生都是有帮助的。正式和非正式的反馈和评价都从这里涌现出来。安全的、激励性的以及结构清晰的学习目标将会带给学生成功。

　　几乎每一个人都对反馈产生过噩梦，尤其是当他们因为某个人的反馈或者批评而觉得自己受到伤害时。有些学生特别脆弱，尤其是那些在学校没有获得过太多成功或者收到太多负面批评信息的学生（包括直接的和间接的）。必须谨慎地建立与加强学校和班级指南，个人反馈也必须因人而异，并且必须考虑到每个学生都是具体而特殊的。没有一个模板或者千篇一律的方法能够对所有的学生起作用。

　　这种安全性是很难监控的——教师必须警惕且坚定，尤其是在一个新的团体建立班级文化时。年轻学生经常意识不到他们的评论是不妥的，他们的直言不讳甚至伤害了别人，他们需要学会如何小心说话。有时年龄大点的学生，尤其是青少年，可能有意却巧妙地毁损同伴的作业——比如以一种讽刺的腔调或者表情来称赞其作业。评价课进行过程中教师要制止类似问题，坚决处理不友善或者不真诚的评论或者腔调，重新建立起规范的标准，这势在必行。

　　小组评价课常常聚焦于来自其他班级的标本，因此它们能够远离学生的个人情感（译者注：不担心自己的评价会影响当事人），强调学生在未来职业生涯中所需加强的技能，这正是一个关键联系。这也给予学生大量机会，可以体会建构性反馈看起来及听起来是什么样子的。

快照：建设四年级学生的文化

　　"为了建立强调质量的文化，我从一个基础但艰巨的任务着手。这个任务就是：挑战徒手画直线，它能让每一位学生都能完成并且都能改进自己。"史蒂文·利维说道。他之前是 EL 教育学校的设计师、马萨诸塞州的莱克星顿鲍曼小学四年级教师。"我介绍了指导我们整年作业的质量标准。"通过小组评价活动中对直线的分析，发展学生进行高质量描述的语言、规范和技能。

　　利维给每一个学生分配徒手画直线的任务，并且用这些作业来展示如何建构标准、反馈、评价、修订、提前规划，以及一个安全的、合作的、建设性的课堂的所有规范。练习这些绘画是学年开始时特别有效的方法，因为每个人的任务都不一样，没有一个人可以做到完美，所以每个人都面临着挑战。

　　"当学生了解了产生高质量作业的过程，他们就做好了准备，将其应用于更复杂的学习任务。现在我们通过同样的过程来形成写作标准、展示标准以及重大项目的标准。

我们在直线练习中所做的一切都没有按照精确而严格的步骤：有时一开始我就会给出更详细的指令或方向；而在其他时间，根据学生完成作业的情况，我会建议增加额外的评价环节，或者布置更多针对草稿中画得不连续的练习。这些步骤只是简单的工具和流程，旨在帮助学生能够在完成高品质的作业中承担更多的责任。"

选择合适的学习范例

因为评价课要基于高质量的范例，这种课最重要的部分（范例）在这之前就已经产生了。学会如何识别和选择强大的、有生命力的范例是至关重要的，因为范例导向实践。范例应该向学生展示出他们正走向何方。这些范例不需要非常完美但必须具备高质量范例的基本特征，也就是能够建立起与学习目标之间的联系。越令人信服的范例，评价起来越具有力量。理想情况下，教师需要建立良好作业范例的档案，根据不同目的存储好范例。例如，当教师需要教授论文的格式或者体裁时，他就可以拿出以前从评价课上收集的一份论文范例。

教师可能会选择学生可以效仿的范例，或者选择他认为学生将来会遇到各种问题的那种范例。专业领域的范例也是很有用的，并且可以建立起一个高大且真实的屏障，尤其是对于高年级的学生。如果使用现有的学生作业作为范例，最重要的就是要选择可以代表针对同一种任务的不同解决方法的案例，或者是其具有的特征存在很大差异，以便于在观看和讨论时不会出现重复现象。每一种选择应该都有特定的原因。要想让一堂课更有价值，应该从整体考虑整个课堂时间，与评价的目标相关联。

"我认为在数学上体现的不同就是我们的范例不是'结果'，而是思维方式。在评价课堂中，我们经常有意识地借助于不太令人满意的课堂检测结果，来帮助学生识别共同的错误观念。我们寻找'亮眼的错误'，既能使学生从中学到东西，还能够更深刻地理解学习目标。"

——科罗拉多奥罗拉威廉史密斯高中数学老师，林·塔尔

用质量不高的作业当作范例

高质量的范例最为重要，但一些不好的例子也有用，尤其是在对学生具有挑战的

那些地方。例如，为了帮助学生记住文章中句子结构有些枯燥乏味的那些地方，来匿名评价一篇充满重复性语言的学生文章，这种做法就非常有效。这些作业形象会让学生记在心里，并且定期的讨论会提醒大家小心避免这些陷阱。

使用这些质量不高的作业时，需要注意之处有：第一，作业必须是匿名的。绝不能让学生认出这是现在或者之前哪个同学的作业。第二，这些作业也必须被恭敬地对待。狭隘的评价会造成不友好的课堂氛围。最后，并非所有质量不高的作业都是一个好的选择。理想情况下，这些作业的缺陷应该是受到强烈关注的。例如，某些地方非常强但其他地方却存在不足之处，这往往会引来好奇和分析。最好的"坏作业"并不是那些不努力尝试的学生的作业，而是那些努力并且创造出一些有趣的思考但仍有不足的作业，因为这些不足是许多学生都会遇到的问题。

将评价研讨活动转变为基于标准的评价课

评价研讨活动不仅仅是在临近考试时的简单练习，它还能引领新的学习，促进知识和技能的应用以及达成标准。它将成为由标准驱动的评价课。在所有学生参与的评价课上，基于标准的学习目标是每一堂评价课的基础。如果没有清晰的学习目标和那些完成学习目标的范例，评价课是不会有效的。

下文的深度评价案例源于一个清晰的学习目标，这是一堂基于四年级共同核心数学标准的评价课，它证明了高效的评价课是什么样子的。传统课堂上教师处理的许多概念和内容，在评价课上会被更有力、更有针对性地处理好。评价课不是要求教师告诉学生某种类型的高质量作业应该是什么样子的，而是让学生自己去发现并且命名它们的特征。很明显，它比一堂普通的演讲课更吸引人、更令人难忘。类似的评价课能够让学生积极参与，分析与学习目标的匹配度，促使他们使用学术词汇和引用证据证明其观点。这都是共同核心标准中要求的关键技能。

快照：在四年级数学课上的深度评价

共同核心标准 4.MD.A.3：应用矩形面积和周长公式解决真实世界中的问题以及数学问题。

长期学习目标：我能用公式求出真实世界的空间面积和周长以及解决数学问题。

支撑性学习目标：（1）我能确认什么时候使用矩形面积公式和周长公式来正确完成作业，并能解释为什么。（2）我能描述解决真实世界中面积和周长问题的正确方法是什么样子的，并能解释为什么。

第一步：选择一个有清晰目的的作业案例。老师有一个前几年学生在学校测量矩形空间的作业档案夹，内容包括绘制标记图与计算面积和周长。在这个档案夹里他创建了四种作业样本的文件夹——两个样本是完全准确的（虽然方法不同），一个是部分准确的，一个是完全不准确的。所有作业都是匿名的，并且不标明哪个样本是准确的哪个是不准确的。

第二步：个人挑战（5分钟）。老师递给每个学生一个包含四种作业样本的文件夹。学生安静、独立地分析样本并且尝试去解读，确认哪个是正确的，并且解释原因。

第三步：小组分析（10分钟）。学生被分成四组，各小组讨论他们认为哪一个样本是正确的，并且从作业中找出证据来证明其观点。

第四步：整体小组评价（15分钟）。老师带领全班同学分析样本。首先，老师介绍这门课的长期学习目标和支撑性学习目标。然后，老师带领全班同学分析四个学生样本。老师从他们对样本的关注之处开始——没有判断——聚焦于作业对他们的"冲击"之处。老师专注于精确性，讨论他们觉得哪一个是正确的并且说出理由，拿出证据。接下来，老师带领小组讨论哪些样本是好的例子——这些样本是清晰的、正确标记的、对推理进行了良好解释的。

第五步：小型团体头脑风暴（5分钟）。小型团体头脑风暴能得出好的解决办法的特点——精确、呈现清晰。

第六步：综合，构建合作标准（15分钟）。老师引导全班讨论，征求每个组的意见。然后绘制图表，借以展示学生对现实生活中关于矩形面积和周长问题的好的解决方法。

界定每堂评价课的目的

评价课可以有大量的具体目标——建立高质量的标准和形成学习标准（就像上述案例），支持集中修订，微调最后的呈现方式、结果或者成绩。重要的是从一开始就要明确评价课的重点。老师将评价与学习目标结合起来以便于他能跟踪指导。清晰的学习目标会让评价课堂上产生意想不到的发现、说明、新想法或者方向，而且对教师而言交流和确认这些是很重要的。

评价课（包括师生一起研究作业范例）可以应用于多种学科的学习。课堂上应该聚焦于以下方面：

- 内容（如，历史纪年表）
- 概念（如，历史中反复出现的主题、二进制数）
- 技能（如，解释一个条形图、分解方程）
- 作品格式或流派（如，商业书信、政治地图、水彩肖像）
- 学习方式（如，田野实地考察中的小组合作、走廊评价）

下面的"快照"是一个好例子，它展示了清楚的目标是如何引导学生理解什么是富有成效的高质量作业的。类似的课也可参见本书所附缅因州波特兰小学三年级学生的视频。

 观看视频：一堂小组评价课——范例、评价和描述性反馈

快照：三年级的走廊评价

罗恩·伯杰参观了华盛顿首都城市特许学校洛里·安德鲁斯科的三年级课堂，并上了一节示范评价课。他带领全班学生对写作如何开篇上了一堂评价课。学生努力提高自己的叙事性写作技能，以达到三年级共同核心写作标准 W.3.3：叙事性写作主要是运用有效的技巧、细节描述和清晰的事件顺序来描述真实的或者想象的经验或者事件。对于这节评价课，伯杰将重点缩小到一个小却重要的点——开篇。他让安德鲁斯科把每个学生所写初稿的第一行（或者数行，经过同意后）剪切下来，并粘贴成一个单独的文件。开始上课时就把这个文件发给每一位学生。安德鲁斯科在图表上列出学生的想法，全班大声朗读这个故事所有的开场白。然后伯杰就问学生哪一个开篇最显眼，能激起他们的兴趣。

一个男生用手指着说："这一个——是埃克托写的，我喜欢这一个：《鬼车》（或《幽灵车》，*The Haunted Car*。译者注：一本儿童读物）。当……时，所有都开始了。"

"你喜欢的开篇都是关于什么的？"伯杰问道。

"我不知道……我就是喜欢。"

"它是一个特殊的词吗？是语言风格吗？还是一个想法？"

他笑了："这是一个词——幽灵出没。我喜欢这个词。"

"你为什么喜欢这个词呢？"

"我不知道。更有力量？"

安德鲁斯科转向那张写着标题的图表——"好的故事开篇技巧"，上面写着课堂上发现的第一条：有力的词语。

"其他人也看到开头这个有力的词语了吗？"伯杰继续问道。

"我也看到了，"一个女生说，"那里曾经有一些中国忍者，他们是一些很神奇的忍者。"

"那这里有力量的词语是什么呢？"

"神奇的。如果他们仅仅是一些一般的忍者……令人讨厌的。"（班上的同学都点头表示同意）

"是'神奇的'这个词语吸引了你。"

一个男生举起了他的手。"我认为我写作的开头没有使用任何有力的词语，"他说道，"我不认为我的故事在第一页的一半之前有什么有趣的事情。我打算重写。"

另一个女孩也举起了手。"我认为并不是只有幽灵出没是一个好的词语……也可以把幽灵出没和小汽车放在一起——这是超出预料的。幽灵出没的房子是很平常的，但是，幽灵出没的小汽车——那是不可思议的、有趣的。"

在图表中增加了一列：以不常见的方式组合词语，可以起到出乎意料的作用。

课堂上突然充满了各种想法，大家的手依次地来回指着。这一列想法变得好长。接着，一个很安静的男生紧张地举起手。"我们能回到埃克托的幽灵出没的小汽车吗？"他问道，"我认为不仅仅是词语'幽灵出没'，我认为是故事开始的音乐。"

"那是什么意思呢？音乐？"伯杰问道，"你能描述一下吗？"

他用一种炫耀的戏剧性调子唱着开幕式上的主题曲——贝多芬第五交响乐："哒—哒—哒—哒姆！"全班突然沸腾了，跟着哼唱起来。

"再告诉我们更多一些。你在哪里看到的？"

"当……一切都开始了……哒—哒—哒—哒姆！我能看出这是一个神秘的东西！这是一个神秘的开始。就像一个童话故事被打开了一样，'从前'……一个神秘的故事就这样开始了。"

这些都是真实的发生在课堂上的思考。那这类的故事开篇是不是有标准的范式呢？他们想使用这些开篇吗？讨论开始了，他们开始为半个小时的精彩故事设想计策。下课了，伯杰依依不舍地离开，但午餐时他碰到这些学生的时候他们又聚在一起继续之前的对话。"埃克托没有来吃午餐，"他们告诉伯杰，"他回到房间继续着他的关于幽灵出没的小汽车的故事。他没有像往常一样写那么多，但是他现在已经无法停下来！"

在课程安排中为开设评价课确定恰当的时机

评价课在课程中的不同时间段或者长期学习中是否起作用，取决于目标和学习导向：

• 初级课程要用到之前收集的范例作业——建立高质量的标准，并与学生一起建立标准框架来解释好的作业是由什么构成的或者格式是什么样子的。

• 在作业产生的过程中——支持集中修订、阐明和调整，使学生努力适应高质量的标准；重新关注学生的注意力和动力，介绍新概念或者下一步要做什么。上述案例就是一个好的例子。

• 在作业最后展示之前——对呈现方式、陈列或者表演方式进行微调。最后的细节和润色往往会对质量产生重大的影响。

• 任务完成后——反思高质量的学习，设定目标。

以上每一点都意味着评价课的不同视角和风格类型，这取决于师生需要创建的任务或项目。理想情况下，评价表格这一形式将被用于评价课的每个过程中。

选择一个结构化格式或框架来与目标匹配

一个讨论框架——一份计划格式或者议程——能有助于创造更有效的谈话。

讨论框架协议通过完成以下内容来促进结构化的小组讨论：

- 定义一系列的讨论提示

- 限定时间，为每一部分的讨论分配一定的时间

- 定义规则，将特定的观点或责任分配给不同的小组成员

- 定义合作的规则和养成聆听的习惯

有很多著名的评价框架，比如协作评估框架或者调整框架（麦当劳、莫尔、狄克特＆麦当劳，2007）。然而，没有任何一个框架能够在所有的班级建设中起作用。只有基于本节课目标的特殊需求和班级环境，由教师开发或为之所熟知的评价框架才是最好的。所有框架——不论是建立的或者发明的——都需要及时微调来应对特殊情境。

相关策略：调整协议

目的：识别一份匿名范例作业的优势和缺陷

时间：约 30 分钟

年级水平：五年级及以上

参与者：主持人或者教师、学生（理想下的小团体）

步骤：

1. 由主持人或者教师陈述；学生保持沉默（4 分钟）

- 展示被讨论的作业内容

- 向小组提出一个问题，这将有助于他们把重点放在某一个方面

2. 阅读和检查（3 至 8 分钟）

学生检查作业，聚焦于主持人或者教师提出的问题上。

3. 说明问题（3 分钟）

以事实来说明问题；为以后保留实质性素材。说明问题是以"是""否"或者一个简短句子来回答的。教师或主持人有义务确保问题的本质被解释清楚。

4. 小组讨论（10 至 15 分钟）

学生互相谈论教师或者主持人提出的问题，特别注意焦点问题，无论教师还是主持人都保持安静，并在恰当的时候做好记录。小组主要集中在以下方面进行对话：

- 优势

- 脱节和问题

- 进一步探索或重新思考主持人的部分问题

5. 主持人或教师的总结（5分钟）

主持人分享重要观点，定义哪些是有力的结论，指出下一步工作。

两种类型的评价课

走廊评价

在走廊上，所有的学生作品都紧密地依次排列，确保每一个人都能看到。当大家以目标为参照识别和捕捉学生作品的优点，从而帮助每个学生提升自己的学习时，走廊才能发挥最佳功能。当然，只有一小部分贴出的作品可以当作范例，很多作品还有许多问题要处理，可能没有时间一一指出。走廊评价课的关键点就是，在优秀例子中找到有效的想法和策略，使得学生能够用来改进自己的作品。

一个安静的走廊能够使学生理解作品是如何符合或者不符合学习目标和高质量标准的

如果作品是可视的，就可以张贴在走廊供大家观看。如果作品是书面文字，它可以张贴在墙上或者是复印出来发给大家。书面作品最好是简短的或者长作品的一部分（如，字的多笔画问题、一篇文章、一首诗）。故事第一行（开篇）的评价很明显就具有这种特征。

显然，分享每一位学生的作品都是有好处的，比如，建立责任感、兴奋感、共同的承诺，以及如何与他人作品进行比较的现实意义。然而，为那些在最初任务上表现不足的学生创造一种安全感也是重要的。一个走廊评价的框架可以是这样的：

引言：教师解释协议步骤和学习目标。他提醒学生规范的反馈应该是友好的、具体的并且对他们是有帮助的。

第一步：张贴作品。（5分钟）每个学生都把他（她）的作品贴在墙上。

第二步：安静的画室。（5分钟）学生安静地观看所有作品，并记录预先确定要关注的强有力的例子（如，语言描述、证据使用、问题的妥善解决、实验设计）。

第三步：你注意到了什么？（5分钟）教师引导学生讨论，在此过程中不允许学生做出判断或者提出意见，他们只能评论他们注意到和发现的东西。

第四步：作品有哪些让人印象深刻的地方？（15分钟）教师引导学生讨论墙上作品的哪部分吸引他们或者令其印象比较深刻。每一次学生选择一个例子，他们需要准确地表达他们发现的令人激动的地方，并且要从作品本身中指出证据。如果他们不确定，那么教师就会取下来直到他们能够指出作品中的证据并且说出具体的名称。教师也指出令自己印象深刻的例子并且解释原因。教师列出图表，呈现具体的策略，帮助学生改进他们的作品。

深度评价

单独的一项作品（或者相关的几项）是用来发现优点或者强调需要修订的共同地方或者是需要解决的知识差距（如，证据使用、语言描述、主题发展）。不同于走廊评价——其重点是关注所收集作品中的积极部分，深度评价则是用来分析某个特定的部分，从而决定哪些是起作用的，哪些不是。深度评价的目的是识别并且命名出特定的部分，确定这一部分是有效的还是无效的特征，以便于学生能够从中学到东西。本章开头的故事——高中学生在分析一个物理实验示范报告——就是一个深度评价的例子。

个案研究

置于课程中心的评价和描述性反馈

以下案例改编自爱达荷州博伊西特许公立学校的幼儿园老师简·邓巴。她们班上在学习鸟类期间，采用了广泛的田野调查研究，学生最后的作品是美丽的、高质量的鸟类卡片（见图4.2：鸟类卡片范例），这些卡片可以销售出去为鸟类栖息地筹集资金。范例使用和评价课都是邓巴课程的核心。

到2月，我们准备开始为期一个月的项目。每个孩子都要研究并且画出一种鸟的科学表征。尽管每个孩子都有一个五年级或者六年级的研究伙伴来帮助他们，但是这个绘画还是得由他们自己完成。随着时间的推移，通过谨慎的分层教学实践，这些特殊的作品慢慢成形了，一种课堂氛围使所有的这些年轻的、充满激情的学习者的一切成为可能。通过建设一个支持个性品质发展的课堂共同体（勇气、激情、尊重、自律和真诚），孩子们学会了自我挑战，给出和接受建设性的评价并且承担作为学习者的风险。

达致最终成果所需的步骤

最好的作品：孩子们知道他们必须上课、练习、反思他们的作品，具备作为学习者需承担风险的勇气，以及能从自己的错误中受益。我为班集体中的每一个人每天的努力和用心而骄傲。自9月份以来孩子们都已经把这些行为内化了。

高质量的文化：我的作用就是提供高质量的材料（纸、彩色铅笔）以及范例作品的照片，孩子们根据范例中鸟的形状画出线条。

规则：学生看着由幼儿园孩子之前所画出的示范鸟。这张图的旁边是被用作范例的照片。我问他们："你们注意到了什么？"学生仔细观察它们的异同。我帮助他们将一般性的评论梳理成具体、详细的描述。仔细检查过这些作品之后，我问学生画一只鸟应该注意什么。于是他们制定了标准。我用他们的语言给每个特征增加了图标。

合作评价：继续密切注视其他人的每个作品。这个时候，标题、照片和同伴们的作品草稿都被陈列出来。我们把注意力集中在最新的草稿上。我问孩子们："你们注意到了什么？"我试图提醒他们只需要"注意"并不用做出评价意见。然后，我问一个小组："如果这是你的手稿，接下来你会怎么做？"还有，"你们认为有什么需要改变的吗？"我从细节上给他们提出建议，例如，"眼睛是什么样子？""线条、形状、颜色需要注意什么?"从对这些作品的讨论中,孩子们就会知道以后画手稿时应该把焦点集中在哪里,并在便条上写出自己的打算(见以下部分)。孩子们收到了许多建议,但是他们还要做出接下来该如何进行的重要决定。对一个孩子的合作评价需要 10 到 20 分钟的时间。

点赞环节:评价之后可以进入点赞环节。展示作品的学生邀请他的同伴来点赞。随着评价和点赞的进行,我发现确保每个有特色的学生得到数量相同的建设性意见和点赞是很重要的。注意平衡可以省去对学生及其作品之间的无意识的负面比较。

提示贴纸:每一个孩子用标准作为指导,来确定下一个作品的重点注意事项。通过范例中的文字和图标,孩子现在将注意力集中在他自己的作品上,并且做出下一步打算。我把提示贴纸放到备用白纸上,提醒其他老师和大人来观察孩子试图在下一张草稿上完成什么。然后,大人们要支持孩子的想法。

做的可能比他们想的更多

在制定规则和正式评估自己的作品之前,大部分孩子都会画四五个草稿。每个草稿会花费 30 至 40 分钟。在此过程中,孩子们决定他们是否完成了"最好的作品"或者他们是否想要再次尝试。想要再次尝试的孩子已经达到了令人吃惊的数量。他们都上瘾了。这个过程使他们所做的远远超出了他们的预期。

> 海鹦鹉的嘴是黄、橙、黑等多种颜色的。海鹦鹉幼崽的嘴可能还没有那么多颜色，但随着它不断长大，它的嘴的颜色会越来越多。海鹦鹉不是很会飞，但它可以用它的蹼脚游泳。它们居住在缅因州海边。它们喜欢吃鱼，它们的嘴能同时叼约 60 条鱼。由于它们不擅长飞翔，所以它们不会因季节变化而迁移。它们会在地上挖一个洞放置它们白色的蛋。

制作者：_____   合作伙伴：_____

 这些卡片由爱达荷州博伊西特许公立学校的孩子制作完成。这些卡片反映了学生这一年学习鸟类的成果。制作这些鸟类卡片的所有过程都是为爱达荷州鸟类保护和鸟类繁衍做贡献。

爱达荷州博伊西幼儿园制作了一套美丽的鸟类卡片。如此高质量的作品是由非常小的学生在核心课程评价课上制作出来的。

图 4.2　鸟类卡片范例

教师在评价课上的作用

教师必须在整个评价课上发挥积极的作用。当课程看起来是一个有机体（完全从学生的想法中浮现出来）时，这个过程的效果最好，但实际上这是巧妙的塑造过程。教师有策略地选择学生进行评论，掌握讨论的方向并付出热情，说出令人感兴趣的评论并且能够给出关键点，在有必要使学生清楚小组任务并且与学习目标相联系时重构学生的观察方案。教师需要记住：评价课是一堂有明确学习目标的课，必须毫不迟疑地把握走向，以确保这个环节是有效的。

成为规范评价的强大守护者

教师最重要的作用就是促进和维持评价文化，这种文化在情感上使学生感到安全并且能够使学生有效地学习。评价课上的评价规则或者规范必须清楚明确、时刻保持警惕追踪，来确保那些被讥笑（即使是微妙的讽刺或者表情）的学生能够感觉受到保护，并且这些评论是具体的而且有启发意义的。学生的评价应该是和善的、具体的、有用的。除了防范任何具有伤害性的评论以外，同时要防范含糊的评论（如，"我喜欢它""这个好"）。学生必须指出具体的特征（如，"我认为这个标题选得好""对我来说包含图标使得它更清晰"）。这意味着应该避免重复或者跑题等干扰学习动力的评论。学生应该意识到评价课的目标，并且他们的评论应该是与整个小组努力建构的理解力相关的。

要做好这一点，教师必须传达出他是在绝对控制规则，并且不能容忍任何负面的精神。同时，他也必须积极鼓励、协助评论。这对"评价的评价"也是很有用的，即教师不断地注意和夸赞有见地的或者有思想的评论，并引导学生总结出好的评价是由什么组成的。以下指导意见可以帮助建立积极的氛围：

• 评价的主体是作品本身而不是作者，这是应当始终明确的。使用"我"的"陈述"（如，"我不明白你的第一句话"而不是"这个一点道理都没有"）。

• 教师必须确保学生坚持小组规范。

• 评论开始，如果可能的话，在继续认识到不足之前更要认识作品中积极的特征（如，"我认为在你的绘图中眼睛部分是非常棒的，但是我认为加上眉毛将会感觉更好"）。

• 建构思想，尽可能地以问句而不是陈述句呈现（如，"你为什么在这个作品上省略了说明？"而不是"这里加上说明会更好"）。

当学生在班上分享自己的作品时，这些规范尤其重要，但如果这些作品是来自班级之外的话它们甚至更适用。明确的教学和评价规则的使用将会提高学生的评价技能，同时也会提升他们的倾听能力和使用描述性反馈的能力。

使评价保持有趣的、有活力的节奏

为了保持评价课的吸引力，教师应该确保对作品的分析是可接受的、清晰的。每

教师必须确保学生遵守小组规范

个学生的作品或者张贴在墙上的作品都应该制作成复印件，作品应该紧挨着排列，以便于学生观察。这将有助于教师保持课堂的活力。可以采用以下策略使学生参与进来：讨论要涉及各种不同的意见而不能"一个调子"；大声朗读作品，让学生大声说出或者让学生到墙上准确指出他们在张贴的作品中发现了什么。

提取、塑造、记录从评价课获得的深刻见解

教师希望学生的许多深刻见解尽可能来自学生的评价，但教师可能需要进行点评、重复、改写或重构，以后甚至可以把它们作为课堂标准或后续步骤。在评价课进行期间回顾这些深刻见解是有帮助的——即使教师或许改变和加深了学生的原始评价，也要将它们明确地归功于最初提出该见解的学生（"塔米克的理论"或"乔纳森的观察"）。如果没有出现特定的关键见解，教师应该毫不犹豫地将它们作为问题植入或者在观察作品中提出（"有人注意到……""你能看到……例子"），或者在评价课上直接添加上它们。

在走廊评价中，教师不能仅仅依靠学生挑选那些最有用和强有力的案例，他必须意识到案例是达到学习目标最重要的桥梁，应通过案例来激发学生新的见解。他同样

可以通过走廊评价达到其他目的——公开激励已经取得特别进步的学生，或者，使用评价来推动那些没有做到最好的学生。如果有来自专业领域的客座评价专家，教师可以通过向专家解释本节课的学习目标和这学期的目标来引导评价，或许有助于引导专家提前注意特定的作品。（有关使用客座评价专家的更多信息，见后文"相关策略：快速反馈"）

专注于命名学生可以具备的具体品质和掌握的策略

对学生来说，"阿利亚是个好写手"或"我们读的书评很好"这种评价在这学期结束后是没有什么用处的。"阿利亚使用了八个策略使得她的作品变得很好，现在我知道它们并可以使用"才是真正有用的。有效的品质和策略必须是明确的、公开讨论的、可以协商的，并且必须是用学生可以理解的语言来描述的。有时甚至教师也不清楚作品中的哪个特征是强有力的——这是一个让学生通过激烈讨论并定义和命名这些特征的完美机会。这些特征命名得越具体越好。绘制出这些特征名称的图表，并将其张贴在墙上以供参考。把模糊的见解放在一个图表里，例如，尤其是对较差的写手来说，"使用'声音'"这个建议几乎没什么帮助，但如果提出"使用对话""使用除了'说'以外的动词""使用句号之外的标点符号"等具体建议，则有帮助得多。教师应该毫不犹豫地用他觉得清晰而有用的词语来重构学生提出的（表达不清晰的：译者补）想法，并将学生忽略掉的品质或策略添加到列表中。

"自20世纪90年代以来，加州所有四年级和七年级学生都参加了州立写作评价。作为这次终结性评价准备的一部分，所给出的写作样例是用四等级规则（量表）来评分的。样例和规则均可从加州教育部网站获得。由于这一持续性的教学实践，学生的写作技巧有所提高。更重要的是，通过对比自己的作品与写作样例（与四等级规则对照）之间的差距，并找到"优质作品"的证据，学生可以更好地备考。他们更明确自己的优势，能根据写作的具体要求训练自己。"

——加利福尼亚州草谷特许学校校长，布莱恩·马丁内斯

命名品质和策略的过程也可以是创建规则（规则是确定"什么样的类型或技能才是高品质的描述"）的步骤，或者可以参考课堂中使用的现有规则，以特定策略支持

该规则。评价课最有效之处就是创造具体的规则（即将标准列表，列表解决的是"一篇好的研究论文的特征"），而不是一般性规则（如"什么是好的作品"）。表 4.1 是书信写作评价规则样本的摘录，主要是用具体的、细节的标准考查学生对一个学习目标的掌握程度。这学期其他的学习目标（未显示）主要是特定的词汇、组织和写作习惯方面。

表 4.1　规则样本

写作邀请： 你想要对孩子在学校吃什么提出建议。请给主管写信，说服他改变学校的食品政策
长期学习目标： 我可以使用有效的推理和足够的证据来分析大量主题或文本

学习目标	初级	良好	熟练	高级
关于食品政策我有明确立场，并且以有效的推理和足够的证据来支持它（源自共同核心写作标准，W.9—10.1）	• 关于学校食品政策的主题是零散或混乱的； • 没有反诉； • 证据只是松散地支持或反对立场或声明，而且证据极少或没有引证	• 主题涉及学校食品政策，但缺乏清晰的立场和声明； • 存在索赔和反诉，但缺乏连贯性，没有建立在立场或声明之上； • 证据只是宽泛地支持或反对立场或声明且只有极少的证据	• 对学校食品政策有明确的立场； • 展示了通过制定声明和反诉来引起受众注意的相关能力； • 从支持立场或声明以及要求反诉的文本中所选择的证据是精确的、相关的、充分的	• 立场明确，提供了独特的视角； • 多个相关的声明和反诉有机地结合在一起； • 对于每个声明或反诉，都提供了大量来自相反立场的充足且多样的证据（如，引证、数据）

词汇教学

共同核心标准要求学生"掌握新的词汇，特别是一般的学术术语和特定领域的词语和短语"。根据共同核心标准，这种词汇学习是有效评价的基础。想象一下具有以下学习目标的五年级写作课"我可以使用老师的反馈来修改脚本"，这个目标源于共同核心写作标准 W.5.5：在同伴和成年人的指导和帮助下，通过规划、修改、编辑、重写或尝试新的方法来根据需要发展和强化写作。为了达到这个学习目标，学生必须了解学术词汇"反馈"和"修改"。教师可能帮助学生解构一个单词，如"修改"——识别前缀"re-"，明白它有"再次"的意思；了解词根"vise"，其来源于单词"vision"，意思为"看"。此外，学生必须使用特定领域的词汇，如脚本、叙述者、特征、线条、冲

突和主题等，来提供有效的反馈。

"规则帮助你理解什么是高质量的作品。它们告诉你真相。你可能以为你做得很好，但你得到的分数会让你明白自己需要继续做什么。"

——加利福尼亚州草谷特许学校三年级学生，亚历克斯

打个比方，如果评价像手术一样，仔细切下一块作品来确定什么是好的作品，什么不是，那么手术工具就是叙述这块作品所用的这些词。如果学生只能使用简单的术语来描述一个作品（如，"很好，我喜欢它"），这就像是用黄油刀来进行外科手术。学生需要精确的语言才能成为有效的外科医生（如，"我认为叙述者的口吻听起来太像我们的年龄，而不像他描述的人物的年龄""原因和结果之间是混乱的"）。学生出于对精确表达的需要，会立即去学习新词汇并且学会使用它。

向每个学生提供描述性反馈

评价课与个人的描述性反馈之间存在大量重叠的地方，如思维定势、技能、教师布置的练习。本章之初的物理课例子表明：一个优秀的学生范例实际上可以是一种强大的反馈形式（如，"你为什么不在 9 月份的时候给我们看这个？"）。教师随时给学生反馈。在本章中，我们建议教师更多地分析和策略性地思考他们提供的这些反馈的本质。

描述性反馈的显著特点是：

• 重点是支持个别学生或小组的成长，改善特定的作品和学生的表现、技能或倾向。

• 它通常是教师和学生之间、学生和学生之间的交流，而不是向班级传达公共学习经验。

• 它嵌入在长期关系中（如，教师—学生，教练—球员，主管—工人）。保持建设性关系必须是所有反馈对话中的隐性焦点，无论是口头还是书面。

• 学生在收到个人反馈时很敏感。相对于批评，战略性的、积极的意见更能促进学生提高。

• 理想的反馈来自对学生全面的了解——知道学生的优点和缺点，知道他成长的

地方和需要什么来激发他下一步成长。

　　在某些情况下，反馈来自客座专家或不太了解的学生。例如，武术课可能会有知名度很高的专家参观。这位专家对这些学生一无所知，但可以观看一堂课并且对每个学生提供高度具体的反馈。因为他的专业知识和新鲜的目光，这位专家能够提供新的具有建设性的建议。当学生知道他们将收到专家的真实反馈会变得更兴奋，促使他们更努力地学习，他们也会学到更多该领域的概念和词汇。重要的是教师要细心地组织这些研讨，让客座专家和学生都有所收获。

相关策略：快速反馈

在我们学校，学生在真实情景下经常做出作品范例。例如，学生写的不是典型的读书报告，取而代之的可能是书评或者是为他们的同学开一个博客。在这种情况下，让专业人员进入课堂提供反馈，可以为那些有志于让自己的作品成为范例的学生带来巨大价值感。

在罗恩·伯杰之前的六年级班级里，学生们正在为虚拟客户绘制住宅区的建筑蓝图，当地不同的建筑师连续三个周五总共参与了 90 分钟的课堂活动。每个建筑师在课堂上做 15 分钟的演示，接下来的工作期间，他们会到不同的教室给学生反馈。

为了确保 24 名学生都有机会与建筑师见面，课上使用了基于速度棋的"快速反馈"框架。建筑师与每个学生接触 3 分钟，查看学生的方案，指出学生方案中积极的或有问题的特征。为了控制时间，一个学生跟着建筑师用秒表计时，时间一到就会给出信号。使用此框架，每个学生都收到了来自三个不同建筑师的反馈，这使他们做出了可能接近于真正的建筑师的高质量作品。

规划有效的反馈

分析和调整你当前反馈的方式

每个教师都会花很多时间给学生反馈——集体的和个别的。问题是，实际上有多少反馈可以使学生用来改善他们的学习？图 4.3 是学生听到并且使用反馈的流程。

他自己没有认为这是反馈，而是归咎于其他人。"那个老师真刻薄。"

听到反馈，但忽略。反正他想做什么就做什么。

听到反馈，想修改，但不知道如何修改。

接收反馈、修改，但没有达到目标。

接收反馈、修改，成功地达到目标。

接收反馈、修改，成功达到目标，并可以帮助其他人达到目标。

图 4.3　学生听取反馈的流程

通常，学生如果很容易就达到最后两个流程的要求，就已经是最有能力、成功的学生了。"学生听不到那些超出他们理解范围的反馈，同样，如果他们没有听或者听起来觉得没用，那些反馈也起不到作用。即使是良好意图的反馈，只要影响到学生的控制感和自我效能感也可能会具有非常大的破坏性（'看了吗？我知道我很蠢！'）。反馈不是对所有的学生都会显示出积极的效果。反馈的性质与反馈的情境有很大关系（布鲁克哈特，2008）。"

最近关于学生心态的研究强调：尽管反馈看起来是准确和有用的，但如果没有正确的心态，学生就不能或者不愿意对反馈采取行动。例如，教师定期阅读学生的文章并提供修改反馈，然而惊讶的是学生并没有修改，只是将表面的复印件合并起来代替真正的修订本。研究人员戴维·耶格尔和同事（2013）做了个随机实验，在实验中那些被老师建议修改的中学生论文里会贴上一个有标记的便利贴。控制组的学生会收到这样一条信息："我给你这些评价的目的是你能从你的论文中获得反馈。"对照组的学生则收到了信息："我给你这些评价是因为我对你有很高的期望，我知道你可以达到。"

便利贴信息中的差异是微妙的。它们看起来可能几乎不会起什么作用。然而，效果非常具有戏剧性。控制组的非裔美国学生在收到信息之后的修改率为 17％，而对照组的非裔美国学生的论文修改率达到 71％。一条包含教师相信学生有能力改进的信息就带来了如此大的影响，这使得他们愿意再次尝试并接纳建议。

"描述性反馈让我知道我需要改进什么、我要继续做好什么。它使我的最后成果感觉更完整。"

——加利福尼亚州瓦列霍特许学校七年级学生，蕾切尔

当描述性反馈成为学生参与式评价的一部分时——当学生很清楚学习目标并且可以为自己的学习设定目标，以及当他们学会这些评价语言和规则并且展示正面范例、接受反馈时，这就会有极大的帮助。实质上，当学生从评价一开始就被作为评价的合作伙伴时，他们会更愿意充分利用教师的反馈。

好消息是：像其他重要的教学实践一样，可以通过仔细关注反馈内容和表达来对反馈进行调整和改进。随着学生越来越熟练地使用反馈，他们开始成为更加独立的学习者。

考虑"怎么办"

时间：多长时间反馈一次以及什么时候给予反馈？

- 始终确保有时间和机会让学生使用反馈。
- 即时反馈最适合于事实性知识（是—否，正确—错误），但是延迟一点会让学生理解更复杂的综合性评价和思维过程。
- 尽可能经常性地为重要作业提供反馈。不间断的反馈才是最好的反馈。

数量：应该给予多少反馈？

- 优先选择那些与学习目标相关的点。
- 考虑个别学生的发展需求以及他可以立即接受多少。

书面反馈和口头反馈：之间的恰当平衡是什么？

- 口头反馈，在学习中往往是最有效的。
- 如果给予口头反馈，让学生重复他听到的内容对防止误解是很有用的。
- 使用个别会议来获取更大量的反馈。

- 针对作品本身或评价表、规则或标准提供有针对性的书面反馈。

受众：群体反馈和个人反馈之间的恰当平衡是什么？

- 个人反馈传达了教师关心个人学习的信息。它也最适合和响应个人的需求。

- 如果每个人的错误都相同或已经出现了明显的弱点，就需要小组反馈或全班反馈。

语气：在提供有效反馈方面用词非常重要

- 有效的语气：

    积极的

    在关键时刻提出建设性意见

    提出非处置方式或非命令式建议

- 无效的语气：

    查找错误

    描述什么是错误的但没有提供任何建议

    惩罚或诋毁学生不好的作品

清晰度：反馈应该是可以理解的和友好的。和学习目标类似，反馈在语言上应该使学生可以很容易理解。评价专家和作家格兰特·威金斯讲述了一个有趣的故事："一个学生在年末来找一个老师说，'琼斯小姐，你全年都在我的英语论文上写同样的话，我还是不知道这是什么意思。'她问道：'什么话？'他说：'Vag-oo。'（这个词是Vague!）。"（威金斯，2012）

考虑反馈的内容

焦点：反馈可以聚焦于作品或任务、学习过程或学生自我调节的方式以及根据他的想法去完成的一项任务。它不应该聚焦于学生个人，应该避免对个人的评论。反馈应该始终都是与学习目标相关联并且是可行的，能为下一步做什么以及如何改进提供具体的想法。

比较：有效反馈会比较学生的作品或表现与标准、标准化成绩、过去的表现、基准、个人目标等之间的差距。参考反馈就是将一个学生的表现与其他学生的表现进行比较，通常是没有用的，它不能帮助学生改进并且经常打击后进生的积极性。

功能：反馈的功能或目的即描述学生是怎么做的，以便总结方法，提供如何改进的信息。评估或判断表现不能帮助学生提高。（如，为初稿打分往往会导致修改的动机

停止，因为那样做只是对作品做出"好"或"坏"的判断而已）

"如果只使用描述与评价反馈，那这只是一个擅长文字的人！我们都可以像我们在小学学习如何写描述性段落那样来学习如何写描述性反馈。不幸的是，还要看学生如何理解评论。学生通过自己过去的经验——好和坏——来过滤他们听到的。"（布鲁克哈特，2008）这让我们回到了强调合作文化的重要性、建立与学生的关系并在学生参与式评价的情境中来进行评价。学生参与式评价有很多策略和技术，但不幸的是没有捷径。

实践

形成日常课堂中反馈和评价的结构

在课堂层面，充分尊重的和帮助性的评价与描述性反馈每天都可以融入学校的各个方面，提升学生的理解力、作品、努力等。学生学会自我评价和评价他人，使充满尊重的和帮助性的氛围成为有效的学习环境的一部分。由于这些做法在学校课堂中的实施更加具有一致性，再加上教师更有效地理解和使用，因此它们与标准紧密相关，并且更加紧密地整合为学生参与式评价体系的一部分。

确定日常教学和长期评价中"教师对学生"的反馈策略

• 安排个别时间（可以短至几分钟），聚焦于简短、清晰、具体的评价，以及在学生学习时与学生互动。

• 使用迷你小组课来解决共同的弱点。

• 一次瞄准一个技能。重点评价一个或者两个重要领域。（但不要修改！）将反馈与学习目标联系起来，使用规则来改进重点区域。

• 评估反馈的效率——检查学生的作品和表现，确认其是否使用了反馈，是否在不断地达到学习目标和标准。

明确同伴评价和自我评价策略

- 向学生讲授反馈目的和反馈语言。

- 经常回溯学习目标并确保学生理解它们。

- 范例能为学生提供有效的反馈。要求学生使用相似的语言进行自我评价。

- 强调自我评价要高于同伴评价——研究表明它能更有效地改进学习（布鲁克哈特，2008）。

正如下面个案所示，在苏珊·麦克雷的十一年级英语课堂上，基于反馈的需要，综合使用了学习目标、目标设定、描述性反馈、小组评价和迷你课等技术，来支持所有学生都达到标准。本课附有视频可以观看。

 观看视频：描述性反馈帮助所有学生达到基于标准评分中的熟练水平

个案研究

缅因州波特兰卡斯科湾高中英语课上的描述性反馈

当学生进入苏珊·麦克雷的十一年级英语课堂，他们口述史文章的初稿被退回。他们静静地消化着开始上课时麦克雷给出的描述性反馈。一开始，麦克雷就提醒他们记得任务的长期学习目标——"我可以写一份优质的口述史文章"，以及当天的支撑性学习目标——"我可以有效地利用我的反馈来发现我修改后的文章的变化"。

麦克雷为每个学生提供高度关注的描述性反馈。她把学生们的草稿发下去，还发了一个规则表，其上用高亮笔标记出了每个学生需要解决的特定问题，并附带有简明的书面评论。一个学生解释说："我们拿回了带有反馈意见的第一手稿。现在我们正在寻找哪里改变了并努力让手稿变得更好。"

然后，学生填写课堂反馈卡来回顾学习目标，并为该堂课设定具体的学习目标。接下来，麦克雷要求两个学生朗读他们的初稿，并让其他学生寻找高质量口述史文章的证据。一个学生看了同学的笔记，说："她真的在每一处描述后都做出了相应修改。"这是浓缩版小组评价课，促进学生更好地利用个人反馈。

听完学生的朗读后，麦克雷能够确定学生的三个共同需求——描述性的细节、想法和组织，并依据这些主题组成迷你课小组。迷你课持续进行，如果愿意，学生可以选择参加多个小组。无论学生是否选择参加迷你课，麦克雷的反馈意见都为他们指明了正确的方向。

在迷你课之后，麦克雷给学生提供了个人反馈。"因为他们已经上完了迷你课，那些都是很短的谈话，"麦克雷解释说，"我一直在努力找出能够让我走近更多学生的课堂结构，帮助每个学生达到标准。"

让学生准备好做出有效的同伴反馈

课堂反馈和评价的最常见结构之一是使用同伴间的反馈对话。许多教师会请他们的学生"找到你的写作评价课伙伴并在他们的初稿上给出你的建议"或类似的东西。这种做法在很大程度上是无效的。即使对成人来说，提供策略性的、有效的、具体的反馈都是极为困难的事情。对大多数学生而言，没有指导根本不可能完成。如果我们在很多教室中听到过这些同伴对话，我们将会得到以下结论：

- 学生只能给出模糊的评价。
- 混淆了内容修改（拼写、语法和标点符号）和语言建议（注意，帮助学生区分这两种类型的反馈，能够支持他们更好地理解共同核心语言标准：惯例和语法以及思维）。
- 快速完成评价的学生，随后就会"沉浸"于"开小差式"的讨论中。

当条件恰当——学生尝试着给出有针对性的反馈，他们对正在分析的作品的特定部分认识非常清晰时，同伴反馈可能是有效的。例如，科学课上学生一直在收集数据和创建电子表格以对这些数据分类，教师在学生构建电子表格的过程中发现了他们的问题。教师进行了一堂评价课并使用了范例，在这个过程中学生分析范例的优点和缺点，并且在较差的作品中发现了老师提及的问题。然后，学生与合作伙伴一起分析彼此当前的电子表格，并查看是否存在这些问题。在这种情况下，该课堂极可能会给学生有效的反馈。"奥斯汀的蝴蝶"是一个很好的例子，在这个例子中，具有技能专长以及词汇丰富的学生能够为同学提供反馈，这些反馈可以帮助到同学。

"最大的挑战之一是让学生获得反馈。我会问学生：'你的同伴是如何帮助你的？'如果学生的回答是'他们说这足够好了'，我会说：'那么去得到他们的帮助！你不想'足够好'，你想要非常好！走向他们，说你真的想要他们的帮助。不要让你的同伴有'借口'不帮助你。"

——加利福尼亚州瓦列霍特许学校老师，特蕾西·霍纳

快照：奥斯汀的蝴蝶——小组中的同伴反馈

在爱达荷州博伊西的雁属特许学校，一年级学生奥斯汀正在准备西方虎凤蝶——一只当地蝴蝶的科学插图（见图4.4）。全班一起看了蝴蝶的照片，并创建了标准和一套清晰的范例规则。事实上，他们创建了两个规则：一个是翅膀的形状，一个是翅膀上的图案。学生用科学家的视角来检查照片，并确保其特征和细节都可以准确无误地呈现在他们的插图上。

问题是奥斯汀只是个一年级的学生，一开始他并没有仔细看照片。他在头脑里默认了一个蝴蝶形状的图标——他的第一稿是一个普通的看起来不像西方虎凤蝶的轮廓。奥斯汀在白板前面的地毯上和一个小组讨论，根据翅膀形状的标准，他的同伴给了他友好的、具体的、有用的建议，他修改了第一稿，使插图看起来更像照片中的样子（如，他们指出照片中的翅膀形状是三角形，而他的绘图则是圆形翅膀）。

奥斯汀很高兴地接受了同伴们的建议，并迅速创建了有更多角的第二稿，包括同伴建议的翅膀底部的"燕尾"。第二稿表现出来的改进受到了同伴们的赞赏，他们建议画稿应该有每一侧的上翼和下翼，然后他完成了第三稿。同伴们再次赞赏他的成长，但指出这次上面的翅膀"又圆回来了"，所以在第四稿中他把翅膀画得角度更明显。同伴们都为现在的形状感到很高兴并建议他添加图案，这就形成了第五稿。他的第六稿即最终稿是一幅美丽和准确的彩色插图。从第一稿到最后一稿有着显著进步，这都多亏了同伴出色的反馈所给予他的帮助。

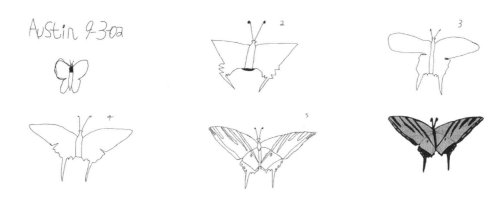

图 4.4 奥斯汀的蝴蝶

一旦学生清楚了有效提供具体反馈的过程，就可以形成一个积极现象，即学生在一整天中开始适当地、尊重地给予彼此非正式的评价。

深化学生参与的关键步骤

除非学生完全掌握它们，否则评价课和描述性反馈不会产生明显的效果。事实上，在学生批判性地分析作品以及给予、接受和使用反馈时，这两种做法都涉及教师和学生之间的动态合作。在评价和描述性反馈真正扎根于课堂之前，它需要强大的范例、时间和实践。表 4.2 说明了范例、评价和描述性反馈能够提高参与度和学业成就的相关人员、内容、方式和结果。

表 4.2 范例、评价和描述性反馈的人员、内容、方式和结果

教师要做什么？	学生要做什么？	结果如何？
基于共同核心标准创建高质量的学习目标和评价体系，并使用符合标准的范例作品	理解怎么样才算是符合标准的状态	学生对学习有更大的参与权和更强烈的主人翁意识，因为他们知道正在为之而努力
建立强大的给予和接受反馈与评价的规范：友好的、有帮助的、具体的。继续使用规范并谨慎使用	在参与评价或者给予同伴反馈时都要使用规范	每次学生重复反馈和评价过程时，都感到安全
引导开展小组评价课以明确那些满足学习目标的范例作品。首先，清晰目标和构建评价范例，对评价的批判要直到学生熟练为止	分析范例，并明确满足学习目标的高品质作品的特征，学习将它们应用到自己的作品中	当学生明白了在所给定的任何类型作品中高质量意味着什么，他们的作品会得到改进

续表

教师要做什么？	学生要做什么？	结果如何？
建立一系列的范例作品集，这些作品包含了常见的任务类型；分析学生作品，以便能够为学生与教师选择的每一种形式的高质量作品创建标准列表和规则	仔细观察范例作品，并确定使其强大的特点究竟是什么	学生学习学科和学术词汇、评价技巧，建立一个高质量作品的共同愿景，学会使用标准列表和规则来改进作品草稿
构建包括频繁提供描述性反馈机会的课程，确定如何给予反馈以及给予什么反馈	听取反馈并将其应用于自己的作品	由于反馈是针对特定需求的，学生可以有效地使用它来改进作品
随着时间的推移，构建反馈和评价的所有结构和框架，让学生参与自我评价和同伴反馈	更加熟悉如何给予、接受和使用反馈，掌握整个过程	在课堂上建设描述性反馈的有效文化，这使学生拥有更高的学习水平以及学习自主权

全校范围内实施

一个强大而连贯的全校范围的评价和描述性反馈实践是学生参与式评价体系的重要组成部分。学校领导通过构建范例和专注于专业发展，来建立实践的愿景和基本原则。积极的、建设性的评价文化必须渗透在由成人和学生建立起来的范例之上。

好的评价和描述性反馈所包含的全部规范、目的和过程，都可以由社区中的成年人通过团体会议、教师会议以及一对一互动进行实践，这也形成了建设全校评价文化的方案。如果校长允许教职工修改他的计划或者在教师会议中的决定，那他则能够构建起评价文化。这向学校道德规范的持续性改进发出了一个强有力的信号。

学校领导在支持教师收集和保存高质量的学生范例作品方面可发挥重要作用。首先是确保教师具有深厚的共同核心标准和相应学习目标的知识。重要的是范例要与这些学习目标相一致并且由各项标准和规则所支持。随着时间的推移，范例的收集应该不断增加和变化。设想一下：几何老师的文件柜中装满了学生手写的高质量的证明，历史老师的类似文件柜中装满了学生手写的论文，可以预期，学校的师生将看到并讨论这些高质量的范例以改进他们的作品。在此，我们强调一些关键的领导行为，即支持学校领导在全校范围内建立评价和描述性反馈文化。

奠定基础

- 为教职员提供时间来深入了解标准，包括共同核心标准所要求的教学上的改变。支持他们设立强有力的相应学习目标。
- 引导专业发展，形成全体教师都同意实施的标准、评价策略和描述性反馈策略。
- 将评价和描述性反馈运用到一个用于学生评价的连贯计划中。
- 在教师会议中建构自我评价范例和描述性反馈的范例，并且设定专业性的学习目标。让全体教师看到学校领导公开赞赏和利用评价课的决定来改进教学，这将是非常有说服力的。

构建教师能力

- 通过定期的、一致的实践，比较学生作品和学习目标，以确保评价和描述性反馈能有效地改进学生的表现。
- 为师生创建范例图书馆，包含不同年级水平的学生作品以及作为范例的基准案例。
- 提供专业发展机会，帮助教师开发基于标准的评价课，通过评价课培养教师技能和强化专业知识。

支持教师深化他们的实践

- 建立促进反馈、评价、修改和共享作品的体系（如，学生作品走廊、能展示如何根据反馈改进作品的档案袋）。
- 提供时间和空间使教师参与展示学生作品的活动，提供反馈和建议。随后可能是一个同伴观察或者课堂研究，即教师互相观摩课堂教学。
- 通过视频和其他方式来记录评价课、形成文件档案，以促进正在进行的评价课和改良实践。

我们的期望

当教师使用作品范例向学生展示什么是可能的时候，这是神奇的。在下面的视频中，罗恩·伯杰向年轻学生展示了"奥斯汀的蝴蝶"的几张手稿。当他呈现出奥斯汀最后那张手稿的准确和美丽时，孩子们都深吸了一口气。他们靠近，近距离观察，发出了这样的评论："噢，我的天！"接下来的讨论他们形成了最后手稿的高质量标准。这也证明了本章中描述的实践的力量，帮助学生成为自己学习的领导者。

 观看视频：奥斯汀的蝴蝶：完善学生作品——范例、评价和描述性反馈

先不要管这项实践的变革力量。教师和学校领导必须花费精力（和时间）来发展学生所需的技能，以充分利用它们。就所有的学生参与式学习而言，培育成长型思维是一个核心基础。学生必须相信自己改进作品的能力——在适当的地方带着这种信念来使用范例、评价和描述性反馈将会使他们形成所需的技能。开始时教师必须深刻理解共同核心标准，然后才能够选择范例、建立评价课、提供使学生能够达成这些标准的反馈。

随着时间的推移和实践的推进，教师将会体会到用这些策略指导他们课程的力量。评价课并不特殊，它们是教授学生内容和技能的关键之一，并且会让学生批判性地思考如何让自己慢慢进步，完成高质量作品。随着时间的推移，教师会收集，并且一遍又一遍地使用所收集的学生范例作品集，随之这种实践将在整个学校、所有课堂以及专业发展方面被确立下来。

我们已经确定了教师和学校领导所期待的初期、中期、提升阶段的某些基准。

初期阶段

• 学生学习评价和描述性反馈的基本准则：友好的、具体的并且是有用的。教师和学校领导也开始在专业环境中内化这些规范。

• 通过使用范例，学生扩展了先前的观念，即在他们的年级水平上什么样的作品看起来是高质量的作品。

• 学生学会识别产生高质量作品的关键步骤。在创作高质量作品方面给予他们更大的自主权。

• 教师形成了一套组织评价课的框架。

- 教师使用学习目标来指导他们的评价课和描述性反馈。
- 当学生看到这些实践如何帮助他们实现学习目标时，他们开始在参与评价和使用反馈时展现出自信。

中期阶段

- 教师看到了评价课带来的机会（相对于评价会议），有助于他们教授内容和技能，并帮助学生达成共同核心标准。
- 范例、评价和描述性反馈的相互关系支持学生做出最好的作品。范例给他们提供了一个高质量的范本。评价课让他们明确成功的标准。描述性评价帮助他们修改和改进作品。
- 教师是评价规范的有力保护者，确保这些评价课堂是高效的。
- 保证基于范例、评价和描述性反馈的课堂成为常规。
- 教师在他们的专业互动中使用评价和描述性反馈时更加熟练。
- 教师构建和使用一系列的学生范例作品集。

提升阶段

- 学生的范例作品与案例被存档并在整个学校内广泛共享。
- 有了脚手架、设定规范（常模设定）、形成技能，学生可以进行有效的同伴反馈。
- 学生展现出自豪感及对作品和学习的主人翁意识。优质的学生作品随处可见，学生和教师对作品质量的重要讨论是司空见惯的。
- 学校领导在教师会议及其他专业环境中建构起了评价课和描述性反馈的范例。
- 有强大的持续改进的文化，即每一位学校成员都在问："我们怎样做？""有什么证据？"以及"我们如何改进？"
- 教师、学生和家长可以清楚地看到高质量的学生作品是如何证明学生达到共同核心标准的。

共同挑战

未花费足够的时间用于文化建设和设定安全规范

时间是一项重要投资。评价课和描述性反馈中达到核心内容与技能标准的压力会导致教师忽略有价值的文化构建和设定规范的活动。这是一个严重的错误。因为花在创造安全文化和评价技能上的时间会使学习更加高效，也能为学生以后的工作提供终身的服务。

缺乏清晰的目的、学习目标，不清楚符合标准的作品是什么样子的

知道你将要去哪里。学习目标和符合标准的范例给评价课和描述性反馈带来力量和重点。一旦学生理解并且能反思他们的方向在哪，他们就会准备接受和使用反馈。清楚了解什么样子才是成功以及到达那里所需的步骤，将会帮助更多的学生达到标准。

选错评价作品

好的批判取决于有吸引力的范例作品。如果随意地或者根据错误的理由来选择作品，那么评价课将会困难重重。最起码来说，能吸引人的评价课需要有趣的作品。即使它是脆弱的或充满错误的，它也应该采取一种有趣的方式——一种引发所有学生学习的方式。

忽视教师角色（认为评价会自己运行）

教师仍然是教师，要发挥对评价课的作用。仅仅为评价确定一个好框架和吸引人的作品是不够的。教师必须不断地关注讨论的节奏和方向、参与的范围和捕捉到的焦点，以及从讨论中形成的见解。明晰基本内容、对规范保持警惕、增强洞察力、命名和制表都需要教师发挥重要作用。

忽略学生角色

学生的自主权是关键。如果整个过程缓慢而吃力或者过于只聚焦于少数人的需求，

又或者教师控制讨论，学生参与式评价则不会持久。教师需要确保评价课充满活力，每个学生都能理解它的作用，参与其中并且有明确的学习目标。

低估学生的心态和听取反馈的敏感性

感觉和心态很重要。学生具有广泛的经验——既有积极的也有消极的，以及不同的个性和心态。一些人在接受反馈时更自信，而其他人可能焦虑或敏感。培养所有学生积极的心态，使他们相信自己有能力提高是至关重要的。教师必须了解个别学生和他们在学习过程中的情绪阈限。应该根据个人需要来选择反馈和评价的方法。具体的、策略性的、积极的反馈通常比批评更有效。

低估语言和时间的力量

努力实现反馈的平衡。在"教师—学生"反馈中存在着许多潜在的陷阱。它可能太多、太少、太晚、太主观或太难以理解。要在个人计划和团队讨论上花时间去考虑什么样的反馈是有效的、什么是无效的，以及你怎样能判断出不同。

当学生没有准备好时就让他们参与同伴反馈

学生需要工具。提供策略和有效反馈对成年人都是困难的，对于没有准备的学生，这几乎是不可能的。同伴反馈往往是模糊的并且对双方都是无效的。当学生知晓具体的技能并且可以清楚地应用于特定的反馈时，同伴反馈才会是有用的。

　　我怀着忐忑的心情走进堪萨斯州堪萨斯市特拉华州岭小学的一年级教室。我被告知就是在这个教室里旁听学生领导的会议，但这似乎有点打扰了像这样的一个私人家庭会议。会议还没有开始。一个瘦弱的小女孩坐在一把小型的蓝色塑料椅子上，她的母亲和老师也弓背坐在同样的椅子上。我进来后，这名学生从座位上站了起来，将她厚实的档案袋抱在胸前，向我伸出小手。

　　"欢迎参加我们这个学生领导的会议。我的名字叫埃兰德瑞。感谢您的到来。"我与她握手，并向她、她的母亲以及老师道谢，然后我拿着一把小椅子走到一张短梯形桌子边上。埃兰德瑞转向她的母亲，说："妈妈，这是伯杰先生。他今天在我们学校旁听会议。"我有点震惊。我并没有介绍自己啊。她注意到我的姓名牌了吗？然后我注意到在白板上有我的名字，意识到一定是她的老师解释过我的到访。不过，她介绍我时镇定的态度还是很令我吃惊。她转向我，说："伯杰先生，我今天会把我的学习目标分享给您和我的妈妈，并且我会向您展示我完成了哪些工作。我希望您可以在我那些成功的作品中看到证据。"

　　埃兰德瑞让我们用20分钟的时间来浏览她档案中的作品。她向我们解释每个学习目标、大声朗读她的作文、在多个草案中分析她的规划，并向我们展示了一系列数学、词汇和熟练阅读的评价结果。她解释她的进步、挑战和目标。她的母亲问了几个问题，很显然她为女儿的进步感到骄傲。我问了很多问题，甚至有很难的问题，可埃兰德瑞丝毫没有慌乱。回答过程中，在我问一些问题后，她两次停下并回应道："我不明白这个问题。"我都怀疑自己是否曾经对一个困惑的问题做出这么明智的回答。

　　当会议结束时，埃兰德瑞再次与我握手，感谢我的到来，她抬头向我问道："您对我有什么建议吗？"可她已经很优秀，我所能给的建议就是鼓励她继续保持这样好的学习状态。但我表达了我的一个请求——问她是否愿意与我分享一些她的美好作品并且允许我复印下来。她严肃的表情立刻转变成微笑，说道："当然，我肯定愿意。这是一个好笑的问题。"

　　很难想到一个比这更能改进学习的高水平实践了。它使家长成为孩子成长的合作伙伴——而不仅是从老师那儿获知一些棘手的消息，家长可以自豪地倾听他们孩子坦率和清晰的自我展示，即使孩子们也需要面对各种挑战。让每个孩子准备好成为一个了解自己学习的善于表达、见多识广的发言人，这是老师的责任。最重要的是，它使学生掌控自己的成长。

——罗恩·伯杰

培养学生自主学习的关键

对纽约市华盛顿高地远征学校的七年级学生加布里埃尔来说，学生领导的会议能够帮助她培养学术自信和交流技能。在与她的爸爸分享她的进步、记录了她在数学学习方面的优势和良好的学习习惯之后，她评论道，会议向她和她的同学展示了"孩子真的可以和父母谈论他们的作品"。她的爸爸米格尔惊讶地发现，从她在华盛顿高地远征学校进入六年级开始领导她自己的会议后，"她变得非常自信了"。具体可见下面的视频。

 观看视频：中学生领导的会议

学生领导的会议是学生和他的家人以及教师参与的会议，在此期间，学生分享他的作品档案、与家庭成员讨论自己的进步。会议从开始到结束的整个过程都由学生主持。学生领导的会议可以在 K12 所有年级中实施。

学生领导的会议使学生与他们的家人分享进步信息。学生领导的会议在学生的学习生涯中开始得越早，学生就会收益越多。正如堪萨斯州堪萨斯市特拉华州岭小学校长辛迪·卡佩勒所说："在幼儿园设置这个标准是最好的时机。他们学习为自己辩护。当他们为自己的学习做主时，他们就不会安静地坐着不问一个问题了。"准备会议的真正目的是培养学生良好的组织和沟通能力。这一过程培养了学生的责任感，让他们为自己的学习负责，有助于他们更好地理解达到学习目标意味着什么。

学生领导的会议也大大提高了家庭参与度。学校报告显示：当学生是领导者时，父母更有可能参加会议。这种会议提高了家庭成员对班级活动的兴趣和理解力。同时也加强了学生、家庭成员和教师间的关系。芝加哥 EPIC 学院（注：这是芝加哥的一所高中）的教学指导员瑞恩·麦克斯韦说："最重要的是，学生领导的会议能够真正将孩子置于他们学习的中心，并且成为学校和家长间的桥梁。"

"学生领导的会议关联着其他许多事情，你能从中获益良多。
学生领导的会议通过改变游戏规则来影响孩子走向大学的轨迹。"

——纽约市华盛顿高地远征学校校长，布雷特·坎摩尔

为什么学生领导的会议很重要

学生领导的会议要求并授权学生在他们自己的学习交流中扮演领导角色。这有助于培养学生的品格和技能——例如根据适当的环境调整语言、组织展示信息，这对学生的大学生活和职业生涯至关重要，并且这也是共同核心听说标准的核心。与家人一起共享作品和反思学习，有助于弥合学校和家庭间的鸿沟，同时也使父母更深入地了解孩子的进步。

培养学生的参与感

当学生来决定选择和展示哪些作品与家人分享时，他们会对作品的质量感到更加自豪。一份"进步报告"不仅仅是给他们的一个反馈，更是他们亲手创造出来的东西。

培养责任感、组织能力和决策能力

学生在会议过程中拥有大部分的自主权，并且需要做出关键决定，包括将什么作品放进他们的档案袋以及在会议上说什么。他们必须理解自己是一名学习者。这有助于培养学生的个人管理能力，这种能力会是他们大学和职业成功的基础。它还使学生获得高阶认知能力中的元认知能力与分析能力。因为在这个过程中学生会反思他们的作品、学习过程，评价自己的优势、面临的挑战和下一步需要做什么。

创造证据文化

学生通过档案袋引导家长，他们提供学习的证据和自己在共同核心标准以及学习习惯方面的进展，例如对作品的修改和与同学的合作。这也能培养学生基于证据的学

术思维，这也是共同核心标准的关键。取得好成绩并不是为了取悦老师，而是它能提供理解学习和掌握技能的证据。

大多数 EL 教育学校报告显示 100％的家长会参加学生领导的会议

加强家校合作关系

学生领导的会议围绕学生真实的作品将家庭和学校连接起来。在这里家庭成员扮演一个真正有帮助的角色，并深化了他们对学校的理解、加强了与学校的联系。学生领导的会议不是简单地观察孩子在学校的经历，而是让家庭成员积极参与，甚至帮助学生学习进步。

共同核心联系

• 学生领导的会议是学生展示自己达到标准的理想方式——随着会议的准备和开展，他们能深入了解标准。

• 这些会议是有意义和具有操作性的，它教学生用证据来证明自己的结论，这是达到共同核心标准的关键。

• 家长对孩子正努力达到的标准有了更清晰的认识，能够不断提升能力从而更好地为孩子提供他们所需的帮助。许多家长直到参加过学生领导的会议之后才知道标准之间的关联性。

• 学生领导的会议提供了一个真实、直接的机会帮助各个年级达到共同核心标准中的听说标准。

开始

制定开展学生领导会议的方案

根据年级水平和学校背景，学生领导的会议会有稍微不同的结构。例如，一些学校将报告卡作为会议的一部分。而有的学校在评分中期进行会议，用来提供反馈，便于在发放报告卡之前帮助学生提高成绩。在学生领导的会议开始之前，教师和学校领导要做许多选择，来使这种新的组织形式更好地融入学校文化。

几个关键问题

• 学生领导的会议每年开展几次？

• 会议是在评分期间举行还是在评分结束时举行？

• 每次会议需要多长时间？小学生的会议通常比中学生的会议时间短。对于较小年龄的学生，时间一般是 20 分钟，较大年龄学生是 45 分钟。

• 在会议上将会分享什么内容？如何支持学生创建一个强大的档案袋？

• 是否讨论所有科目？

• 学生如何平衡所有科目表现的总体概述与深入讨论他们作品中的具体案例？学生提交什么样的证据？

• 如何看待它对学生个性养成和校园文化的影响？

• 课外活动的分享和讨论要到什么程度？哪些成员应该参加？在小学阶段任课老

师是确定的，但是它可能也适合艺术和音乐老师、辅导员或者特殊教育的老师来参加。在中学阶段，咨询教师通常会带头参加。

• 如何安排能够确保所有家长都出席会议？将一些会议安排在晚上进行可能很重要。对于家长不能出席的情况，学校有什么备用计划？

• 如何鼓励家长积极参与会议？

• 教师如何处理那些不能在学生面前讨论的问题？（如，一些学校可以选择在学生离开教室的时间段来进行）

与家长进行沟通

对许多学生和家长来说，学生领导的会议是一个与以往非常不同的活动。学校希望所有的家长都能参加会议，应从一开始就让家长知道这个期望。与小学不同，许多中学通常不安排家长会议，所以要求中学生和家长一起加入这一活动的想法可能是令人惊讶的。重要的是，学校要让家长了解什么是学生领导的会议，这样家长就知道他

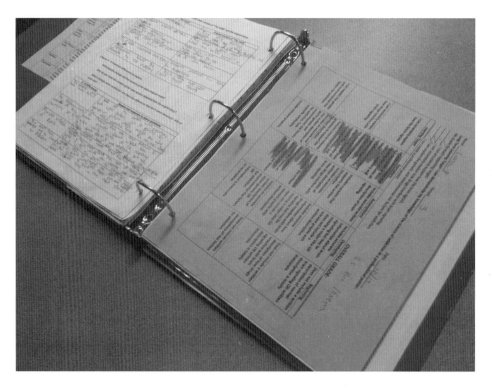

学生的作品档案袋是学生领导的会议的核心

们的重要性以及学校对他们有什么期望。图 5.1 是致家长的一封信的范例，用以告知家长学校对他们的期望。

让更多的人能出席学生领导的会议也很重要。学校必须让每一名学生都尽可能预约家长的日程安排，如有需要还可以提供翻译服务，并做好家长无法出席的预案。有很多方法可以安排会议——如发送邀请信件到家里、直接打电话或者通过在线报名等。学校应该完善制度以满足家庭的需要，以明确的指导方针和灵活的处事方法来实施这个过程，确保高出席率以及让家长从中获益更多。

向家庭介绍学生领导的会议

亲爱的家长：

欢迎您来到学校！当您想帮助孩子适应一个新学年时，我想要向您介绍一个令人兴奋并且重要的新实践，即我们决定在这个年度用学生领导的会议来代替传统的家长会。您的孩子今年将会通过两次会议来反映他的进步，向您展示他的作品并接收您的反馈。您将与学生、老师一同参加会议。

我们全体教员访问了几个正在开展类似实践的学校，这一实践活动的效果是值得期待的。我们认为学生领导的会议是一个让孩子们理解和掌握自己学习的非常重要的方式。我们也相信这种活动将有助于学校与所有家长更好地沟通并且建立起更强大的关系。当然，那些需要与老师进行私人交流的家长也仍然能够同时安排。

作为父母和家庭成员，您是帮助孩子学习和成长的重要合作伙伴。我们新的活动中将会强调突出这一点。在接下来的几个星期，您孩子的老师会为您提供关于学生领导的会议更详细的信息。请填写有关日程安排的信息。我们希望所有家长都能参与学生领导的会议。

校长：凯瑞

图 5.1　致家长的一封信（范例）

做好学生领导会议的日程安排

如前所述，学生领导的会议可能需要 20 到 45 分钟的时间，这取决于学生的年龄和日程表的安排。确定日程安排对于会议顺利进行至关重要。下面是两个议程样本——一个是小学阶段，一个是中学阶段。

堪萨斯州堪萨斯市特拉华州岭小学会议议程

1. 教师在教室门口欢迎家长并请他们签到。

2. 学生带领家长参观展示出来的学生作品。（5分钟）

参观将有特定的节点，强调学习目标和学生作品中反映学生水平的证据，包括作品草稿和学习反思。在每个节点，父母都有机会提问。

3. 档案袋式的学生领导的会议。（10分钟）

a. 学生分享他们达成目标过程中的进步和他们档案袋中能证明其学习突出表现的作品（例如，评估数据、日常作品、项目作品、完成最终作品的一系列草稿）。

b. 学生分享作品，做示范，提供他们在所有特色课程上的学习证据（如，艺术、体育）。

c. 教师积极倾听，如有必要会为学生提供帮助，并在稍后的时间为学生提供反馈。

d. 如果父母不知道向孩子提什么问题，教师将会提供建议（如，"你最骄傲的作品是什么？""你遇到过什么挑战？"）。

e. 在会议结束时，学生会问他们的父母是否还有什么问题。

f. 在学生领导的会议上，家长要向孩子提供口头或者书面的反馈。

4. 如果父母希望直接与教师会面，可在会议之后安排。

总时间：约20分钟

纽约市华盛顿高地远征学校中学会议议程

1. 所有人员准时到达。

2. 与家人一起坐在教室外等待教师邀请进来。

3. 介绍教师和家庭成员。

4. 感谢家人的到来。

5. 简单地解释会议的形式和目标，提醒家人在会议结束时可能要提问题。

（步骤 1～5，5 分钟）

6. 向家人展示成绩报告，阐述自己的学习成绩和学习习惯养成以及教师的评价、出勤率和迟到率。

7. 讨论哪个学科是优势学科，哪个学科是最需要努力的。

（步骤 6～7，5 分钟）

8. 呈现每个学科的档案袋作品，展示作品样本，解释所达到的学习目标，分享下一步目标和进一步提高的行动计划。（15 分钟）

9. 与家人交流他们能怎样在家里对自己提供帮助。

10. 问父母是否有任何问题。

11. 给予时间整理文稿。

12. 感谢家人和老师。

13. 帮助家人分发点心。

（步骤 9～13，5 分钟）

14. 确保家庭成员参加会议调查。

15. 根据目标和行动计划做出调整。

16. 将调查和行动计划放在回收箱中。

总时间：约 30 分钟

做好基础工作

教师提前安排好所有会议并且为学生和家长准备好一切是非常必要的。下面是华盛顿高地远征学校在学生领导的会议手册中给咨询员的活动准备检查表。

给咨询员的活动准备检查表（纽约市华盛顿高地远征学校）

预备会议和任务安排

• 我为每个学生安排了一次会议，特别注意到那些有多个孩子就读于学校的家长出席了会议。

- 每个家庭都知道什么时候到达现场以及会议将在哪里举行。
- 我知道即将出席会议的所有人的名字。
- 我为那些无法按照常规时间参加会议的家长做了其他安排。
- 如果我不会说西班牙语，我知道这里会为我提供一个翻译。

预备会议和学生安排

- 我帮助学生安排会议，通过修订学生的自我评价表、帮助学生设定新的目标、指导学生创建达到这些目标的行动计划等为会议做准备。
- 我帮助学生做出日程安排，并且教他们如何在演讲中合理安排时间。
- 我帮助学生学会适当的演讲技巧。
- 我为学生预留了足够时间进行排练。
- 我和学生重新回顾了学生领导的会议的评价规则。他们知道自己需要做什么！
- 我了解我的学生！我知道他们擅长什么，不擅长什么。我知道他们在某些课程上是否存在困难。我知道孩子的家庭是否正在经历一个艰难的时期。我知道他们和谁住在一起以及家庭环境是否发生了变化。我了解学生的全部。

会议材料

- 我有一份张贴在教室外的会议日程表。
- 我为早早到来的家长在走廊里安排了椅子。
- 我旁边有一个装满档案材料的箱子，这些材料按照会议日程表有次序地排列着，我不需要浪费时间寻找某份材料。
- 学生的报告卡、评价表和其他重要文件都在文件夹里。
- 我安排了一张书桌以促进小组讨论，有多把椅子可以用，有让较小的孩子静静地坐着或者玩耍的地方，还有工作人员提供茶点。
- 在我面前有一份会议日程表的复印件。

个案研究

在学生领导会议中培养学生的责任感（堪萨斯州堪萨斯市特拉华州岭小学）

特拉华州岭小学校长辛迪·卡佩勒回忆起学校做出实施学生领导会议的决定时，她认为这是学校最重要的决定之一。"它奠定了我们学校运行的一个基础，对于培养学生学习自主性和责任感非常重要。作为教育者，我们经常决定学生能做什么并设定一个较低的标准。学生领导的会议打破了这一点。"

在特拉华州岭小学，会议每年举行两次，分别在 2 月和 10 月，由学区公布具体日期。大多数会议会持续 20 到 30 分钟时间。根据年级水平的不同，它们在结构和重点上有所不同，但所有教师都会通过共同期望的 5 个领域进行指导：演示、准备、基于学习目标的学习证据、目标设定、反思。

对卡佩勒和她的同事来说，反思是学生领导的会议的关键并且与他们在教室里做的一切都存在联系。"这个过程使学生建立起自尊。我见过那些非常胆小和害羞的学生，但随着他们的成长，他们已经发出了更强烈的声音。他们设定目标并学会监测自己的进步，在他们不断明确自己的学习风格和需要改进之处的过程中，他们已经形成了批判性思维和问题解决的能力。"

在莫莉·德克曼的幼儿园课堂中，为了减少准备会议的压力，反思会贯穿到全年的课程中。"从一开始，我们就专注于发现学习证据并将它们放进档案袋中。我们与父母分享的每件作品都能反映出这些证据。"

德克曼看到了她的学生从对自己的学习负责中获得的好处。"他们不再害怕谈论他们知道什么和他们不知道什么。他们学会掌控自己的学习，这是我们可以给他们的最大的礼物之一。"

学生领导的会议中参与者的角色

为了取得会议的成功，每个人都需要理解和记住他的角色。

学生的角色：无论是三年级还是十年级，学生的角色都是领导会议，以充分的细节和深度展示他的学习。会议的准备是关键，同样也是完成作品的保障，这些作品是达到学习目标的证据。在整个学年中，学生在档案袋中保存和管理他们的作品。他们不断地评价自己基于学习目标的进步。在会议之前，学生遵循班级指导方针去准备和实践，选择作品和举行模拟会议。学生给予与接收关于演讲和展示技巧的反馈信息。

教师的作用：教师在学生参与式评价过程的工作，如确定学习目标、准备档案袋、使用学生数据，能够帮助学生领导的会议取得成功。根据共同核心标准制定的学习目标使学生能够讨论他们的进步，也能帮助家庭了解学校设立的标准。

教师还负责为学生领导的会议制定明确的期望和指导方针，帮助学生理解和实践自己的角色。教师需要花费时间组织学生选择作品，准备反思和练习演示的技能。教师要确保清楚及时地与家人沟通，如果有需要可以为家庭成员安排后续会议。

相关策略：在中学为学生领导的会议成立咨询机构

在一个有 25 名学生的小学教室安排和准备学生领导的会议是一回事，让一个可能每天教授超过 100 名学生的中学老师安排和准备学生领导的会议完全是另一回事。这个老师怎么可能管理由这么多学生开展的学生领导的会议？解决这个困境最有效的方式是通过一个咨询机构。

一个顾问或咨询团队领导每天与一个有 10 到 15 名学生的小组会面。顾问监督并且为学生的进步提供支持，在学生遇到困难的时候鼓励他们，并且在家长和学校之间负责主要的联系工作。咨询机构要确保每个学生与学校中的一个成年人保持密切联系，同时，学生有一个持续不间断的小型同伴团体。这个小组通常要多年在一起。顾问仅仅负责在学生领导的会议中为学生提供咨询，并不进行教学。顾问的作用是协助安排会议的流程以及与任课教师协作来帮助学生准备。学生在班级中的进步情况，包括行为习惯或社会交往问题，通常在团队会议上被分享，同时还将记录在进步跟踪表格中或通过网络共享，以便顾问能够很好地了解他们负责的学生。

这样的机构不仅解决了在大量学生中进行学生领导的会议的问题，而且还加强了顾问的能力以支持学生不断进步。过去中学顾问只是粗略了解学生的进步，而作为学生领导会议的一部分，顾问对学生的支持作用加强了，并且成为家庭和学校之间的有效桥梁。与此相同的机构也是中学文本展示活动成功的关键（见第七章）。

家庭成员的作用：家庭成员的作用是参加会议并密切关注学生的展示，在适当的时候提供反馈并提出问题。家庭成员可以通过提前关注参与准则来加强参与感。家庭成员通过准时到达会议、密切聆听并遵循指南来支持会议。家庭成员可能要决定是否需要教师安排后续会议来分享一些在会议期间没有解决的问题。当然，家庭成员最重要的作用是在家里支持学生的学习目标和学业进步。

对学生来说，与家庭成员谈论自己的作品是有挑战的，而对家庭成员来说提出问题是比较难的。在马萨诸塞州菲奇堡艺术学院，当家庭成员感到难以参与到会议中来时，老师会为其提供一些问题作参考：

- 你能告诉我为什么这件作品对你很重要吗？你想对它说什么？
- 当你从会议档案袋中选择这件作品时你在想什么呢？
- 你从这份评价中获得了什么？有什么是你可能会改变的？

学校领导的作用：学校的领导和团队通过明确的沟通和后勤援助来支持学生会议。他们确保家庭成员了解会议的形式并在有需要时提供翻译。他们提供后勤支持并确保家长会及时得到通知。他们确保学生领导的会议最重要的是清晰的沟通以及更广泛地与学生参与式评价联系起来。

学生领导的会议的准备工作

学生领导的会议的好处之一是它为学生达到展示、演讲与交流的标准创造了一个真实的机会。共同核心听说标准，特别是 SL.4 和 SL.6 与会议密切相关：

- SL.4：提供信息、结果和证据支持，以便于听众可以遵循理性线索；组织、过程和风格与任务、目的和受众相匹配。
- SL.6：演讲能够适应各种语境和交际任务，在需要或适当的时候证明对书面语言的掌握程度。

为了提高技能，学生在会议之前就需要充足的时间练习。教师可以使用各种技术，如公开状态和评价研讨，来帮助学生学习完成作品所必需的技能以及呈现符合会议标准的证据。EPIC 学院的十年级老师塔瓦娜·比林斯利-巴顿，提出这样的建议："前期准备工作真的有助于最终的演示。给学生时间练习，从使用句子开始。让他们有机会看到（会议）并评价它。"

特别是在举办学生领导的会议的早期阶段，会议脚本对学生非常有用。脚本是帮助学生发展公共演讲技能的很好的脚手架。图 5.2 是 EPIC 学院九年级学生在会议期间一直使用的脚本摘录。

1. 我叫_____。热烈欢迎您！感谢_____和_____百忙之中抽出时间参加我们第____学期学生领导的会议。我的档案袋中包括的文件有_____
_____。

2. 我想以_____文件开始今天的会议。这份文件是关于_____。在完成这次作业的过程中，我达成的一个学习目标是_____
_____。

3. 这一作业/项目表明了我对学习目标的理解程度。这项作业是说明学习目标达成情况的一个很好的例子，因为我做到了___
_____
_____。

4. 这一份文件说明了我在今后的学习过程中还要继续努力的地方，我将会_____
_____
_____。

5. 您对于我完成的基于这些学习目标的作业还有什么疑问吗？我这一阶段的成绩是
_____
_____
_____。

6. 为了帮助我养成良好的学习习惯，我将会_____
_____
_____
_____。

图 5.2　九年级会议脚本样本

设定明确的高期望也很重要。在华盛顿高地远征学校，每次根据一个主要的任务以及与任务相关的学习目标来评价学生领导的会议。表 5.1 显示了华盛顿高地远征学校的学生领导会议的学习目标，包括学习习惯、内容和技能。共同核心标准描述了在读写能力方面"符合标准的学生的画像"。这种画像和数学实践标准一起描述了那些为学生在大学和职业生涯打下基础的学习习惯（如表 5.1）。学生领导的会议是一个让学生反思学习习惯的机会，如问题解决、沟通技巧和责任感。虽然让学生在一次会议期间掌握所有学习目标不太现实，但是教师在会议期间可以帮助学生确定并努力达到 2 到 3 个特色学习目标以及 2 到 3 个与内容和技能相关的学习目标。

表 5.1 学生领导会议的学习目标

学习习惯	内容和技能
• 我可以在演讲时与听众有连续的眼神交流。 • 我可以清晰地、以恰当的节奏演讲。 • 我可以使用恰当、尊重的语气。 • 我可以直接和诚实地回答问题。 • 我可以用有组织的、连贯的方式以及恰当精确的词汇交流想法。 • 我可以承担进步的责任，解释我改进的理由和方式。 • 我可以承担我的失败和错误。 • 我可以反思我的学习习惯。 • 我可以创建和共享一个改进或持续成功的计划	• 我可以解释我在每个学科中达到的学习目标。 • 我可以分享在每个学科中具体任务中的案例和证据。 • 我可以使用笔记和提纲来帮助我演示。 • 我可以把与观众相关的细节和示例涵盖进来。 • 我可以通过回顾要点来总结我的发言。 • 我可以合成和释义信息。 • 我可以在信息来源之间建立联系。 • 我可以通过列举证据来说服我的受众。 • 我可以根据目的和受众选择合适的语言和语法。 • 我可以在演讲时使用语法正确的句子。 • 我可以使用面部表情和手势来协助我表达观点

实施

深化学生反思和学习

许多学校开始举行学生领导的会议。值得注意的是，要投入足够的时间和精力以确保学生、家长和老师的体验都很顺利。然而，学校最重要的决定之一会对课堂教学和课程设置产生连锁反应——决定学生在会议期间分享什么以及如何让学生深刻反思自己的学习。有许多不同的方式可以帮助学生反思他们的学习。无论采取何种方式，如果学生要学会深刻全面的反思，就需要持续而全面的教学指导。

档案袋

完善的档案袋将为学生领导的会议提供强大支持。档案袋应定期更新，包括展示达成标准的作品、自我反思、反馈和评价规则。这些材料能反映学生基于州立和共同核心标准及特色学习目标的学业进步。一个完善的档案袋系统对学生领导的会议的开展很有帮助，因为它可以呈现学生作品、自我反思和教师反馈的历史记录。

档案袋是学生与家人分享他们作品的有效方式

　　缺乏档案袋，学生可能需要对那些很长一段时间没有看过的作品写反思。如果他们直到会议开始的前几天才开始写，那么他们将很难记得多个学科的作品并做出很好的反思。如果这是一个不间断的过程，学生将会做出更深刻的反思。反思必须作为写作、思考和演讲的一种独特形式被教授。提供范例、标准、反馈和评价将帮助学生不断地形成深思熟虑和追根究底的反思。

　　一些学校让学生从每门科目中选出能够展示出他们进步的最好的作品来建立他们的档案袋。而有的学校基于学习目标设置档案袋。在这种情况下，不管它是来自哪个学科领域，学生展示的作品可以证明他们对每一个学习目标（学术抑或情感态度的目标）的掌握情况。在下面的视频中，我们看到一个来自特拉华州岭小学的幼儿园学生崔妮蒂，在学生领导的会议上引导她的父母观看她的档案袋。她向父母解释每个学习目标，并指出在这些作品中达到目标的证据。

观看视频：幼儿园里学生领导的会议

建立档案袋有无数的方法（有关档案袋更详细的讨论见第七章）。无论什么形式，学生都应该做好反思他们作品和表现的准备。以下是华盛顿高地远征学校的学生准备的列表摘录。

学生准备列表——摘自纽约市华盛顿高地远征学校

- 我可以在我的文件夹中找出每个科目的作品。

- 我已经完成了对每个科目的评价。

- 我了解我的作品以及对学习目标的掌握程度如何影响了我每门学科的最终成绩。

- 我知道我作为一个学生的优势和弱点。

- 我知道我将在下一学期如何改进：我已经为每节课设定了目标并创建了一个行动计划。

- 我知道我的行为、出勤和迟到是如何影响我的学业进步的。

- 我练习用母语谈论我的作品。

- 我很乐意谈论我的进步。

- 我了解在学生领导的会议期间我的表现会被如何评价。

- 我熟悉会议议程。

目标设定

任何一个学生领导会议的重要组成部分都是设定学习目标。基于学术或情感态度的学习目标，在教师和家庭成员面前设定目标是学生让这个团体帮助自己取得进步的一个强有力的方式。与反思一样，学生必须学会为他们的学习设置有效的目标。即便不能每天去做，目标设定也应该定期作为教学和学习的一部分。制定目标的过程有助于学生将学习目标转化为个人话语。为了使其更有效，目标应该是具体可行的（对学生有足够的挑战性且能够促进其学习，但不至于太难而让学生感到挫败）。如果目标设定是学习过程的常规部分，学生为学生领导的会议制定的长期目标将会更牢固和强大。

在下面的视频中，我们将看到一个十年级学生拉斐尔在他母亲的支持和参与下开始正视弱点和设定目标的案例。

 观看视频：在高中进行的学生领导的会议

个案研究

在芝加哥 EPIC 学院学生领导的会议的两个成功案例

随着学生学习反思能力的提高，学生领导的会议更有成效。正如 EPIC 学院的教员领导和教学指导员瑞恩·麦克斯韦所说，在学生领导的会议上投入时间和精力是非常值得的。他描述了两个经历非常不同的学生，他们通过这些实践获得了学习成长。

卡梅拉，一个有能力并且积极主动的学习者，她是在 11 岁时从墨西哥移民来的。麦克斯韦反映说："当她刚到九年级时，她真的很害羞，并且她有想法时也不说出来。她很听从指挥。将当下的任务完成之后，她就会等待下一个指示。在她的会议上她也不会讨论自己的作品意味着什么或者她学到了什么。她会说：'我不知道。我做得很好。我得到了很好的成绩。'""但是你学到了什么吗？"麦克斯韦会反问她。麦克斯韦坚持这样问她，随着时间的推移，她在慢慢进步。"她会用 45 分钟为大家展示她对作品（大多数孩子只会用 15～20 分钟）的反思。卡梅拉真正把学习目标放到了心里。没有提示或提问，她谈论自己作为一个学习者要学习什么以及她需要什么。她的反思是深刻的，并且真正获得了成功和挑战。"卡梅拉在 EPIC 学院的两年发生了巨大的改变。

另外一个 EPIC 学院的学生埃弗拉姆在完成作品上度过了一个非常艰难的时期。他参加了一个 IEP 项目并且需要额外的时间和帮助。"他需要大量的指导和支持帮助他完成反思。"麦克斯韦说。例如，麦克斯韦会提供许多提示性语言，比如，"第一个句子可以这样表达"。埃弗拉姆在这两年的进步也很大。"一开始，他的反思很浅显。他常常只能达到最低的要求。"家人想要真正融入其中也很困难。麦克斯韦为促成这个会议去了好几次埃弗拉姆的家里。坚持终有回报。在埃弗拉姆的会议上，他的妈妈来到了学校。埃弗拉姆穿着亚麻西装。"他在技能、基本的学科知识以及学习习惯方面都有很好的表现。"会议帮助他知道自己真正需要什么以及什么样的支持能利于他持续成长。

促进学生深度参与的关键动因

学生领导的会议综合了学生参与式评价的许多方面。这是一个学生反思他们基于学习目标和标准的进步、寻求帮助并设定更高目标的机会。学生主导着努力和表现之间、标准和成就之间、参与学习和享受学习之间、学校生活和家庭生活之间的联系。表 5.2 描述了能够提高学生参与度的学生领导会议的人员、内容和结果。

表 5.2 学生领导的会议的人员、内容和结果

教师如何做？	学生如何做？	结果是如何的？
基于共同核心标准制定高质量的学习目标和评价方案；围绕目标规划课程与教学	理解每节课、每个学习活动都与学习目标联系在一起	学生有更大的参与权和学习自主权，他们了解他们作品的目的
指导学生反思他们的作品和基于学习目标的进步；在持续的课堂实践中进行反思；使用书面或视频范本进行反思教学	参与反思，为改进而更加努力	随着时间的推移，学生的反思会变得更加深刻、更加具有自我警示作用
建立学生档案袋作为组织学生作品和反思的一种方法	用新的作品和反思定期更新档案袋	学生使用档案袋来讲述他们学习之旅的故事；学生、教师和家长的讨论都有一个直观的参考
建立一种文化，持续性地与学生家庭就学习目标和课堂上的作品以及每个学生的进步进行沟通	了解自己的进步并与家人交流目标、学习和进步	教师、家长和学生在提升学习上是更强大的盟友和合作伙伴
为更好地开展学生会议提前制定时间表，包括学生准备、家庭交流以及会议汇报的时间	了解如何组织和准备能让会议取得成功	学生领导的会议是集中、高效的，并且会给学生带来更深刻的参与感和成就感
允许有充足的时间联系家人和安排会议；提前安排和弹性时间长度能够提高家庭参与度；使用多种交流形式（例如，电子邮件、网站、在线栏目、电话、通信）	协助教师了解家庭的需要并做出会议安排	家庭在学生领导的会议中的参与度和投入程度会提高
在准备学生领导的会议时，确定直接与共同核心听说标准（SL.4，SL.6）相联系的学习目标，并为学生提供练习这些技能的时间	理解好的演讲技巧看起来或者听起来是什么样子的，与其他学生不断练习提高这些技能	学生满足共同核心听说标准，会议能展示学生的组织能力以及有效提供信息的能力

续表

教师如何做?	学生如何做?	结果是如何的?
至少规划一节课来打磨会议，回顾角色、确定成功的标准、给学生一个小组练习的机会并使用标准给彼此反馈	参与会议的准备，并了解如何成功举办会议	学生对他们在会议上的角色有清楚的了解，他们是自信的、有充分准备的
在会议的当天，确保家长按照名单入场，确保会议形式和目标都是经过学生审查的	协助欢迎家长的到来，并指导他们了解会议结构；感谢、尊重、展示领导力	家长感到受欢迎且准备为孩子的学习提供帮助
遵循会议的结构化议程或协议，并确保学生担任主角	遵循会议议程，并使用它反思学习和目标，诚恳、真切地表述自己的优势与挑战	学生能够通过准备和结构化的过程来分享作品和反思学习
除了在会议上的口头反馈之外，给家庭成员提供书面反馈（如，通过简单的问卷）来帮助他们反思孩子的目标。如果家长希望，给他们提供与教师进行后续会议的机会	协助收集家长的反馈	家庭成员被鼓励参与并促进孩子的学习，家长、教师和学生之间的联系更加紧密
通过小组讨论或个人写作听取学生汇报会议体验	参加会议汇报，分享改进会议的想法	学生和教师共同拥有学生领导的会议

全校范围内实施

　　学校领导在成功开展学生领导的会议方面发挥关键作用。从会议日程安排到与家长的沟通再到为教师提供专业发展支持的一系列过程，学校领导必须将学生领导的会议的基调定为学生评价系统的关键组成部分。随着学生在收集证据的技能与讨论他们的进步方面不断获得自信，他们不仅成为更好的学习参与者，而且他们的反思也成为整个学校有关进步的重要数据来源。为了更有效地交流基于标准的进步，学校领导需要理解并且更努力地促成这种实践。

　　学生领导的会议中最重要的工作之一是向家长、学生和教师传达会议的重要性。学校领导可以确保会议成为学生在理解他们基于标准的进步方面的强有力的标杆，家长也在这个过程中发挥了他们作为评价者的重要角色。学校领导也必须协助老师看到学生领导的会议对学生发展的潜在影响，从而帮助学生达到共同核心听说标准。支持学生成为更好的沟通者——能够提问和回答问题、做出恰当的眼神交流、条理清晰地传达信息——是学生领导的会议的重要成果。以下是我们强调的一些关键的领导行为，有助于学生领导的会议在整个学校顺利实施。

奠定基础

• 设定愿景、创造学生参与评价的目标感并创建数据驱动的文化。将学生领导的会议嵌入学生参与式评价的整体计划中，并确保它们与共同核心标准相联系。

• 基于当前评价、实践交流收集数据，与教师成员进行数据分析。例如，追踪目前有多少家长参加过传统的家长会以及家长对有效的家校合作的理解。根据这个数据做出规划。

• 制定一个主要的日程表，为学生领导的会议的计划、准备和实施分配好时间，确保为各个环节的顺利进行提供足够支持。

构建教师能力

• 为新教师在现场或者在视频上观看学生领导的会议提供支持。听取他们的观察汇报并制定支持他们开展这项实践的详细计划。

• 给予教师专业发展的时间并为教师准备和完善会议提供支持。

• 在学生领导的会议中，明确学生需要达到的共同核心听说标准，在会议上形成符合这些标准的全校学习目标。

与其他相关者沟通

• 明确学生领导会议的目的和愿景，期望所有家长参与会议。

   与家长分享学生领导会议的形式并明确会议目标。

   鼓励家长质疑会议形式。

   使用英语和其他适当的语言向家长发送多个提醒。

   在必要时提供翻译。

• 告知地区或学区领导有关学生领导会议的组织和对家长参与的期望。

支持教师深化他们的实践

• 帮助教师反思从学生领导的会议中获得的经验教训——明确会议实施过程和学生分享的作品中的优势与挑战，在此基础上做出一些必要的改变。

• 庆祝成功。收集那些具有挑战但成功的会议与文档资料。分享学生和家庭的故事与见解。

"首先让人们看到学生领导的会议（通过视频或现场观看）。这与许多人过去的经验很不一样，对教师而言，让他们放弃掌控权很难。"

——芝加哥 EPIC 学院教学指导，瑞恩·麦克斯韦

个案研究

在纽约市华盛顿高地远征学校建立学生领导会议的愿景

当华盛顿高地远征学校校长布雷特·坎摩尔谈论学生领导的会议时，他的语气里充满了对其效果的肯定。"学生领导的会议与许多不同的事情相关联，你要发挥它更大的价值。学生领导的会议能够影响孩子走向大学的轨迹。它有效地将学生反思与学习目标、学生的义务和责任感以及家庭交流连接起来。"

据坎摩尔说，在学校范围内实施这种实践活动有三个关键部分：设定高期望并清楚地讨论这些期望，提供条件让其有效开展，为教职工提供专业发展指导。

高期望和沟通

"当华盛顿高地远征学校开始开展学生领导的会议时，他们不确定他们最终会是什么样子，"教学指导乔·卡塔拉诺蒂说道，"所以我们有时可能会跌得满身是泥。但即便你从一开始就不完美，你也会立刻得到积极反馈。""为学生、家长和老师设定高且明确的期望很关键。"

一开始就要告诉学生学习期望。"我们告诉学生关于学生领导的会议的学习目标，"坎摩尔说（见表5.1），"是关于准备和实践的，我们期望他们像对待期末考试一样对待学生领导的会议。这是他们为自己的作品负责的开始。我们告诉他们：'你是它的一部分。'"卡塔拉诺蒂承认，一开始，建立对家庭的期望是一个繁重的任务。"你必须非常清楚并且通过家长教师协会会议、电话、电子邮件与家长沟通。我们要让他们认为学

生领导的会议是这个地球上最重要的事情。"

组织机构和日程表

对中学而言，成立一个咨询机构和安排会议时间是关键。在华盛顿高地远征学校，会议每年举行三次，从中午到晚上八点。咨询机构领导负责为会议分派咨询人员（约15 名学生有一名咨询人员）。根据坎摩尔所说，成立一个咨询机构，给咨询机构的领导时间以及支持来准备学生领导的会议非常重要。会议的时间是连续的、可预测的。一般选择在星期四。教师要负责做好会议的规划。这样每场会议都有 7 天的时间来准备。

专业发展

坎摩尔说："最有效的方法是让教师理解它。"理想情况是，对此不熟悉的教师可以现场观看。他们邀请那些刚刚加入学校的教师观看 5 月的会议。他们还开发了一个视频"如何开展一个学生领导的会议"。"一开始，我们把所有的精力都集中在了教师的专业发展上，但现在我们有大量的教师和学生参加了学生领导的会议，我们更多地依靠我们的年级组来开展工作。"卡塔拉诺蒂说道。

不断提升

虽然在华盛顿高地远征学校现在有一个高效运转的学生领导的会议，但是他们仍然不断地改善组织形式。最近他们决定改变会议的时间安排。不再是在学期末以报告卡的形式回顾学生的学习情况，现在将会议提前至学期中开展，以回顾学习进度。坎摩尔解释说："我们在每个学期的中间举行学生领导的会议，这样，会议作为一个进度报告，实际上使得学生有时间反思他们的表现、理解成功以及对在取得最终成绩之前可能做得不是太好的地方做出补救。"在会议上制订的行动计划会影响学业成就。请见随附视频中对校长坎摩尔的采访。

 观看视频：学生领导的会议的学校组织机构

我们的期望

任何教师或学校领导都会告诉你，无论是学生领导的会议还是更为传统的家长——

教师会议，都有大量的工作要做，需要考虑许多事情。早期频繁地与家长沟通是学生领导的会议成功的关键，特别是在实施阶段的早期。学校必须强调家长出席和参与的重要性。

标志一所学校已经走出了开始阶段并且进入更高阶段的关键是组织学生反思成为每天或每周常规课的一部分。学生领导的会议的准备工作不应该是最后一刻仓促完成、匆忙反思的结果。理想的情况下，准备工作应该包括综合学习情况、从档案袋中选择具有代表性的作品，而不是随便选一个作品进行反思。持续性的反思并与学生参与式评价的其他活动相联系，将使每一个参与者获益匪浅。

关于学校领导和教师在开展学生领导的会议的初期、中期和提升阶段有哪些预期，我们确定了一些基本的标准。

"在第一年，我们确立了团队的预期。在这方面我们没有太多的文字资料，但通过实践和试误我们找到了自己的方式。我们的目标是希望学生能够与家长沟通自己的作品和进步。"

——堪萨斯州堪萨斯市特拉华州岭小学校长，辛迪·卡佩勒

初期阶段

• 学校要对学生领导的会议做出关键决定（如，一年中什么时间开展会议和每年开展多少次）。

• 学生聚集在一起并反思他们将在会议上分享的作品。

• 会议议程要突出学生在整个过程中的自主权。

• 学校领导与家长就新的组织机构进行交流。

• 教师给予学生时间为会议进行排练。

• 家庭参与率很高（90%）。

中期阶段

• 学生为会议做了充分的准备并且家长参与率也很高（95%到100%）。

• 学生反思和设定目标是全年所有课堂上的常态，不仅仅是为会议而准备。

- 学生准备作品档案袋在会议上分享。
- 学生和教师为所有的调整做好充分准备。
- 在会议前期，给新的教师介绍学生领导的会议，并支持其实施。
- 教师、学生和家庭开始看到学生领导的会议与学生参与式评价之间的必然联系，如学习目标、档案袋、学习交流和基于标准的等级评定。
- 所有教师帮助学生理解并努力掌握共同核心听说标准。学生能够为听众调整他们的演讲、提供学习的证据。

提升阶段

- 学生深刻反思他们基于标准的进步。他们的反思将作为所有课堂和课程实施阶段的证据。
- 学生对他们作品的反思证明了对其深刻的理解。
- 教师、家庭和学生将会议视为支持学生作为学习者成长的机会。
- 动态的档案袋系统支持学生对全年作品和学习进行反思，这是学生领导的会议的支撑点。
- 家长参与会议的比例持续上升（98％至100％），家庭成员和学生可以清楚地表达会议的目的和价值。家庭成员积极参与会议、提出问题并且提出反馈意见。

共同挑战

学生领导的会议没有与标准和学习目标紧密联系起来

保持目标一致是至关重要的。如果在课堂上不能清楚地表达学习目标和标准，会议将不能如所期待的那样严格实施。同样，那些没有学会使用和反思学习目标的学生将不能在会议上有效地反思他们的学习。

学生领导的会议缺乏有意义的作品

作品必须是值得分享的。使会议取得成功的很大一部分原因是学生分享他引以为豪的作品。作品应该反映出高质量的学习目标——充满智慧、富有挑战性和吸引力。即便学生在会议上没有达成预期目标，会议仍然可以是一种积极的体验，但没有进步对家庭成员或者学生来说都是不好的体验。

学生领导的会议在概述和详细的证据之间达不到平衡

平衡是关键。如果整个会议只是深入研究几个学生的作品，家长将不能很好地整体了解学生学得如何。相反，如果学生提供概述材料，例如报告卡、测试分数或学习目标分数，而不提供作品实例，那么家长将不能看到和了解学生作品是如何反映学习过程的。

学生描述作品而不是从作品中反思如何学习

描述学习而没有用行动证明。没有准备、讨论和指导，学生倾向于展示作品和描述作业，而不是解释他们学到了什么。简单描述作品不代表学生达到了较高的学习水平，不代表他们获得了相关内容和技能，也不代表他们知道下一步要学习什么。

没有足够的时间准备学生领导的会议

准备是必不可少的。成功的会议不会把所有的事情放在最后一分钟做。需要预先考虑和规划所有方面——学生准备、与家长沟通和日程安排。预演是必不可少的。观看示范会议的视频或举行模拟会议将帮助学生了解、期待他们自己的会议。学生也将从与共同核心听说标准相关的成功案例中受益。

成人（教师或家庭成员）过多地干预学生领导的会议

成年人必须坐在后排座位上。学生领导的会议要以学生为主导。在适当的支持和正在进行的学生参与式评价的大背景下，学生的反思能力、设定目标的能力和自我展示的能力将会提高。当成年人在会议期间接管或主导时，学生领导的会议将遇到麻烦。

学生领导的会议缺乏协调安排

这些是细节问题。因为学生领导的会议经常涉及教师团队和学校工作人员之间的协调，并且总是涉及家长，细节至关重要。学校团队应该尽早决定将怎样追踪哪个学生哪方面的情况，采取多种沟通方式以及做好跟进工作。制作一个学校工作手册是一个好办法。

关键的家庭成员不来参加学生领导的会议

灵活性很重要。有时，尽管做出所有的努力，父母或其他家庭成员也可能无法参加学生的会议。学校处理时应采取不同方法。一种方案是让一个准备充分的学生在家里举行会议并请家庭成员记录评价和反思。另一种方案是让学校社区的成人（如，辅导员、体育教师或音乐教师、管理员）代替家庭成员。最重要的是每个学生都有机会反思他的学习并向除了他老师之外的关心他的成人展示学习成果。

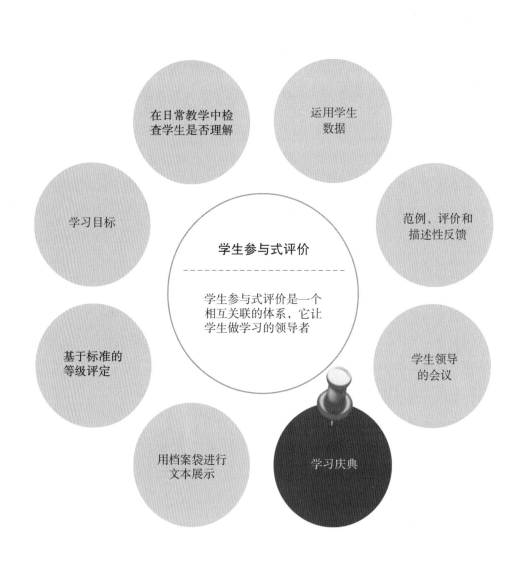

马萨诸塞州斯普林菲尔德爱丽丝比尔小学的五年级学生正在研究骨骼，这是地方课程所要求的。他们对一个关于分享学习的强烈想法感到特别兴奋——他们想开设一所骨骼博物馆。他们说："它不是一所过时的学校博物馆：那种你进入一间教室，桌子上张贴着图片，那只是一个很枯燥的教室而已。它是一个真正很酷的博物馆。"他们甚至起了一个名字叫"骨博物馆"。

我很幸运与才华横溢并且支持他们开设博物馆想法的老师帕特·皮奥一起学习工作。他们在教室里研究，还与那些从事人体与动物骨骼研究的研究员和医学专家一起进行实地考察。他们参观了本市的一所科学博物馆并且分析了使它具有吸引力的特征。在帕特和我的帮助下，他们自己制作了丰富的材料以及文本信息和宣传海报，包括真实的人类和动物的骨骼和骨骼模型以及X射线。

我们在学校发现了一个很少使用的房间，里面放满了杂物。得到看管人的许可后，学生将整个房间打扫干净设置成了博物馆。这个房间没有窗户，学生们想营造出昏暗的光线，所以我们把它的大部分都布为深色背景，聚光灯覆盖着X射线，台灯与黑色墙体相分隔。学生们举办了互动展览活动，低年级学生可以处理骨骼、修复骨关节、探索动物骨骼、填写卡片以及参加讲座。他们还设置了一个骨骼礼品店，访客可以购买由五年级学生制作的微型骨架套件和骨头形状的小饼干。

开学的时候，学校里的每一个学生都很兴奋。他们支付博物馆入场费（一分钱）就可以得到他们的手印章，就可以进入一个到处令人兴奋的阴森黑暗世界。年轻的学生带着发现尖叫着——拿着骨骼、画骨骼、填写骨骼卡片。当五年级学生给他们上课，讲解示范骨骼和骨关节并且解释他们要如何了解骨骼时，他们一动不动地坐着。穿着无可挑剔的黑色裤子或裙子以及白色衬衫的五年级学生，看起来都像是专业的博物馆工作人员。

今年我见到了其中一个学生沙妮丝，她现在是一名高中生。她问我是否还记得骨博物馆。我说："我怎么可能忘了？"她兴奋地点了点头说道："我还记得有关骨骼的一切。那是我们曾经做过的最酷的事情！"

——罗恩·伯杰

让学习变得公开

学生在他们的群体面前一次又一次地成为焦点并不常见。大部分会发生在两种情况下：一次表演，例如学校戏剧、音乐会；或者一次体育赛事。为一次大型音乐会、表演或者比赛准备的压力会迫使学生不断练习从而努力提高。一些学生为应对一场大型比赛，在每天下午的足球训练中刻苦训练。然而，出于一些原因，学校通常没有将这些令人难以置信的激励组织与学习联系起来。

随着对学习展示的重视，学习庆典活动也具有了这种力量——不只是为了某些学生，而是对所有学生，这些体验将会成为学生全年学习的推动力。当他们知道自己所做的工作将最终成为高质量作品，且还要在所在集体进行展示时，学生们会像准备一场表演或大型比赛一样，以同样的投入度和关注度对待他们的学习。他们更愿意修改，赶上最后期限并为自己的学习负责。无论这项活动是在学校、图书馆还是博物馆开展，当他们的家长、社区成员以及专家密切关注他们的作品时，学生定会自豪而清楚地表达他们已经学到了什么以及他们是如何成长的。

学习庆典活动充分展示了所有学生的荣誉作品，使他们在交流学习方面发挥主导作用。在学习庆典活动中，学生将他们的作品与学习习惯建立起联系——例如，坚持不懈和责任感与共同核心标准。这是学生反思和评价自己的机会。这个活动给了学生一个独特的发言机会："这些是我们要达到的标准，这是我能够证明自己已经达到这些标准的作品，并且我还会展现我是怎样做到的。"这是自我认知的能力。

学习庆典是一个体现年级水平的关键事件或全校范围的活动，在活动中学生向学校团体、家长和社区成员展示高质量的作品。虽然我们使用"庆典"这个词，并且在活动中大家都很开心，但它不像一场戏剧后的庆功宴——它就是戏剧本身。这是反映学生学业成就和学习品质的公开展览会，"探险之夜""最终展示""创作之夜"等都可归入学习庆典活动的范畴。学习庆典活动包括作品展示、原创演出和示范。这种活动使学生能够清楚地表达他们的学习和学业成就，为观众展示就读大学和就业所需的技能。

学习庆典也是在学校、社区成员、家长和学校合作伙伴之间建立起桥梁的重要组成部分。邀请社区团体进入学校，使他们看到学生提高兴趣的同时所做出的高质量作品，帮助学校与家长、社区保持重要的关系。当学生对自己的作品产生自豪感时，学

习庆典活动充满了欢乐，因为他们与同伴一起与社区分享着他们的学业成就。

学习庆典可能在年末，一个单元或长期项目结束时，又或者是一年当中指定的时间（如，学期结束时、寒假之前）进行。学校可以自主选择如何开展这种活动，可以是正式的报告或表演、艺术廊开幕式、一个互动的博物馆，甚至是让观众扮演某个角色的模拟现场。不同于成人世界中的展览会开幕式或音乐会——重点不是作品展览，而是学生在这个过程中学到了什么。虽然我们在本章中讨论的学习庆典通常是不局限在单独教室里的特殊活动，但它也可以是小型活动，比如，将开放课堂（课堂开放时间）转变为学习庆典活动。让学习变得公开是关键。

"分享自己作品的感觉真的很棒，我觉得我已经足够了解这一点，即我可以把它呈现给人们并且我认为社区中的人们想看到孩子们正在学习什么。"

——缅因州波特兰国王中学六年级学生，索菲

学习庆典为什么重要

学习庆典不仅仅是学生作品的展示，也不仅仅是一个在年末举行的聚会。这个活动促使学生反思，并清楚地表达自己学到了什么，怎样学的，他们回答的问题，所做的研究，以及需要加强和努力之处。这些是让学习公开的好机会。

高质量的作品

学习庆典的核心是高品质的作品和能够反映学生学习内容和技能的行为表现。一般情况下，学生的作品以真实世界的规范为参照，由专业范例引导，是为超越教师范围的大众所创造。例如，关于美国内战，传统的学校任务可能是关于战争某个方面的报告——虽然这不是一个不好的任务，但不一定会激发出高质量的作品或者是吸引到学生或者社区。在这种情况下，报告的受众是老师。相反，如果该任务是由学生研究当地发生的战争，并且提供专业的手册或者解释性的符号来教给社区成员关于战争的内容，那么社区成员一定会成为一名真正的受众，并且有理由对此感兴趣。

学生在为学习庆典活动准备高质量作品的过程中会得到各种支持，他们也会对作品进行再次修改。在老师、专家以及同伴的反馈下，学生有动力去达到严格的标准以及进行修改。很明显，学生作品之所以那么重要是因为他们受到了很高的期待（见图 6.1）。

图 6.1　山月桂　（阔叶山月桂）

真正的受众

学习庆典的观众不仅限于教师。缅因州波特兰国王中学七年级学生制作的封面导览页要与更多的受众分享自己的作品，这会让学生非常关心自己作品的质量。向真实的受众展示作品也更有挑战，因为所有学生都要分享他们的作品，而不仅仅是选择某个小组来展示。这将激励学生成为真正的学习者。缅因州波特兰国王中学的七年级社会研究老师凯特琳·勒克莱尔反思了她的学生采访当地市民的经历，并且将他们的故事写进了关于民权运动的一项研究："学生在真实采访中获得的体验，是他们在教室或者从书本上无法获得的。这将激励他们努力撰写自己的访谈故事。"一个真正的受众能够向学生证明他们的作品才是真实而重要的，这会增强学生的学习动机和参与感。（见图 6.2）。

"任何时候你对公众展示作品时，都要设置高目标，并且要明确创造高质量作品的步骤，孩子们将会照此而为。"

————缅因州波特兰国王中学校长，迈克·麦卡锡

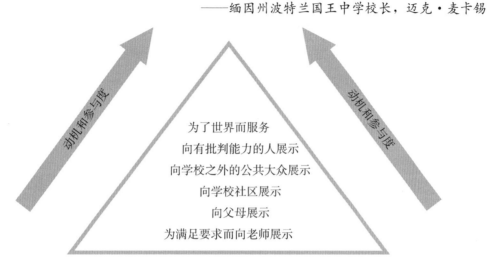

图 6.2　不同受众等级

交流学习

学习庆典活动中，学生就是沟通交流者。学生是领导和中心，清楚表达自己的学习、学习过程以及优势和努力。这些都是共同核心标准中听说标准强调的技能。学习庆典活动是帮助所有年龄段的学生掌握这些标准的有效途径。高效的沟通交流能力是达成共同核心标准的必要条件，也是学生走向大学和职业准备的必要条件。

反思

为了使学生有效地交流他们的学业成就和学习，他们必须有定期的机会去评估和明确表达他们指向学习目标的进步。定期反思可以帮助学生在设定目标以及达到标准的过程中与他们的老师成为合作伙伴。为了帮助学生准备学习庆典活动，让他们对一些关键的学习经验进行反思是有必要的。日记是保存反思资料的很好的工具，可以与学生作品一起在学习庆典活动中展示出来，作为学习之旅的见证。

共同核心联系

- 学习庆典活动是达到共同核心听说标准的理想途径。州立素养标准的导言是："共同核心听说标准要求学生发展口语交际和人际交流的技能。学生必须学会合作学习、仔细倾听和表达观点，从口头表述、直观视觉、定量分析、媒体资源中整合信息，战略性地使用媒体和直观展示来帮助交流学习目的以及改进演讲的内容和任务。"（美国州长协会最佳实践中心和州首席教育官员理事会，2010 年，第 8 页）。

- 在准备学习庆典活动的过程中学生了解基于标准的学习内容，能独立使用高阶思维技能，如综合、迁移。与观众交流互动过程中，提供展示他们学习情况的证据。

- 标准要求各个年级的学生都参与研究项目——这也是学习庆典的核心。学生展示他们的研究并且给出基于证据的结果说明。学习庆典为家长、学生以及老师之间就标准和学业成就的有意义对话开启了大门。

开始

确立学习庆典活动的流程

学习庆典活动有各种不同的结构方式，并且因为年级水平、内容领域、学校背景以及学校传统的不同而呈现很大的差异。在学习庆典活动开始前，学校领导与教师需要决定如何开展这项活动以及支持学生创造出力争优秀的校园文化。

在一些学校，学习庆典活动是全校范围内的，展示各个年级的作品，在全年中关键时刻（例如，每个学期期末）举办。其他的庆典活动可能在一个学习单元、学习考察或者长期项目结束时进行。学习庆典活动可以涉及全校范围内所有年级、任何专题。无论学习庆典何时举行、叫什么名称、类型如何，都需要详细周全的计划组织，以便于所有学生都能在交流他们的学习和向真实的受众展示高质量作品时得到支持。

关键决定

- 什么时候举办学习庆典活动？

- 在什么地方展示学生的学习？
- 为了确保家长和社区成员的高出席率需要做什么？
- 可以采用什么方法鼓励家长和社区成员成为学习庆典活动的积极参与者？
- 教师如何确保学生在学习庆典活动中证明自己已经掌握了共同核心标准？
- 在学习庆典活动中将要分享什么？

  如何展示包括草稿、修订本和手工艺品在内的学习证据？

  档案袋是如何讲述学生学习故事的？

  如何展示学习目标和标准，以便于家长和参观者能够看到它们与学生作品之间的联系？

  如何分享评价规则和反思？
- 为学生准备学习交流活动需要什么步骤？
- 学生如何讨论学习习惯？

  学生如何证明这种方法能体现个性成长、学习习惯与他们作品之间的联系？

  学生如何在学习庆典活动中展现指向个性和学业目标的进步证据？
- 如何支持教师策划盛大的学习庆典活动？

确定学习庆典活动的焦点

当策划一场学习庆典活动时，首先必须确定这场活动的目的，然后决定哪些形式能够更好地达到这种目的。例如，如果活动的目的是分享十年级学生研究的高质量的博物馆科学展览品，那么在当地科学博物馆开展活动可能是比较合适的。然而，如果目的是在所有年级艺术课程进行交流展示，那么在期末举行，而且整个学校的学生都参与，整个学校的物理环境都考虑进来，或许是一个比较好的选择。下面是对学习交流活动中组织得最好的两个活动进行的抓拍。

在一个单元总结、学习考察或者长期项目中基于某个年级或班级的学习庆典

这种活动展示的是学生的最终作品，且观众是与这个作品有关的人。例如，如果学生正在对第二次世界大战进行详细的研究，他们就会采访当地第二次世界大战的退伍老兵，并且记录和口头讲述所听到的历史故事，学习庆典活动可以在当地退伍老兵的家里举行，学生可以向被采访对象展示他们的作品。

在佛蒙特州韦尔热纳镇韦尔热纳联合学校，七年级学生参加了一个名字叫作"降

对学生展示的规模和范围的考量将影响对这个空间的利用

低韦尔热纳联合高中学校碳足迹"的学习考察活动。他们的目标是确定学校一年中以学生和教职工为基本对象的能源排放总量。学生进行了能源账目的审查和建筑物碳足迹核算。学生去到佛蒙特州的不同地方，来研究减少化石燃料使用的方法。他们拜会了建筑物管理者和校长并采访了他们有关可再生能源的利用以及这种利用对学校或商业的影响。学生们将他们的发现写进可再生能源报告中，并且随之附上自己的建议呈交给学校董事会。在学生的学习过程中，会特别邀约专家加入，学生成果的展示是公开的，会列入各种可再生能源的展示中。

　　韦尔热纳联合学校的学习庆典活动具有双重目的：展示学生的学习成果，以及向当地政府官员提出学校能源节约的策略。选择这样的一个方式，是学校帮助学生看到学校作业与有意义的服务之间相联系的一个机会。学习庆典活动是一个真正突出学生可以为他们的社区做出贡献的机会。

全校学习庆典

　　学习庆典可以在一年中的指定时间进行，展示跨年级、多学科作品。所有年级的学生作品中通常贯穿着一个共同的主线。例如，在波士顿的拉斐尔埃尔南德斯学校，虽然各年级的学生都在著书，但书籍内容和类型是因年级水平不同而不同的，这些都是他们需要学习的技能以及需要研究的内容。所有的学生都要了解一本书的创作过程并努力朝全校标准的方向努力。学习庆典的形式是在学校举行一个"作家之夜"。学生向家人和社区成员分享他们的作品。虽然每本书的内容是不同的，但都有一个共同的目的和版式。所有学生都分享了类似的学习经验，这项活动在整个社区中进行，学生可以欣赏彼此的作品。

全校学习庆典活动经常由学生的一次表演或邀请而将受众聚集起来

在纽约州罗切斯特杰纳西社区特许学校，围绕六个不同的历史时期组织了课程，而学习庆典活动与之相匹配。每个学期所有年级都聚焦于同一历史时期，并且所有的学习都围绕该时间段进行。学习庆典活动展示了学生作品和学生学习的表现，学生作品的内容和复杂性会因年级水平的不同而有所不同。例如，当学校在学习史前史的一年中，一年级的课堂研究化石，四、五年级的课堂研究火山和土地构成。一年级学生在学习庆典活动中展示和讨论他们学习考察中的最终作品，名为《线索获取：很久以前居住在这里？我们如何知道这一切？》，但是四、五年级的学生展示和讨论的是他们制作的当地地质研究的野外工作指南，名字叫作"切斯特岩石"。作品的样本见图 6.3。

举办一个没有共同学术主线，但是仍然具有一个共同焦点的学习庆典活动也是很有可能的。比如，可以用"艺术"把多领域的内容整合在一起。图 6.4 展示了一个参观活动，在这个活动中每一个年级所展示的内容都是不同的，但所有的学生作品都是以艺术为聚焦点。当活动目的清晰时，恰当的结构就会出现。

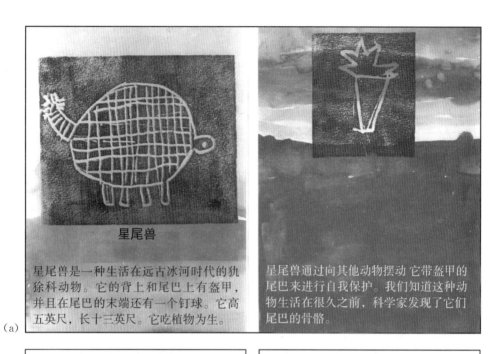

虽然所有的在校学生都学习远古史，但是每个班级基于年级标准的内容重点是不同的。在学习庆典活动上，一年级学生的作品是根据他们对化石的学习而创作的（a），而四、五年级的学生展示的作品是根据他们学到的地质方面的知识所创作的（b）

图6.3　学习庆典活动中同一个主题下的学生作品

课程展示之夜中的艺术

2009 年 6 月 3 日

晚上6—7时

五年级

金姆·琼斯
1 号房间

革命的自画像

学生在英语课上为美国革命时期的名人撰写传记，并且在美术课上为这些名人画肖像画。学生根据所写的传记和肖像画制作日历，日历上突出美国革命时期的重大事件。

安德鲁·兰兹洛
3 号房间

美国革命相关研究

学生自己确定研究项目，学习如何详细描述美国革命期间的重要人物和历史大事件。学生要查证革命期间的事件和历史证据。学生自己编制一本书帮助其他同学学习美国革命历史，并通过内容学习记录自己的学习过程。

安吉拉·比蒙
米丽安·桑迪亚哥
5 号房间

数学游戏板

学生运用数学知识开发游戏和游戏板。艺术性的设计和排版是游戏板很重要的一部分。另外，学生还要确定游戏的目标、达成目标所需的条件以及教学过程。

一年级

凯思琳·保林
克里斯汀·西库拉
爱彼盖尔·迪杰克
伊迪·蒙坦兹
体育馆

一个苹果的研究

一年级学生学习苹果的生命周期，参观果园，制作苹果菜单，学习制作苹果糖果，度过充满"苹果味"的一天。最后，学生制作一本苹果烹饪书，在书中学生练习如何写步骤说明。

丽莎·默里
安妮·兹尼克
凯茜·阿度那
黛茜·阿雷切亚
乔伊斯·韦尔奇
12、16、18、20 号房间

二年级

世界多元文化

学生已经通过阅读民间故事和创作传统文化小作品了解了不同文化，通过了解这些不同的文化，学生能够体会到这个世界是多元的、独特的，世界上的每个人亦是如此。

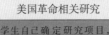

图 6.4 展览晚会项目样例

个案研究

北卡罗来纳州阿什维尔常青藤社区特许学校开展各种形式的学习庆典活动

在常青藤的一所一至八年级学校，学生每年要参与三次学习庆典活动。每一次的学习庆典活动都有不同的焦点，但每一次同家长和社区分享交流学生作品都有着共同目的。在秋季之夜，他们邀请父母和其他家庭成员观看学生不断进步的作品。他们参观教室并观看学生的学习展示。执行董事苏珊·戈特弗里德说："学习庆典的目的是与父母分享，并让他们深入内部来了解学校的前几个月里发生了什么。让他们看到孩子们不断地修改作品，直到作品达到高品质为止。这有助于新的家庭来了解EL教育，这会使他们参与进来，帮助他们看到更广阔的景象。"

在春季展览之夜，每个教室都展示着最终的作品、学习目标、问题指南和互动演示。例如，通过诺娜·阿姆斯特朗学前班的学生在"手拉手，心连心"的学习之旅中所展示的作品，可以看出他们在向社区中的专家学习。教师向参观者提出问题来激发学生，例如，"在你的职业中会使用到什么工具？"或"你的工作可以帮助社区做什么？"阿姆斯特朗认为："产生使父母参与的高期待是非常重要的。他们在这种体验中的作用是重要的，并且需要清楚他们的作用。"有时她让大家以一首歌开始活动，随后参观各个展台并且与学生们交谈。阿姆斯特朗还发现，向父母提供一个问题列表有助于向每个学生提问，并在页面底部进行反馈。

春季艺术节是家长和社区成员在充实的课堂上交流学生作品的一个机会。从每一个年级里收集出艺术课上的最终作品，并且在体育馆的走廊里进行展示。不同年级都有音乐表演和幻灯片，来突出展示学生一直在学习的内容。戈特弗里德说："这是我们在丰富的课堂上交流展示的另一种方式，也是使家长和社区进入学校的另一种机会。"

"当学生准备参加展览之夜时，他们整个学年的能量都会增加。我们从一开始建立它，就让孩子们谈论。我们还在家长阅读的周刊上为其做广告。"

——北卡罗来纳州阿什维尔常青藤社区特许学校执行董事，苏珊·戈特弗里德

与家长和社区成员沟通

有效的学习庆典活动的核心是观众。他们可以激励学生，激发学生做出最好的作

品和关注作品质量。过去，家长都是因为体育比赛、音乐会或者成绩来到学校。但现在，邀请家长和社区成员参与到学校的学术文化活动是一个强有力的转变，并且需要计划好以便于其对学生和观众都产生意义（见图6.5）。

庆祝我们的学习吧！

诚挚邀请您参加一场特殊的关于

动物探险的庆祝会！

比尔磁石中学

　　这张图片是受麦卡锡女士和瓦尔特先生一年级探险作品——一张森林动物园地图和一本动物日历的启发制作完成的。这一作品是他们探险作业的一部分。这些学生学习了森林公园为社区提供的东西，包括动物园。学生了解动物方面的知识，多次修订他们的写作作业和绘画作业。学生也采访了动物园的工作人员，询问他们的工作职责。这些作业是在动物园相关工作人员的鼎力帮助下完成的，包括园长约翰·里维斯以及森林公园的动物管理员麦卡锡女士、瓦尔特先生、拉索女士、海格女士和布朗女士等。

图6.5　为活动制作一份诚挚的邀请函

　　为确保足够的出席人数，与打算出席的观众提前沟通好学习庆典活动的安排是必要的。另外，在白天还是晚上安排活动也需要考虑周全，尤其是如果学习庆典活动在教室外举行的情况下。努力与专家、教授及社区成员做好沟通有助于活动的成功。向专家和教授介绍作品会提升学生的自豪感和成就感。学校还需要确保及时通知父母并为父母的出席提供支持，包括需要时配备翻译人员、提供往返于举办场地的交通工具等。对活动细节的注意将有助于提高观众出席率，使学习庆典活动更有意义。

定义学习庆典活动中参与者的角色

学生的角色

学生要参与整个学习庆典活动过程的准备。他们要了解学习庆典活动的结构和目的，对他们的期待，学习过程和作品是怎样与标准相关联的，以及领导和参与的机会。在准备学习庆典活动期间，学生通过多次修改拿出打算向公众展示的作品。教师用规则、作品说明和范例来指导学生，并向学生提供具有高质量特征的作品范例。学生不断地评估他们的进展、对学习目标和标准的掌握——这与项目和作品的各个方面都密切相关。准备和练习是帮助学生磨炼他们的演讲和展现技能的关键。学生在活动中起着领导作用，他们通过高质量的作品创作过程来引领观众参与。他们负责展示作品和他们的进步。

"学习庆典活动给孩子们一个谈论他们学到了什么的机会。如果你能教明白就说明你了解了。"

——北卡罗来纳州阿什维尔常青藤社区特许学校执行董事，苏珊·戈特弗里德

学习庆典不是"老师的作品"。在准备活动的过程中，学生与老师要在各个方面合作。选择需要突出强调的作品并且为公开展示做好准备，需要学生发挥重要作用。学生还要了解活动的流程，承担不同的角色，包括接待和指引员；帮助设计流程、宣传单、海报和标识；准备食物、音乐和展览；安排和打扫。一个列表或流程表可以帮助学生记住他们的各种角色。除了自己的作品，学生可能需要讨论其他同学的作品，这需要做更多的准备工作。以下的"快照"显示出了学生在讨论自己以及他人作品方面发挥的重要作用。

快照：贯穿学校的学习联结

在马萨诸塞州斯普林菲尔德玛丽波顿格小学，学习庆典是一个全校的活动，它展示出一至五年级中最好的作品和每个学生的学习情况。贯穿整个春季的视觉艺术和表

演艺术深化了学生在核心课程中的学习，这是学习庆典的焦点。当 500 多位参观者进入学校时，校长瓦莱丽·威廉姆斯亲自欢迎他们，把活动指南（见图 6.4）分发给他们，活动指南描述了每个教室里将要开展的活动以及表演在何时进行。

晚上，家庭成员不再简单地参观自己孩子的教室——他们将进行一场学习之旅。五年级学生带领家长进入幼儿园教室，窗户上的巨型横幅与学生对颜色的学习相关。一年级学生带领他们的家长进入三年级教室，教室里到处是与美洲印第安人有关的项目和作品。白天，学生参观了每一间教室，向每个年级学习，以便于可以向自己的家长解释贯穿整个学校的学习。在晚上的活动中，学生们轮流参观了教学楼以便于使一些总待在一个教室里的学生可以很好地介绍他们的作品，并且这样可以使每个学生都有机会与来宾分享他的学习。

这个学习庆典活动能够使学生、教师和家长之间就各个年级和不同内容领域的学习以及高质量作品进行强有力的交流。

教师的角色

教师在学习庆典活动中扮演各种角色。细致的规划可以确保所有学生都获得成功的体验。教师需要做以下事情：

- 保持对学习庆典的愿景，理解其中的逻辑以及与学生和其他工作人员分担工作。
- 帮助学生理解和实践他们的角色。
- 为学生创造参与学习庆典决策的机会以及指导项目和作品等机会。
- 指导学生为公众创造高质量的作品，以及当学生共同完成一个作品时为他们提供不同的支持。
- 为学生提供高质量的作品模型、规则、产品描述，提供描述性反馈来帮助学生改进作品。
- 从学习庆典活动推导学习计划，确定学生将需要的知识和技能。
- 树立适当的学习目标，在各个学习阶段评估学生的学习进度，引导学生完成最终的作品。
- 教授演讲技巧，在向公众分享他们的作品之前为学生提供练习的机会。
- 将反思作为班级文化的一部分，帮助学生识别自己的劣势与优势以及设定目标。
- 熟悉学生参与的各种形式的学习庆典活动，向他们提供参与各种活动的机会。

- 与出席的观众沟通交流以确保他们了解活动的目的，做好与学生互动的准备。
- 创建组织流程来支持观众与学生互动。

下面是帮助教师保持安排有序的核查表样本。

教师核查表——缅因州波特兰国王中学的"小勇士行动"学习庆典活动

- 为三次彩排和最后的活动预订自助餐厅
- 与保安人员检查设施和可能故障——给他们一个座位数量的估计值
- 为前面两排的受访者预留座位
- 邀请函——选择一个集中的时间给学生，让他们带回家
- 其他的邀请函——管理者、主管人员、受访者（标明会面时间）
- 发送电子邮件来提醒受访者相关的日期和时间
- 向工作人员发送关于活动日程表的电子邮件
- 材料——两个麦克风、投影仪、扬声器、屏幕等
- 接待——预订图书馆，购买食物
- 安排相关人员拍摄和录制演讲
- 在演讲之前选择五个学生做迎接工作
- 选择两个学生负责技术统筹
- 活动结束后安排学生进行反思活动

观众的角色

首先要考虑观众是由哪些人构成。观众越疏远，越不熟悉，特别是对年龄较大的学生来说，越会感觉到这项活动很重要。例如，如果观众包括专家、公民领袖、教育专家或来自其他地方的重要人物，那这就是认真准备活动的理由之一。有一个类似的现象——虽然在教室里举办活动是最容易的，但对学生来说可能会感觉没有在大学、博物馆、市政厅、公共图书馆或商业大厅等地方举办显得重要。正如本章开篇的故事所显示，如果活动在教室举行，建立一个教室博物馆是一回事；而如果在一个真正的博物馆举行活动，那会是相当不同的事情，它们具有不同的灯光、陈列形式和区域。

如果观众包括各种类型的来宾，那么对不同的观众设立不同的角色是重要的。例如，父母可能会观看学生的作品并采访他们（见图 6.6）；专家来宾可能会就作品进行评估和给予反馈；贵宾（例如，主管人员、市长、学校董事会）可能会由导游带领参观活动。在俄勒冈州波特兰史普林维尔 K－8 年级学校，教师为观众提供可能的话题、问题和检核表，用来指导他们进行学习交流以及帮助他们与学生互动。活动结束时，他们给父母一张评分卡（表 6.1），并让他们在离开前把它交上来。教师、学生和学校领导在总结报告时会使用这些信息。在附带的视频中，我们可以看到，家庭成员和其他来宾在爱达荷州博伊塞雁属特许学校的学习庆典活动中，由于学生的互动展示充分地参与到鸟类知识学习中。

家长和朋友们：
这里是一些关于学生学习的问题，请你作答。
1. 你能为学过的科罗拉多州鱼类命名吗？
2. 你认为科罗拉多州鱼类有什么特别之处？
3. 为什么鱼类需要借助它的_____生存？
A. 鱼鳍　　　　　　　　　B. 鱼鳃
C. 鱼尾　　　　　　　　　D. 鱼鳞
4. 你从哪里获得你所需的科学知识？
5. 在丹佛水族馆项目的学习过程中，你最喜欢的是哪一部分的学习？

图 6.6　教师准备问题帮助家长和其他相关人员参与学生学习

 观看视频：作为专家的幼儿——学习庆典

表 6.1 为父母准备的评级卡

	1 完全不符合	2 有些不符合	3 较符合	4 完全符合
在孩子的教室里，我了解这次学习之旅的学习目标				
我能了解帮助孩子掌握学习内容和技能的经验和教学工具（表格、书籍、专家、田野调查）				
我能够看到孩子坚持完成高质量作品的证据				
我可以描述孩子是如何在学习中使用阅读技能的（阅读、写作）				
我可以指出孩子作品的目的（它是如何被运用到学校或者现实生活中的）				

学校领导的角色

学校领导通过协助教师的调配和规划来支持学习庆典活动，包括与保安人员和食品服务部门的人员沟通（如食品是否合适）。他们为各项安排提供支持，通过时事通讯、网站或博客来通知家长和社区关于学习庆典活动的信息。更多关于学校领导在学习庆典活动中作为深化和改进教师实践的角色信息，可以在本章"全校范围的实施"部分找到。

实践

深化学生学习

当学习庆典活动开始时，有许多组织细节和需要做的全校范围的决定。为确保成功，需要注意如何建立传统和确定交流学生作品的方式等事项。随着教师在学习庆典活动中获得的经验越多，他们在帮助学生向公众展示作品，在反映学习目标、共同核心标准、学习习惯等方面则更熟练。学生看到他们的作品是如何达到标准的，并且真正成为自己的学习之旅的主人。

将学生作品和学习庆典与标准联结起来

学生准备表达他们学习的一个重要部分是：明确整个学习过程中他们将要学习的技能和内容。这项工作必须是严谨的，并且紧密结合标准。尽管最终作品和学习庆典活动都在未来完成，但是需要明晰与标准、技能和内容的联结，并且从一开始就要不断地强化这一点（译者注：这是"评价先行""基于标准"理念的体现）。从最终作品推导学习计划。学习庆典活动则加强了学生作品与共同核心标准之间的联系。

为学生创建一个路线图很重要，看看他们从哪里开始，他们沿途将学习到什么以及如何将标准和目标联系到项目、最终结果和学习展示上来。六年级共同核心英语语言艺术标准 SL.6.4 要求学生提出观点和发现，逻辑思维清晰，并使用恰当的描述、事实和细节来强调主要思想或主题；使用适当的眼神交流，声音洪亮，发音清晰。这个标准的一个附加学习目标是："我可以用有效的演讲技巧来为我的研究做总结。"当学生明白这个学习目标是与他们使用演讲技巧来展示其作品时的期待直接相联系时，是最有力量的。它使目标充满活力和意义。这个过程将学生从关注"我要达到的目标"改变为关注"我将如何达到这个目标以及为什么它是重

了解标准将有助于学生快速反应和回答问题

要的"。最重要的是学生明白了他们的实践和作品是很重要的。

除了支持学生满足共同核心标准，学习庆典活动同样为学生证明他们朝向内容领域标准的进步提供了机会。国家社会标准研究委员会制定的七年级的一条标准要求学生理解关键人物和事件的贡献以及社会、地理、经济和历史文化因素。支持这个标准的一个长期学习目标是："我可以综合运用与民权运动有关的重要人物和事件的一级来源信息、二级来源信息。"学习庆典活动中，学生写作和介绍一位对民权运动做出贡献的有影响力的人，向老师、家长和社区成员展示他们是如何达到共同核心标准的。图 6.7 展示了这个过程。

全国社会研究委员会标准
理解历史上的重要人物、重要事件以及社会、地理、经济、文化因素的影响

ELA 共同核心标准
展示具体的要求和一些发现，有逻辑地排列观点，用相关的描述、事实和细节来完善主要的观点和主题；适当的目光交流、合适的音量和清晰的发音

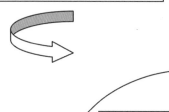

长期学习目标
我能从人权运动相关的重要人物和事件的一手或二手资料中整合信息

我能运用有效的演说技巧来展示我的研究总结

学习庆典活动的焦点
学生针对人权运动中一个重要人物及他（她）的贡献进行写作和展示

图 6.7　基于内容和素养标准的学习庆典活动的焦点

教学生口语表达和沟通技巧

学生准备口头演示他们的作品非常重要。无论是向来访者展示他们的档案袋还是站在麦克风旁向广大听众公开演讲，对大多数学生来说都是具有挑战性的。他们需要学习为公众展示的口头表达技能。同样需要充足的时间来准备这一点。

共同核心标准中对听说技能很重视，更需要教师制定策略来帮助学生达成这些重要的标准，这将能使学生终身受益。学生口语表达能力的培养可以编排成贯穿整个项目的课程。认真的准备能让学生多次来回顾和学习这些项目的内容，从而加强学生对自己学习情况的表达。

学习庆典活动是学生完成展示、达成听说标准的契机

下面是帮助学生准备口头展示的一些策略：

• 明确对学生的期待，提供高质量演讲的样本。为学生创造结对学习、小组学习的机会，基于标准对学生进行评价。

• 提炼好的范本和差的范本的特征。关注呈现内容以及呈现方式。示范好的肢体语言、音调、音量、姿势、眼神交流以及迎接来宾的适当方式。

• 让学生根据约定的标准评价他人的口头展示（例如，几年前视频中教师的演讲）。

• 为学生提供多种练习的机会。学生对自己越有信心，学习庆典活动就会越成功。

邀请工作人员、同事和管理人员与学生进行一对一练习。就作品的一至两个方面给予学生积极的反馈与改进建议。

• 确保所有学生了解活动的流程。如果可能的话，带领学生进行排练，给学生提供活动议程表。也可以向学生提供一个活动脚本来帮助他们熟悉。

"我们带领学生经历活动的整个过程，让所有学生熟悉它们。他们理解了成功体验所需要的是什么。"

——缅因州波特兰国王中学七年级语言艺术教师，凯伦·麦克唐纳

随附的视频和下一个个案研究描绘了类似的策略：教师如何帮助学生准备一场学习庆典活动。

 观看视频：学生与真实的受众分享作品——学习庆典

个案研究

缅因州波特兰国王中学准备学习庆典活动的学生

随着教师帮助学生取得成功的经验越来越丰富，学习庆典活动的效果也越来越好。在一个七年级的学习项目中，"小勇士行动"说明了做好准备和提供支持是使学生成功的关键。这个项目是对重要事件和人们参与民权运动的调查。学生对那些与民权运动相关的当地公民进行采访，记录受访者的故事，不断修订他们的作品。这些故事汇编成四卷口述史提交给了受访者，并且捐赠给了缅因州的非裔美国人特色展馆。

这场活动的高潮是，舞台上九十名学生伴随着影像和音乐来分享他们的作品。所有学生都能够自信地展示他们的作品，这并不是偶然的事情。当教师确定需要教授的内容和技能，并使所有学生都有明确的目标时，这意味着对这场活动的准备开始了。如图 6.7 所示，学习庆典应该是学生展示其达到标准的证据的场所。"小勇士行动"是学生友好型的，且与长期学习目标相契合。学习庆典旨在展示学生对标准的掌握。学生从一开始就了解活动的目的是什么以及将要为它准备什么。

大家提前几周就开始准备这个活动了。在语言艺术课堂上，学生观看两年前类似

的演示视频。他们根据标准来评价之前学生的表现（例如，眼神交流、声音、姿势）。然后，学生按照老师和同学在语言艺术和社会研究课堂上的讨论结果，不断练习以接近学习预期。随着活动的逐渐进行，七年级教学团队开始安排他们的课程表，以便于九十个学生都可以一起参加四次排练。学生们对表演的每一部分进行了排练，包括导入、每个学生的演讲部分、总结和出入舞台的流程。所有的媒体——图片和音乐——也被纳入排练当中。当学生在舞台上背诵台词时，他们的语言艺术老师凯伦·麦克唐纳和社会研究老师凯特琳·雷克莱做笔记，并给每个学生一个反馈便条。那些不在舞台上的学生也会给他们的同学提供反馈。

因为期望所有学生都参加学习庆典活动，这对老师和学生都提出了更进一步的要求，老师需要创造出使学生具有安全感的班级文化，在面临困难时给学生提供支持，这都有助于学生做出最好的作品。社会研究老师凯特琳·雷克莱强调支持所有学生成功的重要性："老师需要了解他们的学生并做出区分，这样学生才会觉得这个目标是可以实现的。让学生理解老师期望每个人都将参加活动并且他们将从中获得他们需要的支持很重要。它传递了这样一种信息，即我们是一起的，并且我们将一起努力实现我们的目标。"学校需要形成支持学生在遇到挑战时承担风险和坚持不懈的文化。准备学习庆典活动是学生迎接挑战、从错误中学习并向前迈进的一次机会。"学生坚持不懈是因为他们了解了学习期望，感觉自己得到了必要的支持。学习庆典活动是我们想让所有的孩子成功并且做出一切使其可以实现的一个机会。"

对学生来说，"小勇士行动"活动是成功的。它也触动了那些受访者的情感体验。一个叫作艾达·甘蒙·威尔逊的受访者，在接待处表达了他的感受："教科书通常落后于时代。他们不反映我们是谁，我们从哪里来，我们要到哪里去。聆听这些年轻人的演讲将会使每个人都拥有一次绝对美妙的体验。"

在学习庆典活动中为学生发挥专家角色做准备

如果学生在学习庆典活动中承担专家角色，他们需要掌握该角色所需的技能。除了为自己的作品感到骄傲以外，学生也应该对自己能够成功承担专家角色的能力而感到自豪。想象在学习庆典活动中，六年级的学生在学校图书馆创建了一个博物馆来展示他们的原创工艺品和文章。在学习庆典活动中学生还要承担讲解员的角色，指导来宾来浏览和讨论他们自己以及同学的作品。这些练习沟通技能的机会潜移默化地帮助学生完全掌握了共同核心听说技能。为了支持学生取得成功，教师应该具备以下学习经验：

- 拜访当地博物馆馆长，告诉学生做一场展览有哪些选择。
- 前往当地博物馆与导师合作，学习成功办展的必要技能。
- 为学生评估和了解同学的作品提供机会，以便于他们能够有效地谈论博物馆的众多展览品。
- 在活动之前，练习讲解员的角色——也许是在另一个教室或年级。

快照：在缅因州波特兰卡斯科湾高中的画廊开幕式

卡斯科湾高中的十年级学生参加了一个名为"人权画像"的学习项目。学生们深入调查了一场影响波特兰人民的人权危机。他们完成了研究项目，以小组合作的方式做了专题采访，采用文字记录和拍摄的方式捕捉到了专题故事。每个学生都写了他的专题口述史。在班上创建了以本地图库为特色的图像、文本展览。在晚上，学生与展馆工作人员合作并主持了一个画廊开幕式。学生担任开幕式的委员会成员，并为展会制作了专业的邀请函。社区成员、家长和访谈对象在画廊观看了展览，并倾听了一些学生的朗读。

反思学习和学业成就

反思是学生表达其学业成就能力的关键组成部分。学生需要进行定期的反思练习，解释他们学到了什么、作为学习者他们是谁，以及他们是如何不断进步达到学习目标和标准的。

文件式展板

文件式展板——学习之旅的可视化展示——是帮助学生讲述他们学习故事的很好的方式。当学生全面回顾了学习之旅或项目，重温了他们所展示的作品，他们就进一步加强了对内容的理解和技能的掌握。

除了对学生的帮助，文件式展板还有助于增强观众的参与感，为来宾提供有关学生学习经验的概述。文件式展板还可能包括学生不会在他们的演示中呈现出来的部分学习过程，因此会丰富受众的体验。图 6.8 展示了来自芝加哥 EPIC 学院的一个文件式展板的样本。在这个样本中，教师和学生的反思、照片、学习目标和标准都围绕着学生的作品。为了学习庆典活动，学校应该考虑是否从教室或走廊墙上设计的长期展览中，腾出部分空间用于文件式展板。

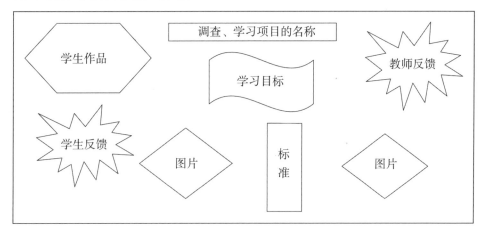

图 6.8　文件式展板样本

对学习庆典活动的反思

　　学习庆典活动的总结汇报是活动的重要组成部分。它有助于学生将活动目的再次与标准联结起来，以及对学习目标进行自我评估。学习庆典活动也是让家长和社区成员参与反思标准是什么、学生正在学习什么以及学生的作品是如何反映标准的。这是通过学生作品赋予标准生命力的另一种方式。一些学校选择让家长同教师、学生分享他们的反思，用来支持教师和学生的反思过程以及目标设定。表 6.1 是一个很好的反馈示例，可帮助学校完善未来学习庆典活动的计划。

<hr>

相关策略：对学生作品展示情况和学习的评估

以下框架可能是教师评估学生作品展示情况和学习的有用指南。

学习之旅的展示

- 通过学生的作品来讲述故事

- 学生与他人分享学习的方式，包括他们已经掌握的公众演讲技能
- 评估规则或说明：用以描述项目或任务的期望
- 能够展示进展情况的照片、视频和作品
- 文件式展板或宣传册

提升技能和掌握知识的证据

- 产生最终作品的调查或深入研究
- 内容和技能的应用
- 标准和课程之间的意义联系
- 嵌入式素养能力
- 证明每个学生学习成果的作品（例如，即使是合作学习也要对学生个人进行评估）

质量和工艺

- 修订和高质量作品的证据
- 对进步和成长的反思

深化学生参与的关键动因

学习庆典不仅仅是一个活动，它更是一个过程。学习之旅开始于基于共同核心标准的高质量学习目标，结束于高质量的作品和那些做好充分准备阐明他们的学习之旅的学生。学生的学习是聚焦点。表 6.2 是对作为增加学生参与感和成就感的学习庆典活动所需人员、内容和结果的说明。

表 6.2　学习庆典的人员、内容和结果

教师要做什么？	学生要做什么？	结果如何？
基于共同核心标准制定高质量的学习目标和评价规则；将学习庆典与标准联系起来	了解学习庆典的目的是展示他们如何达到标准	学生能够清楚表达他们的学习和学习庆典如何与标准相关联；家庭和社区成员看到标准在学习庆典中变得有生命力
选择庆典活动的组织形式（例如，学生作品的画廊展览、为社区成员演讲、戏剧表演）和为学生做出清晰的规划	对学习庆典计划进行早期投入，理解努力工作和准备的重要性，在规划活动中担任领导角色	学习庆典的计划成为学生参与课程的驱动力

续表

教师要做什么？	学生要做什么？	结果如何？
为满足家长和社区成员需要的学习庆典活动制定一个时间表和议程；确保他们感到受欢迎、了解活动期间的学习目标和标准；创建一种让观众参与进来的形式	与家长和社区成员就学习庆典的目的进行沟通，展示出高质量的作品并说明在创造它们的过程中学到了什么	教师、家长、学生和社区成员了解学习庆典的目的以及学生的学习情况，他们成为学校更强大的盟友
设计要求学生完成值得分享的高质量作品的课程，提供草稿、评价、反馈和修订的框架	为作品投入更多的精力，努力修订作品以提高质量	学生创作出高质量的作品来与公众分享
提前计划好一个时间表，包括学生的准备时间、与家长和社区成员的沟通以及建构和解构活动	了解如何组织和准备学习庆典将有助于它（和学生）的成功	学习庆典活动是集中和有效的，促使学生产生更大的成就感和参与感
计划用充足的时间练习（例如，排练演示内容、做画廊讲解员）；使用共同核心听说标准（SL.4，SL.6）来为学生的角色制定学习目标；给学生更多机会进行小组练习，基于成功的标准给彼此反馈	练习，为同伴提供实用、具体、有用的反馈	学生对他们的公开演讲技能充满信心，可以展示自己以及同伴的作品
遵循学习庆典活动的议程，确保学生了解他们的角色	遵循议程并使用它来支持对学业成就和反思的沟通	学生能够有条理地表达他们的学习和作品
有充足的时间与家长和社区成员进行联系；提前规划将导致最大程度的参与；使用多种通信形式（例如，电子邮件、网站、电话）来提醒即将到来的家长和社区成员	协助老师与家长和社区成员沟通	家长和社区成员对学习庆典活动的参与度很高
给家长提供书面反馈的机会；使用问卷或评论卡	协助收集家长和来宾的反馈	家庭成员和社区成员被鼓励贡献；学生和教师在反思过程中使用他们的反馈
通过小组讨论和个人写作与学生一起总结学习庆典活动	参加学习庆典的总结汇报并提出改进的建议	学生和老师共同拥有成功的学习庆典

全校范围内实施

学习庆典活动是在学校、家庭和社区之间建立沟通桥梁的巨大机会。清晰的愿景和强大的领导力有助于确保活动不仅仅是交流学生的作品，而是使他们更深入地交流学生的学习。在构建愿景和将活动与逐渐增强的学业成就及参与感之间的联系方面，学校领导起到重要作用。学校领导所掌握的活动调配安排也是很重要的——从日程设置到人员协调，再到确保从一个班级到另一个班级的活动主线是清晰的。在学校里教师正在将他们的课堂活动转变成更多大型的学习庆典活动，学校领导可以帮助他们在小规模的活动中吸取经验教训，来使整个学校的学习庆典活动顺利进行。以下是我们强调的一些关键的领导行为，这些行为会支持整个学校的学习庆典活动顺利实施。

奠定基础

- 为开展作为学生参与式评价系统一部分的学习庆典活动设定目标和愿景。强调让学生的学习变得公开的重要性。
- 收集相关数据，并与教职人员分析数据（例如，有多少家长和社区成员参加了活动和学习交流）。基于数据与教职人员来讨论创建计划和设置目标。
- 为全校学习庆典活动确定一个日期和可能的主题。为组织、安排和学习交流提供管理上的支持。

构建教师能力

- 支持教师参与筹备所有公开的学习展示活动，甚至是教室公告栏、对标准的反思和学习之旅。帮助所有的教师从过去的展览作品转移到对学习的展示上来。
- 在学习庆典活动和共同核心标准之间的联系方面提供专业支持。帮助教师将学习庆典活动看作支持学生达到标准的另一种方式。
- 向教师提供计划学习庆典活动所需的时间和材料。

与利益相关者沟通

- 界定学校对学习庆典活动的期望，包括对学生作品、参与度和准备情况等的期望，并向教职工传达。
- 与家长和社区成员沟通学习庆典的愿景。
- 特别邀请关键地区领导参与学习庆典活动。
- 支持社区和媒体联系，使社区进入学校并宣传学校取得的成功。

支持教师深化他们的实践

- 提供机会，例如供教师观看并讨论他们的作品的画廊。让教职人员提出和接收反馈成为传统与惯例。
- 记录和反思学习庆典活动，包括成功和挑战，使用这些数据来促进成长和改进。

相关策略：教师间的反馈

在北卡罗来纳州阿什维尔常青藤社区特许学校，学校年度展览夜之前教师之间彼此会给出反馈意见。教师像参观画廊一样查看所有的展示作品，然后在不同的教室讨论他们看到的内容。教师给他参观过的每一个教室填写一份答卷。一个叫作奥纳·阿纳斯特朗的幼儿园老师说："这是一个很棒的环节，因为它是为老师创造的，并且使我们看到了在不同的教室和不同的年级水平产生的作品。这也是给予和接受反馈的一个很好的机会。"这个环节还帮助教师在展览夜之前对展览品、文件式展板和学生的学习展示做出最后的修改。

个案研究

缅因州波特兰国王中学通过学习庆典活动改进教师实践

在国王中学，学生作品都要在全校的学习庆典活动上进行交流，在学习庆典活动上所有的学生作品都是公开展览的。家长、社区成员和学校各部门的成员都来观看学生的作品，并同他们讨论作品。校长麦克·麦卡锡说："22年前我们就在这里开始了这些不确定的实践。我们有一些老师做得很好，也有一些老师做得不尽人意。学习庆典活动的目的之一是将实践中的差异向教职人员以及家长和社区成员展示出来。当教师的实践和工作透明公开时，这就是一种进步。向所有的教师和学生说明我们现在做什么、我们想要成为什么样的，这是用来帮助学校改进的策略。"

当国王中学第一次采用基于项目的方法时，就被社区一些关注学生最终成绩的人批评了。"举办学习庆典活动后，他们的态度就改变了，他们不再批评，因为展览出来的作品明显是好的作品，这些作品经历了多次修改，是所有孩子完成的。这是一个很大的转变。"

随着学习庆典成为国王中学的传统，它改变了学校，老师很快意识到改革已经发生了。最初老师非常紧张，一些参数需要被明确定义。根据麦卡锡所说："学习庆典活动改变了教学实践，因为它是一个公共活动。教师在实践中的差距开始变得明显，每个人都可以看到教室里发生了什么。每年都将举行（学习庆典活动）改变了我们的工作。我们为我们的工作而庆祝，但我们也在反思着我们的教学实践。"

麦卡锡说过，开展学习庆典活动有三个原因："交流学生在课堂上到底做得多么好以及他们的作品质量如何，改进教师的实践，并将我们的经验向校内外的其他老师推广。"

我们的期望

学习庆典活动让学生的学习变得公开，让他们为自己的作品自豪，展示他们学到了什么、如何学的，反映他们朝向目标是如何不断进步的。学校举办学习庆典活动之初就必须牢记这一目的：给学生反思学习的机会是很重要的。牢记这一点，教师应该让学生从小范围开始。比如，开放学习从一个教师开始（相比全校范围的几百号人）就是一个很好的选择。让学生专注于描述他们的学习是很重要的。

随着时间的推移，特别是在学校领导的支持下，活动可以成为涉及整个社区的全校范围内的交流，可以给学生提供一个围绕共同学习主题的跨年级连接的机会。将庆典活动带到社区，到博物馆、礼堂和其他公共空间，是很有意义的，因为它有助于学生将他们的学业与专业人员的工作联系起来。这种机会使学生感觉到社区能支持他们学习。

教师和学校领导在教室及学校学习庆典活动开展的初期、中期和提升阶段有哪些期望？以下是我们制定的一些基准。

初期阶段

- 教师和学校领导做出关键性决定，建立支持学习庆典活动的组织机构。
- 一开始活动规模可能很小（例如，只开放一间教室）。

- 学生有机会向外界观众展示他们的作品和学习。
- 家长和社区成员收到活动邀请并且出席率良好。
- 学习庆典活动通常在学校举行，而不是在其他公共场所。

中期阶段

- 在学习庆典活动的邀请信中对要展示学生的高质量作品和学习进行概述。学生对帮助他们改进作品的社区成员和专家发出特别邀请。
- 学校或年级范围内的庆典活动通常通过一个主题或共同的学习目标相联系。
- 学生不仅要准备讨论自己的作品，而且也要准备讨论其他同学的作品。
- 学生多次修订他们的作品以确保作品的高质量。
- 学生参与到各种练习展示的活动中，并进行彩排。
- 学生不仅要描述他们的作品，而且要描述他们的学习。
- 学生创建文件式展板来讲述学习之旅的故事，包括标准和学习目标。
- 教师和学生准备了各种材料让观众更好地了解学生的学习展示（例如，调查报告、问题反思）。
- 高出席率。社区—学校关系得到加强。
- 学习庆典活动可能发生在学校之外（例如，在当地画廊）。

提升阶段

- 学生作品明显地与标准、质量评估和学习习惯相联系。
- 教师从学习庆典活动推导制订计划，以确保活动是学生熟练掌握标准的证明。
- 学生内化了正式和非正式演讲之间的差异（与共同核心标准 SL.6 直接相关），可以根据观众的不同自如地调整他们的演讲。
- 学生的展示显示了对概念的深刻理解。他们能自主思考、积极回答问题，并与其他领域的研究或概念建立起联系。
- 学生学习并了解他们在学习庆典活动中可能扮演的专业角色（例如，讲解员角色、司仪）。
- 通过对学习庆典活动中学生学习和作品的反馈，教师也得到了专业成长。
- 学习庆典活动体现了学校的特色和文化。

- 家长和社区的参与度仍然很高。学生、家长和社区成员了解学习庆典活动的目的和重要性。

共同挑战

没有足够的时间准备学习庆典活动

不要急于求成。成功的学习庆典活动需要仔细的规划，不能把所有的事情都放在最后一分钟做完。活动的各个环节都要规划好，包括学生的准备、与家庭和社区的沟通、日程安排以及排练。学习庆典活动的目的和形式需要提前确定，以确保庆典活动有意义地成功执行。

缺乏高品质的作品

高质量的作品很有意义。成功的学习庆典活动的组成部分之一是学生分享那些令他们自豪的高质量作品。作品应反映学习目标和标准，并且与高质量的评价和学习习惯相联系。

学习庆典活动的统筹安排、演示和主持不够好

每个细节都要重视。应该让来宾对如此完美的计划、妥善的活动安排以及学生的亲切和清晰表达感到惊喜。这需要教师、工作人员、家长和社区成员之间相互协调。对学习庆典的所有部分、议程以及所有细节的优先顺序，教师必须做到心中有数。学校可以要求教师和团队明确细节以及活动安排计划，来具体确定这些事宜。

教师策划的展示活动与学生作品之间不平衡

学生始终是焦点。学习庆典活动不是为了让教师展示他们策划活动的能力。重要的是活动和学生的表现本身要足够吸引人，包括学生的作品和与学习庆典相关的其他部分，比如，节目和邀请函。

学生描述他们的作品而不描述他们的学习

学习是重点。当学生与家长或其他来宾谈论他们的作品时，学生能够描述出他们学到了什么，包括标准是什么以及他们达到了哪些学习目标，这些才至关重要。因为这使得学生对课程、项目、标准和学习目标之间的联系加深了理解，同时准备学习庆典活动本身也是很好的学习体验。

公共演讲准备不足

实践、实践、实践。学习庆典活动是多方面的、集中的活动。对老师和学生来说，准备作品和工作手册是比较容易的，但是，更重要的是要让学生成为自信的公共演说者。学生需要不断练习以提高技能。这些努力是值得的——学生做好了准备，家长和社区成员就会留下深刻的印象，老师将帮助学生掌握关键的共同核心标准。

忽略总结

反思是重要的。作为工作人员或团队，总结经验的部分不应该被忽视。反思哪些工作做得好、哪些工作没有做好可以帮助老师和学校领导规划未来的学习庆典活动。学生反思他们的学习也很重要，包括对老师的总结的反馈。

学习庆典活动更像是一个聚会，而不是对学习的反映

活动不是庆功派对，这是展示会。虽然充满了喜悦和自豪感，但是学习庆典活动仍要以学生交流学业成就、分享作品和反映学习过程为特征。有时可以为学生提供与成人庆祝成功的其他活动。

关键的家长或社区成员没能参加学习庆典活动

需要有一个备选方案，充分预计那些没有父母或者重要社区成员参与活动的学生。一种方法是计划提前邀请教职人员，比如指导顾问、管理人员、保管员、办公室职员、图书管理员以及经验丰富的教师参与活动，将他们与需要观众的学生联系起来。提前让学生统计人数以确保每个学生都有一个成年人与之交流。每个学生都有机会与一个重要成人分享他的作品是很重要的事情。

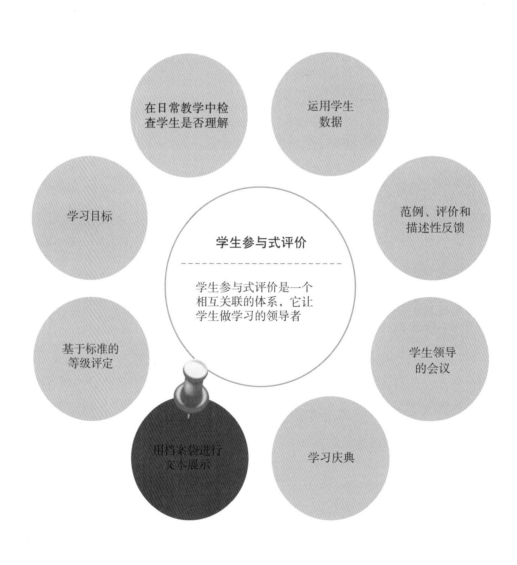

在美国的某些城镇，从幼儿园到 12 年级的所有学生都在同一个地方上学，也就是说这个学校同时容纳了幼儿园、小学、初中和高中。我有幸在这样一所学校工作，该校位于纽约北部的一个小的农业社区，这里的学生正在发生激动人心的变化。该校初中部决定实施一种新的做法，即通过 8 年级的文本展示活动来提高所有学科标准。在一个小城镇，像这样的一个社区活动便算得上是一件大事了。

该项实践是从今年年初开始实施的，风险较高。学生准备好了吗？他们有优质作品拿来展示吗？每个学生是否能够深刻而清晰地表达他的思维和学习能力，即优势、弱点和所有学科目标？教师又加强了这项实践，即提高了学生学习目标的质量以及任务和项目的复杂性。学生在各方面都很努力，他们总是会考虑自己的哪件作品可以作为范例拿来展示。

今年 6 月，当 8 年级的学生展示他们的学习成果时，作为评审小组成员之一的我一整天都与一位社区成员、一位老师和一名高中生待在一起。这一整天，学生们分享其在达成学习目标和为高中做准备方面的证据时所表现出来的那种谦恭、严谨和诚实的态度给我留下了深刻印象。今天最让人难以忘怀的展示之一，来自一个年轻人，他的成果是如此来之不易。

泰勒是一个大男孩，他进入房间的时候紧紧地抓着他的档案袋，他隔着桌子用他那大而布满老茧的手礼貌地和我们一一握手，看得出来他很紧张。他小心翼翼地打开档案袋，并向我们解释说他是一个"不同"的学习者。他说他接受的是重要的特殊教育，而且他的脑子不像其他学生那样好用。他说自己在学业上非常努力，但是他的作品却和那些我们所见到的大多数学生的作品不一样。他说他的目标是像他的多数家庭成员那样成为一名汽车修理工，他也已经和他的亲戚在一家汽车修理厂开始工作了。

他分享了今年的学习成果，包括反映他达到学习目标的明确证据。在接近尾声的时候，他向我们展示了大功率中型汽车的研究项目。我们问了很多问题，他对每一个问题都做了细致周到的回答。展示结束时，他目不转睛地看着我们说："我的大脑可能会给我造成很多阻碍，但是我想成为一个对社会有用的人。我相信我可以成为一名让您信任的优秀的修理工。我向家人承诺，我一定会顺利从高中毕业，而且我也努力确保我可以做到。我虽然需要一些帮助来达成今年的学习目标，但是我能够做到。"他认真地收拾好档案袋，然后再次和我们一一握手。"感谢你们花了这么长时间和我交流，你们对我所做事情的关心对我来说很重要。"

——罗恩·伯杰

提供成长和学习方面的证据

在学年结束时，全国各地的学生将书包和满书包的论文和项目带回家。在一些家庭，学生多年来的作品累积成堆，包括作业单、蜡笔画、写作初稿、立体模型、太阳系模型、粗略的草稿、打印的文章、词汇表和数学习题集等。这都是一些珍贵资料，但也可能成为混淆因素。所有这些都说明了学生在一年内都学到了什么吗？这是否能够说明学生已经达到了标准？这些对学生来说又意味着什么呢？

有些学校采取了不同的方法。学生的作品集被精心地放在档案袋中。年底，学生可以用一种有意义的方式来展示他们的学习成果，而不是带回家一个看似随意地在柜子或抽屉中待了数周或数月的皱皱巴巴、破破烂烂的各种各样的作品。档案袋展示的作品是全年的课程规划，它反映了学生在共同核心标准、学习目标、个性品格等方面取得的成果。学生会写一些关于他们的作品是如何展示其学习成效的一些证明，以及他们为档案袋展示所做的准备等方面的反思。

档案袋是挑选出来的学生作品的主要部分，提供学生在标准、学习目标和个性品格等方面进展情况的证据。

文本展示是在关键过渡年份（例如，五年级、八年级和十二年级）结束时的重要展示。文本展示期间，学生凭借档案袋来证明他们已经为下一阶段的教育做好了准备。

在有些学校，对于处于关键过渡年级的学生（例如，初级到中级，小学到中学，毕业）来说，档案袋还具有一种特殊意义。学生档案袋是其文本展示的基石，在此过程中，学生们紧张、兴奋和自豪地站在由老师、家长、同学或者社区成员组成的评审小组面前，展示他们为进入下一阶段的教育做好准备的相关证据。尽管档案袋和文本展示的做法不同，但是两者是互补的，实际上档案袋是文本展示的一个必不可少的工具。

泰德·森泽 1984 年在其影响深远的著作《贺拉斯的妥协》一书中首次提出了毕业展示（即，文本展示）。黛博拉·梅尔（1995）和位于黑人区中央公园东方中学的老师们在 20 世纪 80 年代和 90 年代初做了初步探索。该校学生并不是简单地通过考试就可以获得毕业证书，相反，他们不仅需要利用档案袋向评审小组证明他们已经学习了学科关键内容、概念和专业技能，而且还需要展示其思维能力。几乎每个从该校毕业并上了大学的学生都和其附近学校的学生形成了鲜明的对比，从此档案袋展示在全国乃至世界各国流传开来。

文本展示同学生领导的会议、学习交流和基于标准的等级评定一起成为学生参与式评价体系的关键构成。

为什么用档案袋进行文本展示很重要

文本展示使学生不仅能在自己的学习中发挥主导作用，而且可以自主构建在大学和生活中成功必备的知识与技能。创建学习档案并与关心且具批判性的听众来分享，对学生来说是很重要的成长阶段，它将公立学校毕业传统（如，舞会、体育活动）扩大到庆祝学业成就的活动，而这将每个学生放在了学术的中心位置。文本展示让学生有机会来展现他们的成就与成长，并强调评价、学习和学生参与之间的联系。

学生参与

艺术学校的学生尤为关心他们的作品，因为他们知道其档案袋中的作品将直接决定他们是否能够进入艺术学校学习以及他们今后的职业生涯。当学校里的每个学生都保留其包括各科作品的个人学习档案，而且这些作品能够帮助他们升级、毕业和被大学录取，学生会更加注重作品的质量，并更为他们的作品感到自豪。

"当他们知道自己的作品将会在社区小组成员中被分享的时候，他们的作品质量就提高了。"

——华盛顿凯特尔福尔斯小学四年级教师，萨莉·詹姆斯

责任、组织和决策

在这个过程中学生拥有很大的自主权，他们需要对其档案袋包含什么和分享什么做出许多关键性的决定。他们必须去了解作为学习者的自己，并为自己做主，以此作为进入大学和事业成功的基础。他们学习元认知和分析的高阶技能，因为他们需要反思他们的作品和学习，且要评估他们的优势、挑战和接下来的行动。

证据文化

学生需要提供他们的学习证据，以及他们在共同核心标准方面取得的进展，基于证据的学术思维也是共同核心标准的重心。学生明白要想及格并不是要取悦老师，而是要提供自己在理解和技能方面的证据。

成长型思维

建立成长型思维的第一步就是要让学生认识到，通过不断的练习他们的大脑会变得更加强壮。档案袋和文本展示带有侧重于学生成长和多个草案的总结反思，这些将会为学生提供证据表明他们的大脑越来越强，并加强了这样一种理解，即随着时间的积累，通过不断的尝试、训练、批判以及更多的练习，我们会在每件事情上做得更好。学生通过检查他们的作品和评估范例，可以清楚地展示出他们的成长领域，而且学生可以利用这种方式来设定未来的成就目标。档案袋和文本展示强调学生的品格特征，也就是学术思维方式和学习策略（如坚持、合作），这对于获得学术成功也是至关重要的。

社区荣誉和承诺

文本展示活动架起了学校和社区（包括社区领导者和公民）之间的桥梁。当社区成员参与到展示活动中时，他们将发挥真正有益的作用，不再简单地作为学校活动的旁观者，而是为学生的成长做出贡献。

学习交流的有意义仪式

在年轻人生活中最令人难忘的事情往往是长大后发生的，像首次宗教聚会、犹太成人礼，亲戚们聚集在一起，流下骄傲的眼泪，拍照留念来为孩子庆祝，这是他们长大的标志。通常，这些仪式和学习无关，然而，文本展示将孩子们生活中最重要的人聚集在一起，这些人包括家人、朋友（年级内和年级外）、以前的老师等，并让这些人来见证学生作为一个学习者的成长。

共同核心联系

• 档案袋是学生达到标准的证据，学生要识别能解释其学习的作品。因此，学生对标准的了解和熟悉程度备受关注。

• 与脱离学生和缺乏反思的年度测验不同，当学生呈现他们的作品时，档案袋为学生提供了关于标准是什么的一幅清晰而持续的写照。

• 文本展示要求学生反思他们在达到标准方面的进展，他们能够识别自己的优势与不足，并制订计划确保达到所有标准。

• 文本展示直接满足了共同核心的听说标准。

开始

开发稳定和动态的档案袋

档案袋是成功的文本展示的关键。定期更新并收集学生一年年的动态作品集，是学校实施文本展示的首要任务。那些使档案袋真正有意义和准确地评估学生学习所需要的反思技能（例如，识别能力和问题解决策略、综合学习、记录成长模式及领域），能够在初期得到培养，并随着学生年龄的增长不断得到发展。这样一个协调的、全校范围的方式对学生、老师、学校和家长来说效果显著，也有助于这个实践在学校生根发芽。不管是在教室或者整个学校，在正式开始前都有许多问题有待商议。

关于档案袋的关键问题

保存档案袋的目的是什么？

在学校，保存档案袋并不是一个新的理念，然而，每个学校的档案袋并不总是服

即使最小的学生也可以利用档案袋来记录他们作为学习者的成长

务于相同的目的。作为学生参与式评价系统的一部分，其最主要的目的是让学生参与评估自己的成长和学习。学生反思自己的作品以及通过这些作品证明其在标准、学习目标等方面的掌握情况和成长情况是极为重要的。每所学校都需要明确为什么要投入大量的宝贵时间和精力来进行该项实践。下面是一个档案袋用途说明的例子。

档案袋的用途
——摘自纽约华盛顿高地远征学校的档案袋

　　我们在华盛顿高地远征学校的使命是为所有学生接受大学预备教育提供支持，即整合了学术严谨和一系列能确保学生成功的支持系统。我们为青少年提供了一个安全、可靠的培养环境。

　　在华盛顿高地远征学校，学生通过学科档案袋和学生领导的会议来收集学生学业成就的证据，学生们利用这些档案袋来展示他们全年的学习情况。老师通过分析这些档案袋和其他课堂评估，来判定学生在学业学习目标和特色学习目标等方面的进步，这些也会在成绩单和会议上被分享。

　　华盛顿高地远征学校的工作和学习习惯反映学生自身价值方面的特征，相信这对学生智力成就和学业成就来说也是必不可少的。文本展示和档案袋为学生展示自己的进步和证明为高中做好准备等方面提供了机会。

档案袋的组织原则是什么？

档案袋几乎总是包括一些介绍性的说明或反思，但除此之外，档案袋主体部分的组织方式比较多样，比如：

- 根据学科（例如，生物、历史、音乐、体育）。
- 根据跨学科的学生角色（例如，作为一名作家，作为一名历史学家）。
- 根据学术习惯（例如，合作、修订、服务）。
- 根据以上三种特征的组合。如下页图 7.1，一封来自纽约罗切斯特杰纳西社区特许学校的样本信介绍了档案袋的组织结构，也就是档案袋的组织方法。除了学生各学科作品这部分内容之外，还有学生对当地的历史文化进行的反思，他们的小学，他们自己作为数学家、作家和艺术家的作品，以及最能代表他们六年级的比喻。

在这个总体结构中，每一部分通常都可以再进一步细分。例如，如果档案袋是根据学科组织的（或者至少有一部分是根据学科组织的），数学部分大概会根据学期或学年主要标准（通常表现为学习目标）进一步细分，例如分为几何测量或概率。

档案袋中包括哪些内容？

我们首先需要考虑一下，档案袋是一个独立的文档，还是一个辅助口头表达的工具？这在很大程度上决定了档案袋的构成。一个独立的文档需要每件作品的书面文件，即将其放入档案袋的原因、背景和反思，而且还应该包含对于任务的进一步解释，以及相关准则。与此相关的是，档案袋将在多大程度上反映学生的学科表现、作品的优劣以及作品展示的学生成长证据等情况。

学校应该考虑以下问题：

- 学生将如何为他们的档案袋选择作品？他们的档案袋中需要包括那些能反映其对共同核心标准掌握情况的作品吗？还是说他们将选择一定的标准来确定内容范围？必修课程部分是否必须包括在内？接下来的档案袋一览表可以使学生、教师和家长明确档案袋到底应该用什么样的方式来组织。

八年级档案袋一览表

——摘录自马萨诸塞州斯普林菲尔德复兴学校

学生：_____　　　　全体人员：_____

本档案袋需要包括以下内容，顺序没有先后之分。

- 目录
- 个人反思信（写给高中老师）
- 大学访问反思
- 简历（非强制性）

展示学习目标掌握情况的作品：

- 英语语言文学中带有反思的一件作品
- 科学中带有反思的一件作品
- 数学中带有反思的一件作品
- 社会学中带有反思的一件作品
- 选修课程或强化课程中带有反思的一件作品

作品要展示一个毕业生的以下品质：

- 展示包含交流反思的一件作品
- 展示包含工艺和质量反思的一件作品
- 展示包含创造性思维和表达反思的一件作品

附加要求：

- 一个带有透明塑料袋封面的活页夹，用于插入姓名页
- 活页夹封面前面的装饰性的姓名页
- 活页夹用塑料嵌入

- 档案袋只包括最终作品吗？那么早期的草稿和规划文件呢？
- 学生需要为每个任务写反思，还是为适用于多重任务的学习目标写反思？
- 学生应该关注档案袋本身的工艺制作吗（例如，制作一个美观的封面）？
- 档案袋将如何体现个性化？档案袋包括学生的自我介绍、简介、个人或课外信息吗？

例如，在马萨诸塞州斯普林菲尔德的四河特许公立学校，12 年级学生的档案袋要包括初级实习、高级学习考察、最好的作品以及社会服务和品德考察的相关证明等文件。

亲爱的 6 年级家长们：

文本展示是我校学生从小学升入中学的常规环节。这可为学生提供机会来反思他们这些年在社区特许学校的经历和他们在学业、社会和情感方面的成长，也能帮助他们更好地了解作为学习者和社区成员的自己。准备档案袋的过程让学生拥有一个完成个人项目的经历。

在 6 年级下半年，学生为自己的文本档案袋准备一系列的内容，学生的工作以向评审小组做一个 45 分钟的展示而结束，这期间他们需要强调自己的成绩并分享他们遇到的挑战。具体内容包括：

1. 来自社区的介绍信

这部分内容需要学生给社区写一封 2～3 页的信，描述作为个体和社会成员的自己。学生分享他们在学术习惯、需要改进的地方及迄今为止自己取得的最重要的成就等方面的内容。学生也要解释当他们进入青春期和青年期后将以怎样的方式成为积极的、具有奉献精神的社区成员。

2. 对罗切斯特历史的反思

社区特许学校的课程侧重于罗切斯特地区的社会、经济和自然史，这部分内容需要学生反思他们之前的探索。学生要写一篇 2～3 页的文章来回答这样一个问题：你认为促进罗切斯特发展的最主要因素是什么？学生可以选择多种因素，然后解释这些人物、事件、运动和自然资源是如何促进罗切斯特发展的。

3. 对小学阶段的反思

社区特许学校的课程或项目为学生提供了一系列旨在深化其学业和社会性发展的机会。学生需要写一篇 2～3 页的文章来回答这样一个问题：你认为你在社区特许学校接受的哪部分教育对你小学阶段的成长最有帮助？这部分内容让学生反思已有的经历以及和他们合作过的人，并考虑他们中的一员是如何促进其学业和社会发展的。

4. 学业档案

学生需要准备一个包括作品样例的学业档案，这些作品样例能证明其在数学、阅读、写作和探究学习目标方面取得的成就。

续

5. 作为数学家、作家、艺术家的自己

学生需要反思他们在数学、写作以及视觉艺术、舞蹈或音乐上的特殊技能，需要写一篇1~2页的文章来描述他们的优势、不足、已取得的成就和各科倾向。

6. 比喻

学生需要想出一个比喻来代表他的6年级。这个比喻会成为学生文本展示的核心部分，学生需要描述他们的6年级的旅程，并举例说明为什么这个比喻可以解释他们的经历。

上述这些内容大部分作为家庭作业来完成，老师每周会留出一部分时间与学生会面并监督他们的完成进度。如果有些内容对你的孩子来说尤其具有挑战性，请提醒老师，以便让老师可以为你的孩子提供额外的解释和帮助。

档案袋会提前分发给委员会成员。委员会成员包括至少一名现任老师，至少一名前任老师、学校领导或课程专家，一名董事会成员，家长以及一名社区成员。

文本展示由以下部分组成：

- 自我介绍（5分钟）

- 学生描述比喻（5分钟）

- 学生对中学学业和社会准备的探讨（10分钟）

- 学生回答委员会提出的问题（15分钟）

- 委员会审议（5分钟）

- 委员会通知学生结果（5分钟）

在展示结束时，委员会判断学生是否符合以上标准，或者是否需要对其进行修订。我们已经制定了规则来评估学生的文本档案袋和文本展示。对于每部分作业，学生都会获得"优秀""良好""及格"或"不及格"的等级。没有通过的学生我们将在暑假安排额外的时间来帮助其达到这一要求。

我们将通过网站"Sign-up Genius"来公布文本展示的时间。具体如下：

- 登录 www. SignUpGenius.com/

- 输入密码

- 在6月9日选择时段（每次有两个可用时段）

- 点击"注册"框

- 点击单选按钮"我不想要一个账户，我只输入名字"

续

- 输入你孩子的名字

- 点击注册

若无法访问，请在附带表格中写下您期望的时间并让您的孩子带到学校。

在您的孩子进行文本展示的前一周您将会收到通知。

谢谢！

图 7.1　纽约罗切斯特社区特许学校给家长的信

- 品格养成或学习习惯会在档案袋中有所体现吗？有些学校选择使用学生的学习习惯作为档案袋的组织结构，其他学校则使用学习目标。

- 档案袋中包括校外学习经历吗？（例如，运动、舞蹈、教会活动以及兴趣爱好）允许学生展示和描述，甚至简短地陈述一些与学校学习无关的兴趣或天赋，发挥他们的特殊爱好可为档案袋增添重要内容。以下这张快照是体现学校尊重学生非学业成就的一个例子。

快照：尊重学生的校外成就

在蒙大拿（美国州名）一个乡村社区的弗拉特黑德印第安人居留地有一所学校，该校尊重学生校外学习的重要技能和传统，例如骑马、农耕以及印第安传统工艺等。该校建立档案袋制度时，教职人员提出档案袋应不仅仅只是体现学生对核心课程的掌握程度，而应从多个维度描述知识，展示他们的重要天赋和兴趣，只有这样，学生在此过程中的自豪感和归属感才更高。

学校还有一个关于摔跤的悠久传统，学生的冠军照挂满了走廊。受众多因素的影响，该校特别重视身体锻炼。档案袋有三个指标来衡量学生体质，即最大卧推、一分钟仰卧起坐个数以及跑一英里（1 英里≈1.6 千米）所用时间。虽然这些体质测量只占学生档案袋中的很小一部分内容，但是它们却受到格外的重视。来该校参观的人都对学生（包括男生和女生）分享的最快速度或者卧推数、对 9 年级以来成长的解释以及其指出走廊中哪些学生的成就让其骄傲等事情感到震惊。

对于那些热爱钢琴、电脑维修、芭蕾舞、篮球和钓鱼的学生，分享这些爱好可以使学生对档案袋在感情上的自豪感和归属感变得完全不同。

全校档案袋系统是什么样的？

学校应该确定其档案袋系统包括多少层级。许多学校在每个班级和每个学科领域都使用文件夹，这些文件夹包括所有的作业和反思，其中还可进一步被提取出来用于更正式的档案袋系统。学校还可以从原先的年级档案袋中挑选内容来增加档案袋的层级。这些指向预期和复杂性的样例可以构建到档案袋系统中。

无论这个系统怎样，档案袋都应该是课堂的活的文件。学生能够且应该挑选作品，撰写反思，并不断进行过程评估。档案袋也应该用各种草稿、自我反思、反馈及规则等来描述学生的成长。

"我们一直以来面临的挑战都是，尝试使档案袋成为一个生活化的过程。档案袋并不总被看重，我们应不断尝试寻求能使它们具有现实意义的方法，而不仅仅是以学生领导的会议或文本展示。"

——华盛顿特区首都公立特许学校校长，凯伦·德雷斯顿

档案袋如何用于教学反思？

为了使档案袋成为学生参与式评价（包括形成性评价和总结性评价）的一个工具，它必须成为课堂的一个固定环节，而不仅仅是学生作品收集的静态过程。档案袋应该用于学生日常学习过程反思、自我评估及持续的学生作品分析，以此成为记录学生进步的数据来源。在马萨诸塞州的斯普林菲尔德复兴学校，学生遵循结构化的反思过程，具体包括如下问题：

- 学习目标是什么？
- 描述作品以及完成作品的所有步骤
- 你学到了什么？你是如何学习的？
- 你进行了什么样的练习？你是如何进行练习的？
- 你是如何把这些作品整合起来完成任务的？
- 这些作品说明你是一个怎样的学习者？

学生作品将如何在班级或学校储存？

明确班级和学校在储存、组织和评估学生作品等方面的细节将有助于学生和教师

关于档案袋形式的许多决定有待商榷

工作的顺利进行，关键问题如下：

- 档案袋保存在教室或学校的什么地方？
- 档案袋是要跨年保存还是每年都寄送到学生家里？
- 使用什么样的活页夹、文件夹、储存箱？
- 学生是使用实物档案袋，还是数字化档案袋，或者两者兼有？
- 如果是数字化档案袋，学生将如何有效地管理档案袋？谁有权访问这些文件？
- 对其档案袋学生可以访问多少内容？学生多久可以调整一次档案袋？
- 3D 作品和多媒体作品如何储存？

个案研究

华盛顿特区首都公立特许学校档案袋的关键决策

在首都公立特许学校，从幼儿园到高中，每个学生都拥有一个档案袋。这些年来，学校工作人员做出了许多重要决议，以便整个学校的预期和教学进程连贯一致。校长凯伦·德雷斯顿详细列举了如下决议：

为取得成功，档案袋的每部分都需要制定规则，使学生和教师能够识别学习目标并选择合适的作品来反映其对这些学习目标的掌握情况。档案袋是学生选择的作品

（尤其是创造性写作）和一些重要作品（例如，一个每人都需要展示的重要的科学项目）的混合。

我们还考虑了这样一个问题，即随着时间的推移档案袋应该在多大程度上展示学生的掌握情况和进步情况，关于这个问题我们总是存在分歧。我们往往要求学生掌握更多的技能，但是我认为，通常在开头和结尾收集到的一些作品可以用来展示学生在该门课程中的等级成长。我们的幼儿园老师更看重学生成长，他们发现对那个年龄段的学生来说成长是至关重要的。

所有的档案袋都在学生领导的会议上展示。3～12 年级学生在 2 月和 6 月选择 3～5 件他们想要呈现的作品进行展示。这些会议通常包括两部分，一部分是学生作品展示，另一部分是对标准化测量的讨论评估。文本展示在 8 年级和 10 年级进行，学生不仅要分享他们的作品，而且还要向评审小组展示出来，这样挑战性更高。

对学生来说，组织档案袋、挑选作品及展示作品是一个很有价值的过程，让学生反复回到自己的作品，并且在展示给外界观众前经过一次次的反思，这个过程对学生来说充满价值。

开发有意义的文本展示仪式

向学校、社区介绍文本展示意味着尊重学生成长，并以文本展示的仪式庆祝。学生、教师、家长以及社区成员都高度重视传统，他们都会认真对待。马萨诸塞州的斯普林菲尔德复兴学校校长史蒂芬·马奥尼，在讲述他一天下午收到一个心烦意乱的 8 年级学生电话时，强调了文本展示的重要性：一场刚刚经过该市的罕见龙卷风撕裂了社区中心的屋顶，而这里是学生打篮球的场地，那天下午使这个学生痛苦的不是亲眼看见了这样一个可怕的事件，而是龙卷风毁坏了他背包中的文本档案袋。我们不能低估了文本展示对学生的意义。为尊重文本展示活动对学生的重要性，学校必须仔细设置档案袋结构和预期来确保学生取得成功。

文本展示的关键决策

文本展示的目的是什么？

和档案袋一样，学校必须确定文本展示的主要目的，目的会有很多种：

- 使学生为高质量作品投入时间和精力

- 使学生为达成全校目标或养成学习习惯承担责任
- 培养口头表达技巧
- 让家庭和社区了解学校的标准、学习目标和学风
- 为学生提供机会分析其学习并反思其进步
- 让学生证明他们已经为进入下一阶段的学习做好了准备

向学生、家长、工作人员和社区成员清晰地阐述目的，是实施该项决定的第一步。以下摘录为工作人员、学生和家长简洁明了地阐述了文本展示的目的。

文本展示的目的
——摘录自华盛顿凯特尔福尔斯小学的文本展示手册

文本展示的目的

- 增加对学生特色发展的关注
- 锻炼学生的口语交际能力和批判性思维
- 强调凯特尔福尔斯小学的办学理念，即经过严格的学业和服务，所有学生都能够完成他们的 CREW 学习目标
- 教会学生如何运用相关证据来证明其已经达到 CREW 目标

怎样让每个学生取得成功？

在某些学校，学生在文本展示环节展示他们档案袋中的作品，而且只要认真展示，每个学生都可以通过（带有对将来成长有益的反馈）。在这些学校，有升级危险的学生会在文本展示开始之前被提前告知，并为学生提供解决这个问题的机会。在其他一些学校，文本展示存在一定的难度，所以学生拥有这样一个合理的机会，即当学生第一次尝试没有通过时，可以修改他们的作品（注：如果证据的修正和重新提交经常发生，那么学校应该在年终安排一定的展示时间给予学生修正的机会）。在接下来的这段视频中，我们可以看到三类不同学校关于文本展示的组织和预期设定。

▶ 观看视频：中学的文本展示活动

文本展示的最佳时间点是什么？

　　学校需要考虑学生进行文本展示的频次，许多学校选择了主要过渡年份（例如，从小学到初中，从初中到高中），其他学校每两年举行一次。学校还应该考虑一下，文本展示是对所有学生提出的一个强制性要求，还是只是针对那些想要达到模范的学生的可选择性要求？

谁将成为文本展示评审小组成员？

　　评审小组成员可以是家长、老师、其他学生和社区成员。学校希望调整小组成员来增加文本展示的难度，也就是在学生升级时包含学生不熟悉且更加专业的小组成员。例如，3 年级的评审小组可能包括一名该学生的老师、校长和一位家长，8 年级的评审小组可能包括一名来自不同年级的老师、社区成员或地区人员。家长加入评审小组是一个非常值得考虑的问题。为保证评价结果更加客观公正，某些学校的评审小组不包括家长，而在另外一些学校，尤其是学生年龄较小的情况下，家长或家庭成员允许加入评审小组。有些学校允许从一些感兴趣的人群中挑选出一名观众，也就是说学生的家长或其他家庭成员被邀请成为观众的一部分，但是不能成为评审小组的成员之一，有的学校也会将评审小组成员的范围扩大到先前教过他的老师，或者甚至是那些获得参加许可的学生。学校还应该考虑评审小组的后勤工作，具体如下：

- 需要从社区挑选多少志愿者？
- 评审小组人员需要置身于该过程多久？
- 学校老师需要在该过程待多长时间？
- 所有的学生都需要向共同的评审小组进行展示吗？
- 同一时间可以同时进行多个评审吗？
- 文本展示可以被录像吗？

随着学生年龄的增长，文本展示会变得更加正式

如何帮助学生准备文本展示？

学生为文本展示做准备将贯穿整个学年。老师应该帮助学生了解他们将如何被评估，分析过去文本展示中的长处与不足，并给予学生一定的时间进行练习。文本展示的实践演习过程也为学生提供了一个机会，有助于学生提出和接受描述性反馈、提出战略性问题及修改作品。有的学校还为学生提供机会进行不同年级间的同伴反馈，以此让高年级的学生来指导低年级的学生。许多学校允许学生通过创建文档和运用姿势、语调、眼神接触及有用的短语来描述他们的作品（例如，"我选择这件作品是因为它是我成长过程中的一个重要作品……""我想特别指出该作品这方面的内容是因为它论证了……"）。

如何组织文本展示？

确定你需要为文本展示分配多少时间，确保在规定的时间内和评审小组人员进行明确的沟通。展示议程或提纲可以帮助学生规划时间和组织材料。下面是一个简单的提纲样例：

文本展示活动提纲
——来自马萨诸塞州斯普林菲尔德复兴学校

第 1 部分——引入（2 分钟）

- 小组负责人感谢来宾并宣读规则

- 自我介绍

- 解释文本展示的目的

- 介绍邀请的来宾并感谢他们的到来

第 2 部分——个人反思（5 分钟）

- 介绍反思目的（写给高中或大学老师的信）

- 朗读个人反思（可以只是其中的一部分）

第 3 部分——展示作品（15 分钟）

- 解释这部分展示的内容

- 展示各种证据（选择 2～3 点进行详细说明）

- 陈述学习目标并用自己的话阐述

- 详细介绍该作品及完成该作品的清晰步骤

- 解释这件作品展示了作为学习者的怎样的自己

- 这件作品如何表明你达到了学习目标？此处做一些讲解使你的观众能够从该作品中看到具体的证据

- 该作品如何展示了复兴学校毕业生的水平？

第 4 部分——最后陈述（1～2 分钟）

- 为什么说我对高中或 11 年级做好了准备——向观众解释档案袋证明自己已经为升级做好了准备

第 5 部分——问答环节（5～10 分钟）

如何支持评审小组成员以及如何明确其角色？

评审小组成员无论是老师、家庭成员、学生或者社区成员，都需要在文本展示中了解他们的角色。下文摘录自丹佛奥德赛学校写给评审小组成员的一封信，它概述了评审小组的预期和责任。

文本展示评审小组成员的责任
——摘录自丹佛奥德赛学校写给评审小组成员的一封信

文本展示评审小组的重要责任之一就是尊重学生，既要仔细观察他们的作品，又要认真聆听他们对作品的陈述。作为一名真正的观众，通过参与这个过程，给予学生机会分享他们的作品，且在一个正式的场合来反思他们的进步，这对学生来说是一种难忘的经历。

您所在的评审小组会收到一份议程表，会大致给出您这两天内的每个流程安排。当然，这只是对您职责的宏观概述：

- 和其他评审小组成员合作，遵守奥德赛学校的规章条例：

  评估学生所有的想法和问题

  为学生分享营造一个安全的环境

  全心投入且积极参与

- 仔细阅读学生的档案袋，寻求证据标准

- 在提供的记录本上记录您的观察、问题和有针对性的建议，将有助于学生展示

- 在学生展示过程中，确定与其学习目标相联系的最重要的问题，向学生提问

- 展示过后，根据学校规定的格式给学生写一封信

您在笔记本上的记录以及您写的信不仅能够给予学生具体的反馈，而且也是为工作人员提供的用以判断学生是否可以合格通过的关键性证据。

在文本展示中评估哪些内容？

在文本展示开始之前，学校需要明确规定评估哪些方面的内容以及评审小组所扮演的角色。正如我们已经知道的，教师将需要评估学生对标准和学习目标（包括学业学习目标和特色学习目标）的掌握情况。这就需要评审小组整体浏览档案材料、规则、共同核心标准以及学生反思，以此来评估学生是否达到了预期。有些学校要求评审小组成员评估学生的口头表达能力，学校通常会提供一定的规则指导评审小组成员来斟

酌演讲的标准。也有些学校通过学生展示时的反思和档案袋材料来评估学生的学习习惯，在这种情况下，教师会在文本展示前后评估档案袋，来了解学生对学业内容的掌握情况，而评审小组成员将会寻找和聆听体现学生学习习惯（例如，毅力、尊重、修正）的相关证明。

学校在明确了文本展示的评估内容和评估人员之后，应该确定评估标准和评估工具。规则、检查表和叙事信是学生如何从评审小组成员那里获得反馈的一些例子。学校还应该考虑不符合评估标准的学生的后续工作。学生可以重新整理文本档案袋并进行展示吗？他们将在什么时候进行修订？如果没有达到预期他们可以顺利开学吗？是否有一定的仪式或传统为通过的学生表示庆祝？如何将文本展示评估结果传达给学生、家长和学区（如果毕业或晋升存在风险）？

表 7.1 是由斯普林菲尔德复兴学校创建的用于评估学生档案袋的规则。

表 7.1　10 年级文本档案袋评估规则

项目	4	3	2	1
内容表	内容表结构清晰，包括所需的支持元素，遵循支撑学生反思重点的逻辑顺序	内容表结构清晰，包括所有所需的元素	目录内容不一致或缺失必需元素	目录不完整或格式不正确
反思信	信中包括深刻且书写规范的反思信、成长说明以及对未来目标的合理设定	信中包括学生这些年在该校的成长以及未来的个人目标	信中提到学生的成长和学生在该校的经历或个人目标	缺少学生对其成长反思的证据
有 7 件作品审定为高质量	每件作品都能表明学生对学习目标的掌握，且有富有洞见的反思	每件作品都能反映学习目标，有对作品很好的反思	档案袋中缺失作品和一些反思，作品混乱或无法证明其掌握程度	档案袋缺失很多作品，且缺乏对为什么选择这些作品的解释与反思
有 4 件作品来反映学习习惯	每件作品都能解释对学习目标的掌握情况，反思能清晰解释与所选标准的联系	每件作品都能代表课程作品及其与学习目标的关系，反思能清晰地解释与所选标准的联系	每件作品都能代表课程作品，但是反思信或许并未与标准保持一致	作品缺失，未清晰地识别学习目标；反思信要么缺失，要么未展示出与标准的联系
个人简历	简历结构清晰且包含所有要素	简历组织连贯且包含所有要素	简历组织不连贯或缺失元素	简历不完整且格式不正确

续表

项目	4	3	2	1
整体形式	装订完好，可作为出版作品，按要求组织内容，表现出对细节和观众的关注	装订完好，按要求组织内容，表现出对细节和观众的尊重	装订基本完好且外观漂亮	装订内容缺失，缺乏组织性或表现出对细节和观众的不尊重

来源：斯普林菲尔德复兴学校

如果学生没有通过怎么办？

如果评审小组判定学生没有达到文本展示的通过标准，学校必须有一个明确的流程来帮助学生了解他接下来要怎么做。在某些学校，学生和他们的老师一起修改文本展示，日后向另外一个评审小组进行展示。有的学校会与学生、家长和老师制定一个明年的方案，陈述需要完成和证明什么，以此让学生掌握文本展示的要求。

结构设置

为确保学生能够顺利通过，教师必须清楚地了解文本展示和档案袋的结构、流程和预期，考虑到全校实施的一致性和年级的差异性，这些必须在全校层面进行讨论。学校将文本展示的流程和要求做成手册后（例如，如何组织档案袋，文本展示是什么，如何评估学生，评审小组的组成人员等），教师可以制订计划和时间表来和家长沟通，并为学生的文本展示做准备。

与家长沟通

在一些学校，家长参与学生领导的会议使文本展示工作更具挑战性，文本展示过程的风险性也大大提高。但是当第一次将其引入学校时，文本展示的结构与家长和学生原先所熟悉的完全不同。尤其是文本展示在升学或毕业方面的风险较大时，家长就需要大量的前期信息来理解和支持文本展示。在一开始，学校就通知家长文本展示的愿景和计划，使其明白其中的重要性和预期是很关键的。清晰的指导方针和灵活的方法使该过程拥有高出席率和高投入。图 7.1 是学校写给家长的一封样例信，该信是学校如何通知和帮助家长的一个很好的例子。

家长在时间和精力上的投入是文本展示成功的关键

帮助学生准备档案袋

教师应该在年初向学生介绍档案袋，并向学生解释如何组织档案袋和如何收集作品，使其符合档案袋的组织结构。教师必须向学生解释档案袋中的哪些要素是必需的，哪些是由学生自己做主的，说明对档案袋的制作预期以及档案袋的目的。

教师应该为学生收集到的学习证据提供空间和材料，并将其储存在文件夹或活页夹。许多教室每周都在特定的时间让学生将其作品转移到档案袋、撰写反思以及按照规则来进行自我评估。

在学生领导的会议开始之前，会进行一些文本展示或者其他的档案袋共享讨论会，学生需要练习如何进行文本展示。与此同时，同伴反馈非常有益。

为学生的文本展示做准备

如上所述，学生文本展示的准备工作会跨越整个文本展示年。首次实施文本展示的时候，教师应该在年初介绍文本展示计划，确保学生能够明确地了解预期和目的。如果可能的话，可以向学生展示先前学生的文本展示录像，这将会对学生很有帮助，他们可以从过去的学生寻求证据来达到共同核心听说标准（SL.4：提供信息、发现和支持证据使听众能够理解符合任务、目的及听众需求的组织结构、风格）的过程中受益。

如果将简历作为文本展示的一部分，学生需要明确的标准和时间来设计。教师应该检查这些将要用于文本展示和档案袋的标准，并为同伴评价和一对一会议创建一个时间表，以确保所有学生都为文本展示做好了准备。

"前些年的录像样例对学生很有帮助，可以给学生的文本展示和档案袋会议提供模板。"

——华盛顿特区首都公立特许学校校长，凯伦·德雷斯顿

图 7.2 是马萨诸塞州斯普林菲尔德复兴学校的一封关于文本展示的反思信指南。本指南包括撰写反思信的全部要求和指导学生反思的有益问题。

实践

深化学生反思和学习

文本展示的早期阶段有许多细节和挑战，随着这些问题的解决，文本展示的实施会变得更加顺利，在文本展示过程中学校有机会深化学生的反思和学习。

下面这部分内容是创建一个动态的发展中的档案袋和文本展示的要求：这是将档案袋作为大学招生的工具，作为战略性技巧，将档案袋和文本展示与标准相联系，这是将档案袋和文本展示作为升学的方方面面。

创建一个动态的档案袋和文本展示的要求

随着学生各年级取得的进步，档案袋和文本展示以新的方式促进学生发展，并对学生提出新的挑战，这对学生来说是非常重要的。如果学生认为他们正在经历一种传统的无意义的行动，那么这种尝试就失去了应有的效用。寻求全年整个过程中的庆祝和反思的恰当平衡，以及推动学生在学业和品格方面的发展，这才是关键。

斯普林菲尔德复兴学校 10 年级学生文本档案袋反思信指南
（运用以下问题为你的反思信组织思路）

给你的老师和整个社区写信。

你的信必须包括如下内容：

- 自我介绍
- 你为什么选择这所学校
- 户外旅行/实地考察/实证研究/短途探险/项目立项/其他体育运动对你成长的影响
- 分析作为学习者的自己——优点、缺点、学习策略和所需支持
- 最强/成长最快的性格特质
- 分析你的学习习惯
- 长期目标——（高年级/大学/职业）

运用如下问题指导你写信：

你是谁？

为什么你选择在斯普林菲尔德复兴学校学习而不是其他学校？

户外旅行、实地考察、实证研究、短途探险、项目立项等哪一项活动对你最有价值？

讲一个第一年你达到学习目标的故事。你做了什么？你是如何成长的？

讲一个第二年你达到学习目标的故事。你做了什么？你是如何成长的？

你哪方面的性格特质最强？你哪方面的性格特质成长最快？通过一个故事来证明。

你哪方面的学习习惯最突出？哪方面的学习习惯对你最具有挑战性？请举一个例子。

你是一个什么样的学习者？你的优势和不足分别是什么？你学会了哪些策略？你还需要哪些支持？

假如你现在处于高中、大学或人生的最后两年，描述 1～2 个长期目标——你想去什么地方？何时去？长期目标可以是升学、上大学或找工作。

2008—2009

斯普林菲尔德复兴学校

图 7.2　马萨诸塞州斯普林菲尔德复兴学校的反思信指南样例

对于小学和初中这两个阶段来说，引入反思并使学生收集作品来证明其学习和成长证据，是一件自然而然的事情。课后或作业的简单反思记录可以帮助学生反思其学到的知识，并为进一步的发展设定目标。图 3.5 "目标设定工作表样例" 就是一个很好的例子。在小学的后期阶段，当学生理解了标准和掌握了其内涵之后，学校要进一步强调标准和学习目标，表 7.2 展示了奥德赛学校设定的特色学习目标，展示了 2~8 年级的发展进程且强调的证据，这也是达成共同核心标准的关键。奥德赛学校围绕这些目标来组织文本展示，学生在展示的过程中进行反思。

表 7.2　学习习惯目标样例

探究	
2~3 年级	2~3 年级的老师负责向学生介绍探究过程，当学生深入探究一个话题的时候能够为该过程命名：形成问题、寻找资源、得出结论及汇报结论
4~5 年级	我能提出有助于我深入探究一个话题的有质量的问题 我可以找到有助于确定或否定我的理论的资料 我可以解释我拥有的信息 我可以向外界观众汇报我的结论并可以为我的结论进行辩护
6~8 年级	我可以根据初步资源和背景知识深入开发探究性问题 我可以找到多样化的资源帮助我回答问题和加深理解 我可以评估和综合我发现的信息和证据 我可以用一定的方式汇报我的发现，并使听众接受我的信息

斯普林菲尔德复兴学校将学业目标和特色学习目标相结合来组织文本展示，在 8 年级和 10 年级的文本展示结束几年后，再看一下 10 年级的学生是否受到了足够的挑战。因此，该校 15~20 个 10 年级学生开始了一个试点项目。为了让这些年龄比较大的学生更深入地参与，学校在文本展示的要求中分别增加了一个身体挑战和服务挑战的项目。学生被要求进行 20 小时的社区服务，并设定了一个增强体质的严格的身体素质目标。然后他们通过学生为应对这些挑战所付出的努力情况来反映该校学习者的质量：

- 探索与考察
- 批判性思维与分析
- 创造性思维与表达
- 问题解决与创造

- 沟通表达

- 工艺水平和质量

此外，学校对 10 年级学生提出一个新的要求，即 10 年级学生需要在英语语言艺术课上写一篇大学论文，该论文用于他们公开的文本展示，这项规定先试行，并在第二年正式成为全体 10 年级学生的标准。

当学生经历从童年到青春期，从青春期到青年期的重要转折时，文本展示的维度设置更为重要。在关键性发展阶段要肯定学生的多维发展，而不是在档案袋和文本展示中削弱学生的学业挑战。

文本展示评审小组的成员构成是增加学生学习经历的挑战性和严谨性的另一个要素。最初的评审小组是由教师和家长组成，如今学校又增加了其他成员，即增加了学生的非任课老师、高年级的学生和社区专家等。

"当学生学会反思和展示技巧的时候，我希望看到 9～12 年级学生的全面发展。9～10 年级学生在构建和展示有质量的档案袋方面会获得帮助，高年级学生在他们档案袋的内容和呈现方式上享有更多的自主权。小组领导会成为高年级学生的指导。"

——纽约布法罗织锦特许学校教学指导，埃里克·莱文

下面是来自马萨诸塞州格林菲尔德四河特许公立学校的案例。该案例说明，当学生准备迄今为止最重要的学校教育课程即高中毕业的时候，学校以新的方式对高年级学生提出挑战。

个案研究

马萨诸塞州格林菲尔德四河特许公立学校的档案袋和文本展示实施方案

在四河学校，档案袋和文本展示围绕该校的毕业生进行：调查者、批判性思维者、创造性思维者、问题解决者和交际者。文本展示主要在 8 年级、10 年级和 12 年级进行。

8 年级学生的文本展示由以下问题组成：你是谁？什么塑造了你？你想成为谁？文本展示是一个学生一年内所有学科学习的最终成果。听众由教师、家长、社区成员以及由学生挑选的额外听众组成。

10 年级的文本展示由以下问题组成：你将来要成为谁？接下来的打算是什么？教

师要确保10年级的文本展示建立在8年级的经验基础上，先前的过程具有很强的规定性，所有学生都回答相同的问题，所有的文本展示都是相似的，而如今学生要生成自己的问题，正如副校长和创始人之一的苏珊·德基所说，"当所有的人都遵循规定，就像在复述无个人观点的誓言一样，我们想要孩子写下他们自己的誓言"。

在四河学校，高三是最后的档案袋和文本展示期，德吉表示，在11年级开始的时候学生开始着手毕业档案方面的准备工作，"他们挑选自己最好的作品来证明其达到学校的学习目标，他们探讨他们的作品和一直以来的学习，但是12年级不仅仅是关于掌握的过程"。

高年级的探究性学习是毕业档案袋的核心部分，来自高年级的探究指南描述如下：

四河学校基于学生已知的和能够做到的来提升学生能力，就像这些年来学生通过档案袋和文本展示向我们展现的那样。成功的高级探究是毕业的需要，但更重要的是，它也是你用来展示你在四河学校最好水平的一个机会。高级探究可以发展你的学习兴趣，而且能够发展你作为更加独立的学习者方面的技能，选择一个对你来说很重要的领域和问题，成为你选择领域内的初步专家，且能够找到解决方法。

基本要求：

- 选择一个你感兴趣的话题
- 围绕该话题确定基本问题
- 学习你所选话题方面的知识并成为专家
- 通过实地调研和亲身实践进一步拓展知识并创造出更有用的内容
- 向社区展示你学习到的知识、如何学习及你运用知识做了什么
- 在探究的各个方面，你打算如何展示优势，也就是这些年来我们描述的高质量作品

正如德吉描述的，高级探究性学习是学生学业评估有力的、最终的形式，用来展示毕业生实施独立调查和报告调查结果方面的能力。然而，工作人员发现还存在一个不足，即这项任务涉及内容过多，但是，作为学生个人在哪里结束却涉及很少。借鉴兄弟学校如英语语言教育学校、波特兰卡斯特湾高中、波士顿缅因州和科特曼中等学校的一些做法，这些学校创造出"最终表达"反思作为高年级文本展示的一个要求。学生需要回答这样一个问题，即"你如何看待自己未来的发展"。

德吉指出，"高年级探究性学习展示开始于对我打算做什么和它们是什么（例如，对于我自己我都知道什么以及我为什么选择这个话题）的概述。学生展示自己的项目、作品并分享过程，这里会有掌声和一些问答。然后他们展示自己的档案袋，最后他们退后思考并加上'最终表达'这部分内容。'最终表达'既是演讲也是写作的一部分，高年级学生需要关心的一件事情是，对于'最终表达'他们是否能够达到相应的写作等级。现在我们还不知道，但是这件作品必须真实，内容必须充实，当他们今年做这件事的时候，教师和学生必须对'最终表达'是否能够升级做出决定。我们会为每个展示进行录像，以便对该过程进行评价、反思和改进"。

将档案袋作为高校招生录取的工具

学生开发和保存档案袋中的作品，它们反映了学生这些年来实质性的成长和学习经历。为高级文本展示所准备的档案袋也可能是学生编制的最好的作品集，里面都是高质量的作品、周密的反思以及学习方面的证据，这样的一个档案袋可以作为大学面试或者撰写大学申请时的一个工具。档案袋可以包含大学招生委员会想要的所有信息，学生需要在9年级开始制作档案袋。

在威斯康星州基诺沙海港中等学校，10年级的文本档案袋包括一个四年规划、成绩单、简历以及推荐信，还包括所有的正式评估结果、ACT（即"美国高考"）分数、达到学习目标的作品样例、特色陈述以及学业反思。学生撰写反思信来描述作为作者和读者的自己，并反思他们在科学素养和历史知识方面的技巧，这是几乎每个大学都需要了解并以此来确定学生是否为下一阶段学习做好准备的一个综合性的档案。学校应该考虑到大学招生委员是学生文本档案袋的一个目标受众，并以此为学生做好该方面的服务工作。

使用技术工具

技术性工具能够提高档案袋和文本展示的内在潜力，它可以通过软件和设计来培养学生技能，增加学生对工具的兴趣，且能够解决学校如何不占用物理空间就能储存学生先前作品方面的问题。这也是共同核心写作标准的要求（W.6：使用包括互联网在内的技术，制作和发布作品以及与他人的互动合作）。档案袋和文本展示为学生达成这些标准和每年增加的复杂的技能要求提供了一个绝佳的机会。但是，这也存在一个潜在的风险，即对那些不太擅长的人来说，过度依赖这些工具会降低反思质量和陷入困境，对学校来说权衡该方法的利弊非常重要。

技术工具的使用可以增加文本展示的深度

快照：纽约布法罗织锦特许学校的技术革命

织锦特许学校在开发档案袋和文本展示系统方面经历了不同的阶段，学生在 10 年级和 12 年级开展这一实践。起初他们在文本档案袋用到活页夹，但是他们想要使用更加专业的结构，于是他们采用基于网络的文本式档案袋。

他们首次使用了一款叫作 iWeb 的苹果产品，它使用起来特别流畅，以至于学生档案袋表面上看起来很好。与此同时，工作人员开始觉得这个过程过于繁琐，学生在扫描和上传文件上花费了很多时间，也就没有足够的时间用于文本展示本身，因此，他们决定再次切换平台，开始使用谷歌应用程序。

10 年级档案袋和文本展示以这种方式进行了五年后，他们再一次意识到文本展示中的一些重要信息被技术掩盖了，例如，为准备进入高中下一阶段进行的答辩等。于是，他们又转向了 Prezi 展示软件，他们为学生展示的专业性和真实性感到满意。正如织锦学校的教学指导埃里克·莱文所指出的，"在将来，学生将使用各种软件和其他工具来呈现信息，Prezi 是用于交际的动态性选择之一，对学生来说这是大学和职业准备之间的重要联系"。

将档案袋和文本展示与标准相连接

学生参与式评价系统的每个部分都应该成为一个整体，而且各个部分都应该与标准紧密联系。基于标准的等级评定系统确保各等级是否能够清楚地反映学生对标准的掌握情况（详见第八章）。基于标准的等级评定也应该和档案袋评估与文本展示相一致。这看起来比较容易，但是会花费大量的时间，且操作过程也比较复杂。通常情况下，档案袋还需要反思的一些附加工具，而不仅仅只是以标准和评估为核心，以下活动是将档案袋与标准、其他评估紧密联系的不同方式。

根据等级水平标准组织档案袋

"在视频中，'幼儿园里学生领导的会议'在第五章首次被提及，我们从中可以看到来自堪萨斯州堪萨斯市的特拉华州领小学的学生埃兰德瑞，她在学生领导的会议上向她的父母展示自己的档案袋。"在阅读部分她朗读了学习目标，"我能根据听到的音节拼出单词"，这与幼儿园共同核心语音和识字标准相一致，她的档案袋中包含了她对单词 egg 的拼写，她慢慢地读给她的父母听，她会发出每个音节：e-g-g。

清楚地展现了对标准掌握情况的档案袋和文本展示，是通过标准而不是其他主题或结构被组织的。如果档案袋是围绕特色学习目标或者学习习惯来组织的，那么其与学业标准的联系必须是清晰明了的。例如，避免这样一种情况是非常重要的，即在写作和数学方面不符合标准的学生却被认定为符合特色学习目标的典范。表 7.2 是特色学习目标与严格的学业共同核心标准相一致的范例。

提供范例

学校深化档案袋、文本展示和标准之间联系的途径之一就是提供范例作品，这些作品能够反映关键标准。样本档案可以作为模型来指导学生，这对教师和学生来说都大有益处。对教师来说，通过谈话来确定反映特定标准的样例，是确保各年级学生对标准能有相同理解的关键，对确保班级之间以及年级之间档案袋和文本展示的连贯性也具有很大的帮助。我们需要考虑以下问题：

- 9 年级和 12 年级学生的优秀作品是什么？
- 熟练掌握标准的作品样例是什么样的？
- 什么样的样例能够展示学生是如何超出标准的？

特别是当文本展示存在高风险的时候（例如升级的时候），这就会是一个非常关键的行为。

这些做法的目的始终是让学生更加深入地了解标准，并将其应用于自己的作品和学习，对学生来说，那些反映标准的样例可以让标准变得更加真实具体。

运用学习目标跟踪系统和评估规则指导学生建立档案袋

记录学生达成目标的进展情况的学习目标跟踪系统和评估规则能够帮助学生加深对标准的理解，而且能够指引学生为其档案袋挑选作品。由于跟踪系统可以捕捉到不同阶段学生在达成特定学习目标或标准方面所做的努力，所以它也是捕捉学习过程的有价值的工具。例如，学生可以看到，一个初始草案停留在一个较低的评级标准，通过修改可以获得一个更高的分数。

深化学生参与的关键举措

文本展示和档案袋为学生向重要听众展示他们的学习和达到学习目标方面取得的进展提供了一个机会，这让学生成为参与的核心。提供哪些证据，以及如何在经验与学习之间建立联系等这些事情可以由学生做主要决定，表 7.3 阐释了档案袋和文本展示的参与人员、内容及其在提高学生参与度和学业成就方面的作用。

表 7.3　档案袋和文本展示的参与人员、内容和结果

教师做什么？	学生做什么？	结果如何？
为档案袋确定清晰的目标和组织结构，将档案袋与学习目标、共同核心标准建立联系	了解每节课和每个学习活动都与学习目标相联系；了解档案袋将会记录其在达成学习目标上的进展情况	学生能够达成标准，对学习有更好的参与度和归属感；学生能够将档案袋作为证据的一部分来证明其达到了标准
让学生参与关于档案袋如何创建和为什么创建的课堂讨论；共同检验样例的标准	参与课堂讨论，了解如何在档案袋中呈现达成学习目标的相关证据	学生能够了解档案袋的目的以及档案袋在提供学习证据方面的作用

续表

教师做什么？	学生做什么？	结果如何？
明确学习习惯、校外爱好如何在档案袋中被记录	参与挑选其在学习习惯和校外兴趣方面取得进步的相关证据	学生被期望记录其达成特色学习目标方面的证据，所以更加致力于特色学习目标，学生认为他们的校内兴趣和爱好更有价值
引导学生对其作品和学习进行反思，使反思成为不间断的课堂实践，设立每天或每周的反思时间、反思形式和反思模板	参与反思并设立改进目标	随着时间的推移，学生反思更为深入且具有较强的自我意识，从改进成果和参与度方面可以看出上述结果
为学生建立档案袋和收集学习证据创造条件	为自己的档案袋负责，仔细挑选和保存学习证据	随着时间的推移，档案袋成为课堂上经常被引用和反思的基本点，逐渐形成证据文化
确定如何进行档案袋分享：频率、形式和听众；为档案袋分享创建一个文本展示流程	拥有档案袋开发权和向不同听众展示档案袋的能力	当学生拥有并和听众分享他们的经历时，他们在档案袋展示过程中的参与度会更高
提前制订文本展示的计划安排，包括时间准备、与家长等沟通。为该过程中参与人员的角色确定清晰的指引	了解文本展示的结构，并为更有效的文本展示做准备	文本展示重点突出、富有成效，提高了学生的参与度并提高了学生成绩
有充裕的时间为评审小组成员提供援助间或为其提供文本展示的计划安排；采用多种交流方式（如，电子邮件、网站、电话、信件）提醒评审小组成员即将到来的展示时间	帮助老师挑选和邀请评审小组人员	加入文本展示评审小组对该小组成员来说是一次有益的经历
开发与共同核心听说标准（SL.4，SL.6）相联系的文本展示学习目标，为成功展示确定标准，与学生一起进行；至少有一节展示模拟课；允许学生进行练习，并给予和接受反馈	参与文本展示的准备工作，了解自己在文本展示过程中的角色	学生对其在展示中的角色有一个清晰的认识，能够自信且很好地准备
为评审小组成员准备口头和书面指引条例	与评审小组成员接触时举止得体	评审小组成员感觉有价值且准备充分

续表

教师做什么？	学生做什么？	结果如何？
给予评审小组成员提供书面或口头反馈的机会	学生听取反馈并用其构建目标，在需要的情况下进行修订	评审小组成员被激励奉献和参与，他们了解学生将会为他们的作品负责，家长、社区、教师和学生的联系加强
通过小组讨论和个人写作与学生一起进行文本展示过程的反思：哪些方面运行良好？他们学到了什么？什么可以得到改善？	对文本展示进行反思，并通过分享获得提升	学生和教师共同拥有有效的文本展示

全校范围内实施

实施文本展示需要较强的领导能力。这项实践需要全校的一致性以及与家长的明确沟通，尤其是在决定学生是否能够升级或毕业的时候。领导者需要展现出与增强参与度和提升等级相关联的有力证据，让每个人在该过程中承担各自的角色。反复思考该过程并针对该实践的有效性询问教职人员是非常重要的。档案袋组织结构行得通吗（例如，学习目标和内容领域、更新频率、档案袋何时及如何用于课堂教学）？会发生改变或修订吗？第一轮文本展示后，考虑如何提升下次的文本展示是非常重要的。评审小组的成员构成合适吗？学生受到了足够多的挑战了吗？他们是否呈现了有关其成长和学习的证据？我们强调一些关键领导行为，这些关键领导行为可以确保全校文本展示的顺利实施。

奠定基础

- 以标准为起点。为教师提供专业发展时间，使其深入了解学生掌握这一过程的意义。
- 树立愿景，为文本展示和档案袋设立目标。针对学生参与式评价，将该实践置于更庞大的计划之中，并使其与标准的联系更加清晰。针对制定文本展示的标准和学生如何承担责任组织教师讨论。
- 创建进度计划表，为文本展示的规划、准备和实施合理分配时间。

• 为收集和储存档案袋（例如，文件夹、箱子、线上档案袋）提供必需的支持和设备。

• 为当前评估收集数据，交流经验，并和教职人员分析数据（例如，当前有多少教师运用工作夹和反思策略？目标设定？），运用数据并讨论创建计划。

• 明确适用于全校的档案袋和文本展示的要求。

教师能力建设

• 提供其他学校的档案袋体系和文本展示模型，启动规划流程并通过具体实例阐述愿景。

• 确保教师有充足的时间和支持，依据标准来建构中长期和支撑性学习目标，并使档案袋和文本展示与学习目标相一致。

• 为教师创建专业发展的时间和必要的支撑，以便为档案袋和文本展示做准备，并提供必要的工具（例如，规则、给家长的信函等）。

• 为教师提供时间和组织程序，以便分享档案袋样例、展示视频、学生反思以及范例。学生的作品质量如何？教师如何判断学生是否掌握？

与各方参与者沟通

• 与家长及早沟通。鼓励所有家庭成员作为小组成员或观众出席，由学校根据相关组织设立家长参与机制。

• 如果可能失败（例如，如果学生未通过文本展示就存在晋级风险），要提前通知家长。为家长和学生提前提供所有必需信息，如果学生不能满足这些要求，要有事后补救的办法。

• 邀请社区成员成为文本展示的一部分，告诉他们我们对他们的出席有哪些期待。

• 考虑邀请地区领导或特许领导加入评审小组。

支持教师深化实践

• 将档案袋纳入有关课程、教学和学生成绩的课堂探讨与决定，使档案袋文化贯穿全校。考虑将教师档案袋作为监督和评估的一个工具。

• 学习交流。跟踪档案袋和文本展示方面的数据，记录取得的成功与面临的挑战，与学生、家长、社区分享故事和见解。

- 促使教师对档案袋准备和展示过程中获得的经验教训进行探讨交流，从学生呈现的作品到改进该过程的方法。
- 在专业发展过程中分析学生文本展示的视频短片，并建立同伴观察流程。

我们的期望

文本展示是建立在学生反思、学习目标与评估的一致性，档案袋的动态使用基础上的先进的学生参与式评价实践。这对于学生和家长来说都是有效的，是很有价值的，所以他们理应精心准备。学生档案在规则、反思和满足标准的证据方面要定期更新，这对于成功推行该项实践至关重要。学生应能使用档案袋中的作品来证明他们为文本展示所做的准备，有时这些作品的时间跨度为 2～3 年。

对于刚刚开始这项实践的学校，工作的首要重点就是制定一个稳健的档案袋方案。只有这样，才可以通过多种方式调整文本展示来满足学生除学业成长和成就之外的各方面生活，例如，体育或艺术成就、学习习惯、人际交往。随着学校在文本展示方面经验的积累，这些决策也会增强每个参与者的体验。

我们已经确定了一些在文本展示实施初期、中期、提升阶段教师和学校领导可以预期的目标。

初期阶段

- 建立文本展示基本流程，为学生定期更新和反思其学习证据提供机会。
- 教师和学生针对共同核心标准以及能够表明学生的熟练程度的证据等展开丰富的讨论，学生档案袋和文本展示能够清楚地反映达成标准方面的证据。
- 同学之间、师生之间进行文本展示的练习。
- 关于文本展示流程，学校应提前并经常与家长沟通，尤其是当学生没有通过的时候。
- 文本展示中家长出席率较高。
- 学校领导、教师和学生对文本展示过程进行反思，并在需要时做出调整。

中期阶段

• 学生通过反思其优势与不足来达成新的学习目标和获得个人成长。

• 教师和学校领导通过对展示过程和教学的观察，对学生成就的相关证据展开讨论。

• 学生和评审小组成员为文本展示做好充分准备并了解各自角色，评审小组成员提出探究性问题，并根据预先确定的领域对学生进行评估。

• 提前向新教师介绍档案袋和文本展示体系，并为其顺利实施提供帮助。

提升阶段

• 随着不同水平的学生作品样本档案的不断积累，将有助于学生在档案袋和文本展示中更好地展示其达成标准的相关证据。

• 学生对所有课程和所有课程阶段的学习目标及标准进行深入反思。

• 学生对于档案袋、档案袋的更新和独立做出关键决定，拥有更大的自主权。

• 随着学生年龄的增长，学校增加该过程的挑战性和严谨性，学生向更广泛的评审小组成员展示他们的档案袋，例如，年龄较大的学生、将来的教师和社区成员。档案袋和文本展示中包含越来越复杂的作品。

• 所有的学习交流形式，如基于标准的等级评定、学生领导的会议、学习交流活动和文本展示等，都是一致的，且都能反映出学生对标准的深入了解。

共同挑战

档案袋目标或组织结构混乱

档案袋的目的和学习目标必须是清晰的。档案袋中收集的证据应该能够反映学生的掌握情况或者学生对学习目标的理解情况。无论学生的档案袋是只涉及学习目标，或涉及学习习惯养成，还是两者兼有，学生都应该明确证据和学习目标之间的联系。

教师而不是学生关心档案袋

档案袋全部都是关于学生的。学生应该将自己视为档案袋的主人，档案袋为记录学生的学习和生活服务，学生必须在此过程中保持主人翁意识。尽管档案袋中有许多学生不能更改的条款，但是关于档案袋及其组织顺序的决定应该完全由学生做主。档案袋并不是枯燥无味、千篇一律的，一些私人物品（例如，日记、创造性写作、个人照片、艺体成就、业余爱好、天赋才能）能增强学生的归属感。

缺乏有意义的作品

作品必须是有价值的。作为证据反映学生对标准和学习目标掌握情况的学生作品，不仅要求高质量，而且必须能够证明学生在学习上的成就。正因如此，并不是所有好的作品都能满足这些要求。挑选呈现在档案袋中的作品需要考虑一系列问题：这些作品能够证明学生对标准或学习目标的掌握情况吗？这件作品证明了学生对哪些标准或学习目标的掌握情况？这件作品是否为达成标准或学习目标提供了学习证据？

事后反思

让反思真正成为日常习惯。档案袋不能整学期都闲置在架子上，只是到了最后展示的时候才拿出来。它应该成为课堂实践的一部分，它应该经常用于反思、讨论，并定期优化调整。如果反思只是出现在学习结束或档案袋准备之初，那么它在深度和质量方面将存在不足。

"现在我们正在做一个改进，即把日常教学和反思过程联系起来。反思看起来总是在最后匆匆而就，如果作品刚刚完成，反思看起来并不新颖，有时还让人感觉不真实。"

——纽约布法罗织锦特许学校教学指导，埃里克·莱文

学生描述作品而不是描述作品如何反映学习

关注学习。当学生制作档案袋的时候，教师应该定期提醒学生，单纯地描述作品

是一个天然的陷阱。这很好理解，尤其是在重视学生高质量作品的学校，学生将更加倾向于展示作品而不是展示学习。为防止档案袋成为静态库，要经常提醒学生档案袋作为记录学生学习的目的是什么，或许在档案袋中的每一部分都应该提醒学生回答这样一个问题：完成这件作品我需要掌握什么技能和知识？对作品和学习进行定期反思有助于学生的成长和进步。最后，向学生展示那些强调差异的档案袋模型能够为学生提供最清晰的范例。

缺少事前规划和充分的准备时间

时间就是生命。无论是档案袋还是文本展示，都不能在最后的时刻才被拼凑在一起，每个人都需要事先考虑并做好规划。文本展示预演是很重要的，观察过去文本展示的相关视频、加入小组、进行实践练习等，对于学生准备和了解将要进行的文本展示是非常有益的。

过度规范格式

为学生提供个人空间。正如四河学校案例研究（马萨诸塞州格林菲尔德四河特许公立学校档案袋和文本展示实施方案）中所描述的那样，对文本展示和档案袋的反思成为惯例是有可能的。在学生升级时换种方式，改变或增添要求，让学生自己生成问题，或者提供反映学生强烈心声的样例等来防止这种情况的发生，允许学生分享课外兴趣和展示天赋。

缺少明确的推动程序

获取正确程序。随着时间的推移，档案袋和文本展示应该展现更深程度和更广范围上的学习和反思。它们不应该成为"满足要求"的机械练习。

技术成为干扰

技术是一种手段而不是最终形式。很容易发生因为技术而忽略要展示的内容的情况。关于储存和分享学习证据方面要防止在选用技术上浪费时间及金钱。

评审小组没有准备好

认真准备。花时间认真准备并使小组成员适应该过程，为他们提供了解标准的工具、学习环境以及提供反馈的最佳方式。

没有为未通过文本展示的学生制订规划

高风险需要一个清晰的跟进计划。学校需要为未通过文本展示的学生制订清晰的规划。

第八章　基于标准的等级评定

作为成年人，在职业和个人生活中，如果我们定期获得关于我们行为和工作的等级评定，我们可能就会牢记它们是多么的奇怪和令人沮丧了。在学校为学生划分等级理论上可以大大促进学生学习：它能为学生提供关于他们努力和表现的反馈，为学生努力学习提供动力，将学生划分等级也方便对学生分组或分类。但是，划分等级需要大量的时间，如果日常工作都没有做好，那么它并不是促进了大部分学生的学习，而是阻碍了学生学习。

作为一名教师，当有新学生搬入我们城镇并来到我所带的班级的时候，我会和其家长举行一次新生见面会。通常，家长都会谈到学生在先前学校的等级，且对此都特别的看重。唐特的妈妈见到我的时候眼里噙着泪说："他不喜欢学校，每次的等级都是D，再努力也没有用，他就是一个D生，这就是他。"

卡迪的养父母告诉我说，在上一所学校，由于担心成绩卡迪经常感到肚子痛，她大部分时间都是待在家里而没有去上课，当我问她是不是成绩不好时，她说除了出勤率之外其他等级都很好。但她总是很焦虑，因为她总是觉得大家都不喜欢她，她说她真的不知道等级是如何确定的，这只是老师的观点，但是她觉得没有人会问问她的想法。

玛利亚的妈妈有一个相反的担忧，在上一所学校她的女儿总能得到优秀的等级，但是看起来她女儿却学得并不好，她是一个标准的"好学生"，书写工整，坐在前排而且总是很有礼貌。但是在州统考的时候她表现很差，她去年的老师说她只是因为考试焦虑，但是玛利亚的妈妈觉得她的数学和阅读能力并不好。

如果我们要给学生评定等级，我们应该考虑清楚等级是否适当。我们最好能确保我们采用的分级系统能够促进学生的理解和学习，针对其发展过程中所处的具体目标与学生和家长进行沟通交流，为学生进步提供有用的信息。

——罗恩·伯格

汇报学生的成长和成就

在查理·布朗（格斯纳，1999）的一个简短的音乐情景剧《你是一个好人》中，莎莉手里拿着可怜且残缺不全的衣架"雕塑"，并恳求一个我们看不见的老师来解释为什么她只得了一个C。"C？C？我在我的衣架雕塑作业上得了一个C？怎么能有人在自己的衣架雕塑作业上得一个C？我能问一个问题吗？你们是通过这件作品本身来评价我的吗？如果是的话，是根据时间来评定艺术作品的真伪，还是根据我的天赋来评定？如果是这样的话，通过不受自我控制的生活的一部分来评判我合适吗？如果依据我的能力来评判我，那么对我的评判是不公平的，因为我已经尽最大努力。依据我已经学到的来评判我吗？如果是这样的话，那么我的老师，你是不是也应该根据你传授给我的知识来评判你呢？你愿意分享我的 C 吗？或许你只是根据我的衣架本身来评判我，而不是我的创作……这样公平吗？”一个老师模糊的声音响起，莎莉回答说，“谢谢你，奥斯玛小姐”，然后她向观众挤了挤眼睛说，“会哭的孩子有糖吃”。

　　莎莉的说服能力暴露出一个问题，也就是说一个基于教师的混合判断、使用模糊的标准来评定学生的努力、材料、技巧和最终作品的等级评定并不牢靠。不幸的是，这个写于 1967 年的故事并不是只发生在过去，现在很多学校还是依据传统的等级评定系统对学生进行评估，这与莎莉的经历很相似，正如莎莉在其衣架雕塑作品中获得一个 C 一样，现在有的学生在代数中获得一个 C 也是基于同样不可靠的标准。我们并不清楚传统的等级评定到底是什么，因为它并没有在学生正在学习什么和学生需要做些什么来提高自己这些方面提供足够的信息。

　　基于标准的等级评定与学生领导的会议、学习交流及文本展示一起成为在基于标准的等级评定系统内部交流学生学习的关键。与莎莉获得等级 C 的例子相反，基于标准的等级评定系统是透明的、公开的，它让学生参与其中，让学生明白自己所处的位置并了解其需要做些什么来取得进步。表 8.1 提供了一个与传统的等级评定系统相对照的基于标准的等级评定系统。

　　实现由传统的等级评定系统向基于标准的等级评定系统转变是一项艰巨的任务，对大多数教师来说也很难适应。这本书中所提到的所有学生参与式评价的实践都不需要为改变与合作做出承诺，但是基于标准的等级评定系统在很多方面都恰恰相反。

表 8.1　两种等级评定系统对比

传统的等级评定	基于标准的等级评定
教师根据学生表现、努力程度、作业完成情况和其他标准的平均值确定学生等级。因此，最后的等级沟通并不清楚，也将会出现因教师而异的情况	最终等级描述学生在特定课程标准（或学习目标）中的进展，这也可以使学生和家长清楚地识别学生的优势和需要改进的地方
需要一个特定的平均值（例如，70%）来确定学生合格和获得学分，学生可能并没有掌握足够知识但是仍然会获得学分	学生想要获得学分必须符合各科课程标准中的相关规定

续表

传统的等级评定	基于标准的等级评定
等级作为学生的在校综合表现受到奖励或惩罚	等级被视为交流学生在特定课程标准（或学习目标）方面进步情况的一种工具
像作业完成情况或任务表现这样的学习习惯会被平均到最后的等级中，这种做法可以提高或降低等级，但是却没有明确的原因	学习习惯基于证据和技能，并单独进行汇报和进行分级，学习习惯和学业等级同等重要
等级由教师划分，通常情况下学生并不了解	在了解学习目标、跟踪其进展、确定后续步骤和交流其进展等方面学生扮演重要角色

来源：改编自缅因州波特兰卡斯科湾高中的《家长评级指南》

　　教师必须实现一个转变，即由过去完全由自己决定所教班级学生的等级向现在全校连贯一致的等级评定系统转变。该系统要求，不能只有"简单"和"难"这样的等级，在不同课程之间，对学生来说等级必须具有连贯一致的意义。满足学生学业学习标准的等级应该与满足品格学习目标的等级区别开来，以便更清楚学生是否理解了材料以及他们是否养成了良好的学习习惯。学业等级不仅仅是学生等级评定期间的平均表现，而且也是测量学生在学习结束时是否能够展示其掌握情况的一种方式。

　　然而，就像一些其他的困难一样，我们值得为这些转变付出努力，因为学生在达成更严格标准的过程中会取得更大的进步，而且他们也会明白他们的学习习惯是如何影响他们的等级评定的。这也能促进学校和家长对学生的学习情况进行更好的沟通。

基于标准的等级评定指导原则[①]

　　尽管等级评定表面看起来枯燥且技术性较强，但是等级和分级过程却能造成情感冲击。在某种程度上那些贯穿我们教育生涯的被分成等级的经验塑造了我们。我们是A类学生、B类学生还是C类学生？我们在7年级的数学考试中得了F之后受挫了吗？文学和影视作品中有很多关于好的和差的等级、成绩单以及参与奖惩的例子。改变等级范式需要实质性的文化变迁，因此，采用明确的原则和方法来指导学校开发新的等级评定系统尤为关键。

---

　　① 这些原则部分摘自评估培训学校，以及肯·奥康纳的著作《等级评定修订指南：15个不完善等级的修补办法》。

基于标准的等级评定　最主要的目的就是通过定义明确的学习目标来展示学生成就。学习习惯应独立于学业内容被单独划分等级，而且学生参与是等级评定的关键。

等级必须准确描述学生进展和当前的学业成就水平

显示在成绩单或进展报告上的最终等级应该描述学生在一系列学习目标上的进展情况，成绩单上的等级应该反映学生当前的学业成就水平，这就意味着要关注学生的发展趋势，尤其是与特定学习目标相关的最新作品和学期的平均分数。学生有各种机会通过多元质量评估来展示其学习目标进展情况，该原则中有一个固有的信念，即只要给予学生适当的帮助，每个学生都能够达到高标准。

学习习惯应该被独立评估和汇报

汇报努力程度、及时性和课堂参与程度这样的学习习惯应该和汇报学业成就同等重要。学习习惯和特色学习目标的评估应该被分开评判和汇报。学习习惯不仅很重要，而且相当独特，理应具有不一样的标准。共同核心标准指出了学习习惯的重要性，并指出，为学生提供学习习惯指导、给予学生反馈、要求学生自我评估以及收集学生成长证据等应成为每个教师必须履行的责任。

等级应用于沟通，而不是激励或惩罚

等级应该真正地服务于在标准方面的交流，而不是用于激励或惩罚。许多人相信如果学生获得了一个较低的等级，那么他将学会"下次加倍努力"，但是事实却恰恰相反，当学生获得了一个较低的等级时，他们将倾向于继续获得较低的等级或者直接选择放弃。例如，如果一个学生因为无故缺席次数过多而不合格时，那么什么将会成为开始工作的动机呢？在基于标准的等级评定系统中，这些缺席会反映在学生的学习习惯等级中，而学生依然有机会达到学业标准并合格通过。如果从一开始学生就明白自己的目标是什么以及他们将如何被评估，那么他们将会更倾向于继续努力。

学生参与是等级评定过程的关键

如果学生预先了解他们的学习目标，那么他们就能够参与到针对他们自身发展的沟通交流中去。教会学生如何有效地对其学习和进步情况进行自我评估是学习过程的关键组成部分，自我评估有助于形成学生的自我效能感（他们将会在学习中获得成功的信念），因为这也为他们实现目标提供了一种方式，他们学会观察和解释他们的表现，并决定他们下一步需要做什么，这是一个真正的动机来源，与预想中的好的或差的等级动机形成对比。

为什么这项实践很重要？

我们的工作植根于这样一种价值观，也就是说如果能够给予学生适当的帮助，那么所有的学生都能够到达顶峰或满足具有挑战性的成就标准。如果每个学生都能满足同样的高质量标准，那么学生和老师需要通过个人表现和标准之间的比较，而不是凭借不同学生之间的比较来评估进展。因为等级和成绩单可以向学生和家长传递学校价值观，所以基于标准的等级评定是学校的学生参与式评价的关键组成部分。

清晰地沟通学生成就

我们想要将学业成就的重要性清楚地传达给学生和家长。当等级被平均后，当努力被考虑在内，当目标没有被指定或者当学生因为带来他们的铅笔而获得加分的时候，学生和家长并不能准确区分什么是重要的或者他们已经学到了什么。在附带的视频中，卡斯科湾高中的一名英语教师苏珊·麦克雷在谈论基于标准的等级评定时使用了一个关于骑自行车的比喻："当你刚开始骑自行车的时候，你感觉要跌倒……很多次。如果我将你学骑自行车中的尝试和跌倒的总数取平均数，那么你在学骑自行车上是不合格的。或者，我可以过一段时间再来看看你骑自行车的情况，你还仍然有一点骑不稳吗？你骑稳了吗？你能使轮子跳起来吗？"基于标准的等级评定系统考虑早期的错误，使学生获得学习和提高的机会。

观看视频：为什么采用基于标准的等级评定系统

让学生参与

在一个基于标准的等级评定系统中，学生在理解学习目标和反思进步方面发挥着积极的作用，在理解和制定标准方面，学生成为教师的合作者，而不是对等级缺乏了解的被动接受者。当学生的目标明确，进展情况可以被清晰地沟通时，学生和家长可以更多地参与到关于学生学习和学业成就方面的对话中，如果没有一个清晰的基于标准的等级评定，那么大多数家长不知道如何去评估这个等级是否反映了对材料的理解、如何评估良好的行为以及如何评估是"困难"或是"简单"分级等。

学生要对自己的行为负责

基于标准的等级评定为教师跟踪及保持各年级学生所有学科的学习目标和特色学习目标提供了一种方式和手段。正如特拉华州岭小学校长辛迪·卡佩勒所指出的，"学校存在一个很大的错误，即学校没有如实地告诉学生他们的进步情况，他们一旦将作业交给了老师，就觉得好像作业已经和他们没有关系了。学生经常给出的理由是'我们没有时间'，但是用在对话交流和反思上的时间比你们能够做的所有的事情都更有价值"。卡佩勒认为对标准的反思应该从幼儿园开始，"幼儿园是设置标准的最好时机，他们学习为自己做主，当他们为自己的学习负责的时候，他们就不会只是静静地坐在那里什么问题也不问"。

共同核心联系

· 赋予标准一定的等级（不是所有表现的平均）有助于学生清楚地了解他们学习中的优势与不足，了解其在特定学习目标方面取得的进展，并促使他们为达到标准负责。

· 除利于沟通学习情况这样一个重要功能外，运用标准进行自我评估的过程还可以建立学生的自我意识、加强对标准的理解和掌握反思技巧，这些都是成功的学习者所必备的特质。

· 基于标准的等级评定系统将家长引入等级评定过程，这种方式使其能够为学生在学业成长和性格成长方面提供更好的支持和帮助。

开始

为学生参与式评价的实践奠定基础

为发挥最大效用，基于标准的等级评定应该在全校范围内实施，并且得到学区和社区的支持和帮助。但是，如果缺乏学区和社区的全力支持，个别教师和团队可以使用以下策略确保学生和家长更容易接受和使用等级评定。本章主要讨论基于标准的等级评定在班级、年级和全校范围内的具体实施。

全校基于标准的等级评定系统的坚实基础包括以下元素：

• 制定和利用学习目标来指导课程、教学和评估。学习目标要使用学生可以理解的文字来描述，而且是教师评估学生学习和汇报其进步的主要方式。

• 明确定义能够反映学校具体特征以及基于证据的学习习惯。学习习惯还有许多其他名字，如工作习惯（HOWs）、工作和学习习惯（HOWLs）、工作习惯和特征（CHOWs）、思维习惯等。以上任何一个名称都可以很容易从本书的例子中找到。

• 为学生参与式评价承担全部责任，通过各种形式的实践活动让学生参与评估自身学习情况。

为教师等级评定指南奠定基础

学校通常会成立等级评定小组，通过领导团队下的小组委员会或全体领导小组来建立共同结构，并为开始实施基于标准的等级评定系统做出重要决策。制定和发布教师等级评定指南是该过程的重要组成部分，该指南能够确保许多重要决策在开始之初就被预先确定好，并确保全校等级评定的连贯性。当全校教师的等级评定保持一致的时候，学生就不用花费更多的时间来试图找出每个老师的预期或价值观，他们可以将更多的精力用在学习上。

尽管教师等级评定指南对于确保全校实施的连贯性具有至关重要的作用，但是，当教师个人在其班级开始进行等级评定的时候，教师也会发现接下来的概念和样例的重要性。教师等级评定指南不仅可以为教师落实基于标准的等级评定系统提供帮助，还可以在以下几个关键领域为教师提供指导。

确保所有等级和学科都有优先标准和有效的学习目标

从共同核心标准开始，随着学生的等级变化，学校应该针对学术内容和技能制定清晰的流程。一个完善的课程规划能够确保符合等级水平标准，并防止等级间不必要的内容重复。虽然课程规划通常是一份独立文件，但是教师等级评定指南可以在课程和等级之间建立纽带，即通过确定每学期各门课程的基本标准和推荐的学习目标数量架起两者之间的桥梁。在某些学校，课程规划使教师能够根据各等级水平的优先标准灵活地创建自己的学习目标，而在另外一些学校则专门为教师制定学习目标。

为学习目标制定通用语言和规则

为达到或超过学习目标制定清晰一致的全校标准是使家长和学生参与等级评定过程的关键，如果分数看起来很神秘，那么学生便很难取得进步，等级将依然是教师的主观判断，下面是一个全校通用准则的例子。

基于标准的等级评定准则样例
——摘录自缅因州波特兰卡斯科湾高中的教师等级评定指南

卡斯科湾高中每门课程都会设置 10～15 个课程标准，课程标准描述了该课程可以实现的学习目标、代表学生应该知道的基本内容或者在该课程中能够做什么。我们学校的基于标准的等级评定语言和量表与国家规定的缅因州高中评估量表一致，且大致相当于许多学校和大学使用的 4.0 量表。

1＝不符合标准

2＝接近标准

3＝达到标准

4＝超过标准

对于每个主要评估对象，教师需要制定规则（通常带有学生意见和建议），明确学生为达到 2、3 或 4 必须满足的标准。

1＝不符合标准：在一些情况下（例如，因故缺席），一个学生在最后期限内未在达成标准或既定的评估条例中有实质性的进展，这个时候给出等级 1。这可能意味着学生并没有达到该评估的大多数能力指标或评估准则，或者他没有真正努力去满足这些规则。这是一个不合格的等级。

2＝接近标准：当学生能够证明其在规定的时间内对既定的评估标准做出了实质性

的努力，但是需要更多的时间来达成标准，这个时候给出等级 2。这可能意味着学生已经达到了大多数（51%）的能力指标或评估标准，或者真正努力去达成。这是一个不合格的等级。

3＝**达到标准**：学生作品基本符合评估标准和评估要求。这是一件合格的作品，能够证明学生掌握了该等级或该课程的基本技能和知识。所有达成标准的证据在作品中都有体现。这是一个合格的等级。

4＝**超过标准**：学生的作品远远超出了课程质量标准。作品或许还并不十分完美，但是它的复杂性、精密程度、原创性、深度、综合性和应用性显然超过了该评估标准的预期。有时，学生必须完成一个特定的任务或提示，而不是满足所有的要求，就会超过标准评级。所有超过标准的证据在作品中都有所体现。这是一个严格的标准和合格的等级。

根据长期学习目标明确进展

基于标准的等级评定以长期学习目标的多元质量评估为基础。每学期、每门课程的长期学习目标评估数量在教师等级评定指南中都有详细的说明。该指南还期望教师建立一套证据来决定每个学生在各个长期学习目标上取得的进展情况。教师开发一系列连续的支撑性学习目标以便建立满足长期学习目标的技能和必备知识。一系列的总结性评价和形成性评价可以为教师提供重要信息，通过这些信息，教师可以在必要时评估课程需求和调整教学以帮助所有学生实现支撑性学习目标和长期性学习目标。以下是确定学习目标进展情况的样本指南。

确定学习目标进展情况的样本指南
——摘录自科罗拉多州鹰韦尔霍姆斯特克峰中学的教师等级评定指南

• 教师将长期学习目标分解成支撑性目标帮助学生进步，然后将评估和支撑性学习目标相联系建立一系列的证据，这些证据为学生提供达成长期学习目标方面的信息。

• 为满足长期学习目标，目标的每一个组成部分都应该在某种程度上被论证，这可能并不总是发生在同一个评估中，但是久而久之它也可能会发生。教师必须仔细和清晰地确定支撑性学习目标，这些支撑性学习目标能够引导学生达到长期学习目标。

• 为达成长期学习目标，学生应该能够在评估时如实地提供证明。可靠地实现长期学习目标并不意味着完美达成。

- 在整个学期逐步达成长期学习目标，展示一路上的成长，然后在最后达成目标是可接受的。如果一个学生早期就证明达到了目标，但是之后再也无法证明，那么这个学生也并没有达到长期学习目标。

- 教师需要一系列综合性的证据来正确评估学生在长期学习目标上取得的进步，为确保证据的综合性，证据必须包括多种总结性评价材料，最好能够为学生提供多种证明其熟练程度的方法。

在学期末计算等级

教师等级评定指南对确定学生学习目标的总体进度和计算期末成绩做了区分。教师等级评定指南对合格做了具体描述。在某些学校，等级与各课程规定的学习目标所要达到的熟练程度紧密联系，学生只有对各个学习目标的掌握情况做出相关证明才能够合格通过。在其他学校，等级根据长期学习目标熟练程度的平均值来确定，所以在没有达到一个或多个学习目标的情况下也可以通过该课程。以下是两所采用不同等级计算方法的学校的样例。

计算等级样例指南——摘录自两种教师等级评定指南

样例 1：科罗拉多州鹰韦尔霍姆斯特克峰中学

学期等级计算

计算学期等级，将代表每个长期学习目标进展情况的分数加在一起取平均数，平均值代表整体目标的达成水平。需要注意的是，这和根据每个单独的学习目标来确定学生进步程度不同，这是教师依据其对学生上一阶段各学习目标的完成情况做出的专业判断。

样例 2：缅因州波特兰卡斯科湾高中

在卡斯科湾高中通过一门课程意味着什么？

为了通过课程，学生必须在"符合标准"（3）或以上级别满足每个课程标准（长期目标）。这并不意味着学生必须通过每项评估，而是意味着学生必须通过各个课程标准的至少一项评估（有时更多）。

"这个系统要求严格，你必须有优质的作品。我认为这有助于让学生了解什么是优质的作品（所需要的卓越水平）以及好的学习习惯，你不能只是马马虎虎的搪塞，因为我们将会说'再做一次'。"

——缅因州波特兰卡斯科湾高中校长，德里克·皮尔斯

图 8.1 是关于带有最终等级的基于标准的报告卡摘录，最终等级为标记期内所有长期学习目标的分数的平均值。

过程报告

项目		分数
9 年级第 3 学期第 3 章　代数	▭	**3.1**
介绍图形	▭	**3.9**
整体学业目标掌握程度	▭	3.9
——我可以区分自变量和因变量（幂定律）	▭	3.9
——我可以绘制和找到直接变化和逆变化函数的方程	▭	4.0
——我可以在图上绘制点	▭	3.8
——我可以使用图形计算器	▭	3.9
——我可以在模拟情境下写出方程（最大值）	▭	4.0
——我知道这个术语并能够识别平面坐标（幂定律）	▭	3.5
整体特色目标掌握程度	▭	1.3
——我可以按时完成作业	▭	1.3
斜率和线性方程	▭	**2.6**
整体学业目标掌握情况	▭	2.6
——我可以比较斜率（正与负，平行与相交，零与无限）	▭	3.4
——我可以检查点是否在图标上	▭	2.2
——我可以用两个点找到一个斜率	▭	2.6
——我可以根据给定的图表信息找到线性方程	▭	1.9
——我可以从任何形式的线性方程中找到斜率和截距	▭	3.7
——我可以根据方程、数据表和位置制表	▭	2.3
——我可以转换方程形式，可以识别三种形式（标准形式、斜率截距形式和点斜率形式）	▭	2.4
——我可以将数据表的增长率转化为斜率	▭	3.1
——我可以根据模拟线性情况写出方程	▭	1.7
整体特色目标掌握程度	▭	3.6
——我可以按时完成作业	▭	3.6

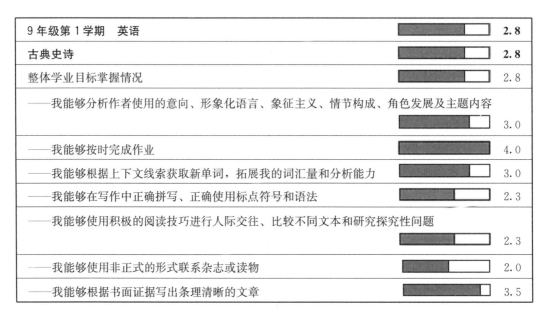

9 年级第 1 学期　英语		**2.8**
古典史诗		**2.8**
整体学业目标掌握情况		2.8
——我能够分析作者使用的意向、形象化语言、象征主义、情节构成、角色发展及主题内容		3.0
——我能够按时完成作业		4.0
——我能够根据上下文线索获取新单词，拓展我的词汇量和分析能力		3.0
——我能够在写作中正确拼写、正确使用标点符号和语法		2.3
——我能够使用积极的阅读技巧进行人际交往、比较不同文本和研究探究性问题		2.3
——我能够使用非正式的形式联系杂志或读物		2.0
——我能够根据书面证据写出条理清晰的文章		3.5

图 8.1　使用 JumpRope 软件带有平均学习目标得分的基于标准的报告卡样例

"（这样做）让我们能审视每个目标，确保其可以用于教学和评估。比如我们如何量化勇气？"

——缅因州租客港圣约翰学校校长，玛丽·爱丽丝·麦克林

学习习惯报告

教师等级评定指南架起了学校课程规划和评级过程之间的桥梁，它也是联系学习习惯和评级过程之间的纽带。教师等级评定指南应该对特色学习目标做相关解释说明，包括不能满足特色学习目标的后果和对不断超越特色学习目标的认定。该指南还应该包括确保全校实施连贯性的规则。以下是评估学习习惯的样本。

学习习惯评估（HOW）
——摘自缅因州波特兰卡斯科湾高中教师等级评定指南

• 我们认识到学习习惯（HOW）对学生未来的学习和工作的成功至关重要。学生在每门课程中都获得一个不一样的学习习惯等级。

- 我们的学习习惯等级主要评估学生如何与他人互动，如何应对学习挑战以及如何参与课堂。

- 在每门课程和每个标记周期中使用相同的分级量表（1～4）定期评估学习习惯。

- 在学习习惯上获得等级3或更高级别的学生都可以上光荣榜。"本周的学生学习习惯"也会在学校会议上得到认可。

- 必须重视学习习惯等级为3的学生。在学期末，学习习惯等级为3或者更低的没有达到标准的学生将收到一个未完成的通知。这意味着学生将得到额外的时间和帮助，通常需要两周的时间完成剩余目标。

为未达到或超过学习目标的学生确定支持结构或过程支持

有些学生在达成学习目标上存在困难，这种情况是不可避免的，教师等级评定指南必须为识别和支持这类学生在学校政策和程序方面制定详细的策略。在本章的"实践"部分将提供关于帮助学生达到标准的更多细节。以下是一个正在从传统评级系统向基于标准的等级评定系统转变的为后进生提供帮助的教师等级评定样例。

达到学习目标和学习习惯目标的相关说明
——摘自缅因州租客港圣约翰学校8年级的教师等级评定指南

我们的目标是每个学生在所有课程的学习习惯目标和学业目标上达到"合格"，圣约翰学校通过以下程序帮助学生，并使其为实现自己的目标负责：

- 在每周的小组会议上，小组围绕在学习习惯和学术目标方面不合格的学生进行讨论。教师在会议上为每个学生制订即时帮助计划（即在本学期剩下的时间）。在会议上完成帮助学生的计划清单（确定问题和计划）。

- 教师将为学生提供机会使其对学习习惯目标和学业目标进行定期的自我评估。

- 在学期结束时，如果学生依然存在困难，那么她或他将加入SIT（学生干预团队）。

- 中层团队将在各学期结束时提供强化课程，给予学生支持和时间来达成目标。

对于大多数学生来说，他们和其他同学具有相同的目标，援助是足够的，但是，在某些情况下，学生需要有不同的目标，这些需要任课教师和特殊教育服务者一起开发制定。

其他注意事项

教师等级评定指南应该确定学校在家庭作业、补课、授予模范或荣誉称号等方面的政策，以便教师可以采用一致的方法。

家庭作业和示范等级中的常见问题
——摘自科罗拉多州鹰韦尔霍姆斯特克峰中学教师等级评定指南

家庭作业在确定学生课程等级或学生等级评估方面的作用是什么？

作为练习的家庭作业应该主要用于评估学习，而不是纳入学生达到长期学习目标的证据体系中去。然而，学生是否按时完成作业的态度会影响他们的学习习惯评价。当学生在家里完成长期作品时，这种类型的工作大多与计入成绩簿中的学习评估相关。

什么是示范性作品？

已完成的或 B 水平的作品反映的是稳固的、有能力的和适当的成就。优异的或 A 水平的作品反映的是优异的和高质量的卓越成就。这个规定并不是不可能实现或罕见的，它旨在识别学生的特定作业或课堂中的作品，这些作品通过修订、准备和认真执行才可实现其高度复杂性和工艺性。

教师是否为在总结性评价中达到示范性提供了可能性？

确实，学生有机会在每个总结性评价和长期学习目标上达到示范性是非常重要的。教师应该制定长期目标，以便使学生知道达到标准和实现示范性的意义。

教师准备和支持

开始制定教师等级评定指南可以为基于标准的等级评定的顺利实施奠定基础，但是该指南不能取代教师专业发展的需要，教师个人和团体不仅可以进行大量的课堂实践（这在下文还会提到），而且对学生学业成就、全校实施和学区支持都会产生重大影响。

学校领导可以通过关注下面的全校实践为教师和基于标准的等级评定系统的全面实施提供支持。

　　"制订计划让人们消除疑虑，让其相信这是一个正确的方向。刚开始实施起来并不是十分顺利，但是我们要明白，即使它实施起来并不完美，也要优于原有的等级评定方式。"

——缅因州租客港圣约翰中学校长，玛丽·爱丽丝·麦克林

为新的等级评定模式的确定和实践投入重要的专业发展资源和充裕的时间

　　如果教师想要内化和完全接受基于标准的等级评定原则，就需要花费时间去研究、反思和斟酌，更不用说针对共同核心标准本身了。我们大多数人没有以这种方式被分级或者对这种实践进行过专门的培训，所以很容易恢复到旧的结构和方法。设置全校的共同目标和合作组织将有利于这次转变。

　　当教师设计和使用那些能够有效衡量学生学习目标的评估方式时，他们便可以更有效地评估学生的学习目标。学校应该为教师提供重要的专业发展时间，让教师可以制订优质的标准—目标—评估计划，此类计划应该反映共同核心标准、国家或地区标准与学校的技能和内容规划的一致性，与这些标准相一致的高质量学习目标以及一系列的形成性评价和总结性评价能够为学生达到学习目标提供各种机会。在开始之初就制订计划能确保教师为学生达到学习目标提供最佳时机。

　　表8.2是来自卡斯科湾高中苏珊·麦克雷的人文类学科基于标准的评估计划样例。麦克雷通过跨学科的公共政策项目来教授和评估这套写作学习目标，她要求学生写两篇文章，即文学分析论文和研究论文，以此来评估学生对论文写作的熟练掌握程度。这两篇文章为她确定学生进步提供了更广泛的证据。对于文学分析论文的创造性，麦克雷会分解理论文学分析论文创作的每一个写作技巧和写作过程的每一个步骤，她会对学生的第一篇习作提供大量的帮助。当学生开始进行研究论文写作时，她希望学生可以在写作技巧的使用和写作过程方面更具独立性。这在评估栏中是显而易见的，和文献研究相比，文学分析论文在整体上有更多的形成性评价。她的计划还使得文学分析总结性评估在学生着手撰写研究论文时以形成性评估的方式得到使用。在第四章首次提到的视频"描述性反馈有助于所有学生达到基于标准的等级评定"中，我们可以看到麦克雷在课堂上的具体操作。

表 8.2　基于标准的等级评定计划样例

标准	目标	形成性评价	总结性评价
共同核心写作标准，W.11—12.2：撰写信息型、说明型文本，通过有效的内容选择、组织和分析，清楚准确地理解和传达复杂的想法。子类别： • 介绍主题；组织复杂的想法、概念和信息使各个新元素建立在原有整体之上；为有助于理解可运用标题图表（例如，图形、表格）和多媒体。 • 通过最重要和最相关的事件、扩展性定义、具体细节、引用或其他有利于读者了解该主题的信息和样例来开发主题。 • 使用精确的语言、特定领域专用词汇以及隐喻、明喻、类比等技巧来解决主题中的复杂性问题。 • 建立和保持正规的格式和客观的语调，同时遵守学科规范和惯例	**长期学习目标：** 我能够根据我们的探究性话题书写有一定质量的说明文（文学分析论文和研究论文）。这意味着我在写作过程中可以有效利用 6 个写作手法		
	支撑性学习目标： （1a）我能够阐释一个中心思想或论文，且可以提供证据证明	• 论文撰写流程 • 模板介绍 • 证据规划 • 引言草稿和文章主体部分草稿 • 引言段落 • 提纲	• 文学分析论文（基于书写量表质量说明进行写作思路评估） • 文学分析论文草稿（基于说明文书写规则第一页） • 文学分析论文最终稿（基于整个说明性写作规则） • 研究论文最终稿（使用整个说明性写作规则进行评估）
	支撑性学习目标： （1b）我可以使用文章段落来有效地支撑我的观点	• 证据制定 • 引言草稿和文章主体部分草稿	• 文学分析论文草稿（基于说明性写作规则第一页） • 文学分析论文最终稿（基于整体说明性写作规则） • 研究论文最终稿（使用整个说明性写作规则进行评估）
	支撑性学习目标： （1c）我可以通过一系列清晰的思路来组织我的写作	• 证据制定 • 引言草稿和文章主体部分草稿	• 文学分析论文草稿（基于说明性写作规则第一页） • 文学分析论文最终稿（基于整体说明性写作规则） • 研究论文最终稿（使用整个说明性写作规则进行评估）
	支撑性学习目标： （1d）我可以根据我的写作目的和面向的读者来写作		• 文学分析论文最终稿（基于整体说明性写作规则） • 研究论文最终稿（使用整个说明性写作规则进行评估）
	支撑性学习目标： （1e）我可以通过选词和组句来表达我的观点		• 文学分析论文最终稿（基于整体说明性写作规则） • 研究论文最终稿（使用整个说明性写作规则进行评估）

制定全校学术习惯框架，根据学生的达成情况追踪学生进展

制定学术习惯框架会花费一定的时间和精力，但是，这是很值得的，因为这能使学校针对可能影响学生学业等级的学习习惯及行为与学生和家长进行清楚的沟通。当教师建立良好的体系来跟踪学生的学习习惯进展，那么成绩单出来的时候学生和家长几乎没有什么惊讶，每个人都很容易看到学习习惯和学业等级之间的关联。

在传统的等级评定系统中，有部分课程等级是根据学生的参与、行为和努力情况来评定的，这意味着单一等级的学生有时会收到传达混乱的信息，例如，一个了解一门课程所有内容的学生因为迟到或者表现出不适当的努力可能会获得 C，与此同时，在同一个班级，有的学生不了解课程内容，但是按时上课、参与课堂活动并尽各种努力也可能获得一个 C，这样家长和学生就很难理解达标过程或者什么行为可能会影响他们的等级。在附带视频中我们可以看到学校领导、教师、家长和学生一起探讨将学习习惯和学业等级分开的益处。

 观看视频：好的学习习惯让学生为大学做准备——基于标准的等级评定

为更好地与家长和学生沟通学生在学业和学习习惯方面取得的进展，学校应在各领域都给予学生一个独立的等级。每个学校都应该制定一套特色学习目标，教师应该为学生提供指导，并向学生反馈他们的进展，要求他们对其进展进行自我评估并收集相关的证据。尤其是在小学，学校通常要制定指导全校所有学生的特色目标，并且要进一步确定各个等级（考虑每个学生之间的发展差异）的具体特色学习目标。在表 8.3中我们可以看到丹佛奥德赛学校的学习目标。

表 8.3　学习习惯目标样例

责任感	
等级 2~3	我能按时完成高质量的家庭作业。 我能在课堂上集中注意力。 我能确定哪些礼仪对我来说很容易维持，哪些对我来说有挑战

续表

等级 4～5	我能解释作为学习者我应如何使用目标来支持自己。 我能制订计划来支持自己的学习。 我能完成优质的初稿作品。 我上课能集中注意力和积极参与
等级 6～8	我能始终使用一定的策略（例如，笔记、课程参与以及技术研究等）进行学习。 我能完成高质量的课堂作业。 我能成为一个有规划的旁观者（即，为他人提供帮助）

来源：丹佛奥德赛中学

等级 2～8 的学习目标与学校关于责任这一特色目标相关，学生的成绩单会反映出每个特色学习目标的等级。

支持教师根据长期学习目标而不是作业或评估建立等级手册（包括在线等级手册）

表 8.4 为我们展示了卡斯科湾高中如何建立等级手册来追踪学生在长期学习目标方面取得的进展，"我能够根据我们的探究性话题撰写一定质量的说明文（文学分析论文和研究论文）。这意味着我在写作过程中可以有效利用 6 个写作手法"。表 8.2 详细说明了整个标准—目标—评估计划。下面的视频中麦克雷向我们展示了她的等级手册。

 观看视频：理解基于标准的等级评定系统中的等级

制定基于标准的、包含特色学习目标的等级评定单

图 8.1 和 8.2 展示了两个基于标准的等级评定单样例。图 8.2 中的等级评定单使用了 PowerSchool 软件，这在许多学区也很常见，适用于基本标准的等级评定，而图 8.1 使用的是 JumpRope 软件，该软件是专门为基于标准的等级评定系统设计的，这都表明基于标准的等级评定单清楚地展示了学业目标和特色学习目标的进展情况。

表 8.4 等级手册摘录

目标	评估	等级	
写作♯1A	形成性评价：论文流程图	2	麦克雷通过连接评估标准和写作目标来组织等级手册。她先在评估计划上标记学习目标，以此在等级手册中使用编码而无需写出整个目标
写作♯1A	形成性评价：引言模板	2	
写作♯1A	总结性评价：文学分析论文（中心思想专栏）	2	麦克雷使用粗体的总结性评价来确定学生长期写作目标的最后等级，这也显示在第二学期的成绩单上
写作♯1B	形成性评价：证据规划	3	
写作♯1A，B，C	形成性评价：引文草稿和论文主体部分草稿	3	
写作♯1A，B，C	总结性评价：文学分析论文草稿	3	
写作♯1A—F		3.25	尽管之前收到了论文流程图和引言模板的反馈，第一次总结性评价中文学分析论文的论证陈述未达到目标。在上交草稿分析报告之前学生可以收到同伴和麦克雷的额外反馈，这有助于他在第二次总结性评价时获得 3。在最后两次总结性评价中他可达到（或超过）目标。随着时间的推移观察学生的进步，尽管学生第一次总结性评价的得分为 2，麦克雷注意他达到目标的趋势，她决定他写作成绩单上的最终等级为 3 或"达到目标"
写作♯1A，B，C	形成性评价：提纲，研究论文	2	
写作♯1A	形成性评价：引文段落，研究论文（中心思想规则）	3	
写作♯1A—F	总结性评价：研究论文最终稿（整个规则）	3	
写作♯1 最低等		3	

图 8.2　运用 PowerSchool 软件的基本标准的成绩单样例

Period 4　　课程：艺术 6（问题 1）　　　　教师：	MP 1	MP 2	Final
平均学习目标：	B 3.00		
LT1：我能有效地使用设计元素和规则（LT 代表学习目标，下同）	3.00		
LT2：我能证明我在媒体、材料和视觉艺术技巧方面的知识	3.00		
LT3：我能创造代表某种概念的艺术	3.00		
LT4：我能证明我在观察、抽象、发明和表达方面的能力	3.00		
HOW1：我来到班级准备学习（HOW 代表学习习惯，下同）	3.00		
HOW2：我积极参与课堂	3.00		
HOW3：我评估并修订我的作品	3.00		
HOW4：我为小组活动的成功做出贡献	3.00		
Period 5　　课程：科学 6（TR）　　　　教师：	MP 1	MP 2	Final
平均学习目标：	C 2.66		
LT1：我能收集、记录定性和定量数据	2.80		
LT2：我能读取地球物理特征中的等高线图	2.50		
HOW1：我到课堂准备学习	2.50		
HOW2：我积极参与课堂	3.00		
HOW3：我能评估和修订我的作品	2.00		
HOW4：我为小组活动的成功做出贡献	3.00		
Period 6　　课程：社会研究 6（TR）　　　　教师：	MP 1	MP 2′	Final
平均学习目标：	B+ 3.20		
LT1：我能指出拉丁美洲、欧洲和非洲的地形及国家	3.70		
LT2：我能对拉丁美洲和欧洲的文化进行分类	3.00		
HOW1：我到课堂准备学习	3.00		
HOW2：我积极参与课堂	2.50		

学生准备与参与

为了让学生参与评估等级评定过程，教师需要教会学生如何理解学习目标，如何根据评估信息对自己的进步进行良好的评估，如何确定下一步行动和目标来帮助他们达到目标。像学生发展跟踪系统、目标设置模板以及学生友好评估规划等这些工具能够增强一致性和归属感。表 8.5 是缅因州波特兰市卡斯科湾高中南希·哈格斯特朗的西班牙课程学生进步跟踪样例。卡斯科湾高中的教师还使用了一个叫作"无限校园"的网站，该网站使教师可以在线持续更新跟踪系统，学生和家长可以登录并检查他们所有课程的进展情况。

起初，基于标准的等级评定系统对学生来说非常的奇怪和陌生，但是只要给他们提供适当的信息他们就能够很快跟上节奏，就像卡斯科湾高中的一个学生迈克尔在之前的视频"为什么使用基于标准的等级评定系统"中提到的，"你不能 78 分通过了考试，却还不知道相关材料的一半内容。在初中我以 B 通过科学学科，但是当我来到卡斯科湾高中的时候，我们开设了物理学科，我甚至不知道中学理应知道的知识的一半，因为这一半正好是我不擅长的"。

校长德里克·皮尔斯和卡斯科湾高中的几个学生在全校社区会议上上演了一场滑稽短剧，以一种有趣的、学生友好型的方式介绍了这个概念。皮尔斯用饼干做比喻来传达基于标准的等级评定量表（1~4），他一边咬着 4 种不同的巧克力饼干一边讲述着它们的不同口感（例如，2 是半熟的）。在滑稽短剧的最后，皮尔斯揭示了基于标准的等级评定的重要思想，即相当于 Cs 和 Ds 的等级将不存在，因为所有的学生都需要达到标准，有些学生在某些方面可能得到 2，但也只是学习过程的一部分。学校也将为学生提供帮助，如果学生在学习习惯上获得的等级不低于 3，他们将有无数的机会去达到或超出标准，教师会在课堂上跟进学生的进步。

表 8.5　学生进步跟踪样例

支撑性学习目标	证据及下步计划	证据及下步计划	证据及下步计划	总结性评价
我能在书面句子中始终正确使用-ar 动词	日期：9 月 13 日 我能识别-ar 动词的 6 个变化——我学会了该知识点	日期：9 月 15 日 在-ar 动词测验中我得了 3	日期：9 月 20 日 我用 4 个不同的主语写了 4 个句子	测验——得了 3
我能在书面句子中始终正确使用-er 动词和-ir 动词	日期：9 月 30 日 我在不看笔记的情况下玩"战舰"，并知道其中的变化	日期：10 月 5 日 我做完了所有家庭作业，且已理解了课堂热身句子	日期：10 月 12 日 我参加了-er 动词和 -ir 动词测试——得了 2，这周将在 7 号楼补考；需要继续学习	1. 测验——得了一个 2 2. 测验——补考得了一个 3 3. 写作评估——3.25

学习目标过程反思

- 回顾长期学习目标和支撑性学习目标，你为什么成功地实现了这些目标？为什么没有？

我完成了家庭作业并认真听课，我想如果我可以独立完成每一部分，我也可以完成整个部分。我去 7 号楼补考是因为我没有达到目标的测验。

- 你将使用哪些策略（具体步骤）来完成可以运用到新的学习目标中去的支撑性学习目标？

完成作业、参与课堂以及为测验和写作评估努力学习

教师反馈

你在作业和课堂参与方面做得很好，你要不断尝试超越，我知道你一定可以

"最后，每个学生都会达到等级 3 或 4，想要蒙骗过关对学生来说并不是一个好的选择。孩子在项目上得到等级 1 却没有去改变它的情况也不会发生。"

——缅因州波特兰市卡斯科湾高中 12 年级学生

与家长和大学招生办公室沟通

关于等级和成绩单如何反映孩子的学校教育情况，家长有他们自己的经验。正如校长德里克·皮尔斯提出的，"家长比孩子更容易忽略等级意味着什么"。学校应该主动和家长分享基于标准的等级评定所期望达到的结果，以及为什么基于标准的等级评定系统更有效。许多学校制定了家长等级评定指南，使过程更加透明，高中学校还必须向大学仔细地解释他们档案中的等级评估系统。以下内容摘录自俄勒冈州比弗顿市健康与科学学校的学校档案。

提供给大学招生办公室的学校档案

——摘自俄勒冈州比弗顿市健康与科学学校

成绩单上的等级来自对学习目标的掌握程度，加权等级加粗显示。

A：学生在该学科的所有学习目标都必须达到 3 级水平（参见下面的水平 1～3）。

B：学生必须在每个 2 级学习目标上至少达到 2 个 3 级水平，且没有水平 1。

C：学生必须在大部分学习目标上达到水平 3，且没有水平 1。

I：学生作品不完整或者缺失或者低于等级和课程期望值。

基于熟练程度的三级标准用于评估学生的课程学习目标。

水平 1：对复杂知识体系或概念的初步或基本认识。

水平 2：对知识和事实的更详细的了解水平，但并未完全掌握。

水平 3：达到或超过目标，使用了更高层次的思维（运用、分析和综合）。

实践

确保基于标准的等级评定的综合性方案

建立一个强大的基于标准的等级评定系统是一项复杂的工作，涉及时间、承诺、领导、专业发展等。在早期阶段，学校将重点放在基础工作建设上，这些基础工作建设包括制定教师等级评定指南、制定强大的学习目标、确定评级系统以及跟踪学习习惯进展情况等。此外，在早期阶段许多学校还在开发外部交流工具（如，基于标准的成绩单等）之前进行内部实验。

后来，随着实施的深化，学校增加了工作层次：

- 深化学生参与式评价实践
- 审查和完善标准—目标—评估计划，确保质量
- 优化全校结构和人员角色，为需要额外帮助的学生提供支持

深化学生参与式评价实践

学生参与评估他们的作品和学习，并交流他们在达成标准方面的进展，这些实践

是相互关联的。教师定期参与形成性评价，对学生进展和需要修订的多个作品给予描述性反馈。正规的学习展示、学生领导的会议以及文本展示让学生能够将他们的进步展示给更广泛的人群。基于标准的成绩单就像是水面上的冰山一角，冰山之下是经过仔细推敲的标准—目标—评估计划、质量评估、对学习证据的共同看法、关于学生成才目标的学校文化以及学校有意义的工作。

表 8.6　评估论文

支撑性学习目标：我能提炼一个中心思想或论点并提供证据				
特征	1——尚未达到 *	2——接近	3——达到	3.25～4——超过
中心思想（论点）	* 尚未达到表示尚未展示接近标准所列举的要求	• 具有中心思想，但过于宽泛或过于浅显 • 需要准确定位或表明立场 • 中心思想未得到有效支撑	• 包含一个明确的中心思想，该中心思想能确定立场或论点 • 可以支持中心思想 • 支持论点提炼，以便清晰地解释立场	• 中心思想或论点新颖且引人注目 • 论证部分流畅，能加深读者的理解，并激发思维
论文结构	* 尚未达到表示尚未展示接近标准所列举的要求	• 观点包括详细的信息和对文本的直接引用（需要保持通用） • 观点需要包括标题和文本作者	• 观点本质上是通用的（不包括直接引用的文本） • 观点需要包括标题和文本作者	
在这里写下你的论文观点：				
自我评估分数：	理由：		同伴反馈分数：	理由：

如表 8.6 所示，在卡斯科湾高中，苏珊·麦克雷让她的学生根据既定的学习标准来评估他们的作品，与此同时，他们还需要评估同伴的作品，在每种情况下，学生们都需要给出证据来解释给定的得分（从 1～4）。这种实践可以建立学生在引用证据方面的技能，也是满足共同核心标准的关键，同样也可以使学生理解和参与评估。

个案研究

缅因州波特兰市卡斯科湾高中让学生参与跟踪其学习

在卡斯科湾高中苏珊·麦克雷的 11 年级人文类课程上，第二个学期学生重点关注基于共同核心写作标准的说明文写作学习目标，W.11—12.2：撰写信息型/说明型文本，通过有效的内容选择、组织和分析，清楚准确地理解和传达复杂的想法。学生在这些目标上的进步情况会在成绩单的写作质量部分体现出来。

在第二个学期学生需要撰写两种类型的说明文——文学分析论文和研究论文。在每篇论文中学生需要有效地使用 6 种写作手法（正如鲁斯·卡拉姆在《6＋1 写作特征（2003）》中所描述的）。

文学分析论文是第一位的，麦克雷通过迷你课程，提供描述性反馈和修订机会等持续的评估实践，为学生提供完全的脚手架，换句话说就是将其分割或分解成更小的部分。每个支撑性学习目标都集中于文学分析阶段，对麦克雷来说这是正在实施的形成性评价策略的一部分，"我如何知道你在成绩单出来之前的情况？"她和她的同事使用出入差方法来检查学生的日常理解情况，"我们要求他们反思。'这是学习目标，你觉得你今天在学习目标上做了什么？'我可以根据学生的回答情况说'我必须调整手头的事情'，因为 60％的回答说不知道在做什么，而其余的学生却说'不用说了，我知道我在做什么'"。

当学生开始研究论文写作时，希望他们能够独立地写出优质作品，这种从教师指导到学生独立完成的转变在表 8.2 基于标准的等级评定中是显而易见的。对于文学分析论文，通常更多的是形成性评价，此外，文学分析论文的前两个总结性评价，即论文和草稿，也可以用于形成性评价（即使其达到了该目标的最终等级）。麦克雷使用包含研究论文最终稿在内的四种总结性评价来确定实现长期学习目标的总体进展。基于标准的等级评定实践不仅仅表明学生清楚地了解其知道的和能做的，而且清楚具体的评估有利于学生达成目标。在先前引用的视频"理解基于标准的等级评定系统下的等级"中，麦克雷带我们领略了等级的确定过程。

审查和细化标准—目标—评估计划，确保质量

随着时间的推移，教师可以调整标准—目标—评估计划，确保他们的工作质量和一致性。教师参与校准过程以便其明白 a2a2，a3a3 等相关等级的界定理由也同样重

要。下面的清单是细化标准—目标—评估计划的有用工具。

质量评估计划修订清单

标准和学习目标

• 标准和学习目标是否一致？

• 学习目标是否符合质量标准（基于标准，一个清晰的动词，分辨有意义的预期学习，合理划分为长期学习目标和支撑性学习目标）？

• 目标是否用学生友好型语言"我能"来描述？

• 是否有不同类型的学习目标，如思维、知识和技能等？

• 学生的知识和技能目标是否为学生的思维目标做准备？

• 内容、识字、读写、计算、情感态度都被考虑在内吗？有目的的决策是包括在情感态度目标和技能目标之内还是排除在其之外呢？

总结性评价和学习评价

• 学生是否有多次机会进行需求评价和证明其对每一个长期学习目标的掌握情况？

• 用于评价学习的评估工具是否清晰（例如，规则、准则、清单和测验等）？

• 学习目标和评估方法一致吗（是否选用了正确的工具来确定学生对学习目标的掌握情况）？

• 在格式或类型上是否存在评估差异？

• 评估过程是否旨在激励和吸引学生？

• 是否包括了用于学生形成性评价的小评估？

• 评估是否旨在帮助学生在与共同核心标准相一致的国家评估上取得成功？

形成性评价

• 学习评估是否主导评估计划（更多的是为了学习而评估而不是对学习进行评估），是否为每个支撑性学习目标提供评估机会？

• 你是否在内容和形式上为学生最终的学习评估做了准备？

• 你为学生提供了学习机会，你是否考虑了该评估范围内的不同学习方式？

• 对学习经验的评估是否旨在最大限度地激发学生的学习动机？

• 学习评估是否为学生提供了一个清晰的愿景，并为日常描述性反馈提供机会？

• 通过自我评估、同伴互评和定期反思是否让学生参与了学习策略评估？

优化全校结构和人员角色，为需要额外帮助的学生提供支持

基于标准的等级评定系统的目标是让所有的学生都能达到严格的标准，但是，正如每个老师都知道的，并不是每个学生都有相同的学习进度，他们需要不同类型的帮助。因此，学校制定不同的制度来帮助那些需要额外时间和支持的学生和为那些准备超越标准的学生提供更多机会就显得非常重要。基于标准的等级评定系统必须以持续的方式为学生提供适当的反馈以便帮助学生进步。从校外辅导到基于标准的暑假课程这样的干预策略可以为需要额外帮助的学生提供支持和改进的机会。

中学强化课程

强化课程会持续 4 到 8 天，在此期间学生将参与对某一主题的深入研究，或者在未达到学习目标的领域内为学生提供有针对性的学业支持。学校通常在等级评定的最后阶段提供强化（通常情况下每年两次），所有课程都合格通过的学生可以选择选修课程。如果一个学生在一门或多门课程中未合格通过，他将参加一个集中的学业补习班来取得学分。在此过程中，学生会获得一系列的帮助，包括教师的一对一辅导、小组教学、持续的描述性反馈等。

尽管并不是只有一种方式来提供强化，但是确定哪些学生需要学业支持强化课程可以遵循以下方式：

- 在学期结束前两周，教师花费一天时间来评估学生作品并组织期末反馈。

- 在第二天，学生清楚地知道他们达到了哪些目标以及接下来的上课时间他们的侧重点是什么。

- 最后一周，学业课程继续，学生需要继续达成剩余的目标，在这一周的最后，所有的学业任务都应按预期完成。

- 此外在学期的最后一周，学生为学科档案袋和准备学生领导的会议挑选作品。在这些会议上，学生和家长讨论他们的作品，检查他们的学期报告，审查他们即将到来的强化课程计划。

像强化课程这样的辅助形式为教师提供与学生一对一交流的时间

其他辅助形式

许多学校发现，除强化课程之外，他们还必须提供其他的辅助形式，这些辅助形式贯穿每个学期，以便为所有学生提供全力支持。制定一个能够灵活执行强化课程的日程表也是一件相当复杂的工作，以下是其他辅助形式的几个实例。

缅因州波特兰市卡斯科湾高中的辅助形式

第七区：在星期一、星期二、星期四和星期五，从2：20—3：30所有学生都被鼓励留在第七区，主要有以下目的，使学生接受额外的帮助、"超越"作品、安静地学习或者使学生参与辅助课程活动或特别事件。每个教师每周至少指定一个第七区与学生一起学习。

"泥泞季节"学校：如果学生在上个学期没有达到标准，"泥泞季节"学校会为学生在学习习惯上给出3的等级或者在学业标准（或学习目标）上给一个2＋的等级，通过这种方式可以为学生达到标准提供机会。一个2＋表明学生已经与达成目标非常接近，这时仅仅需要一点时间在他们的作品中证明这一点。学生通过教师的邀请参与其中，来自每个等级团队的教师至少要抽出一部分时间参与"泥泞季节"学校的会议，以便为他们的学生达到标准提供支持。"泥泞季节"学校的课程一般在三月两个连续的半天进行。

夏季标准强化课程：卡斯科湾中学会在六月下旬为学生达到剩余标准提供夏季标准强化课程，这些强化课程是专为那些在人文、数学和科学学科上只有两个学期合格通过的学生设计的。如果学生只有一个学期合格，那么若他们在其他两个学期获得一个 2＋或者在教师许可的情况下也可以参加。

波士顿科德曼特许公立学校（高中）的辅助形式

延长日程安排：科德曼中学的日常时间表为 9：00—16：15（这也已经比波士顿高中的平均时间多了 75 分钟），此外，在教学日前后还有一个 95 分钟的健康时段，那些正在为学业而努力的学生参与早上的健康会议，使他们能够从周一到周四的下午4：15—6：00 上自修，为适应这个日程安排，科德曼中学的教师设有早班（8：45—17：00）和晚班（10：30—18：00）。

星期六课程和辅导班：科德曼中学通过星期六早上的一对一辅导延长学生的学习时间，该校还与当地学院和大学建立合作伙伴关系，为 9 年级和 10 年级学生提供创新型辅助系统。星期六，在大学校园，让本科生为该校学生进行为期三个小时的一对一辅导，科德曼中学会针对阅读、写作和数学方面的有效策略对本科生进行专门的训练。所有星期六课程中的导师都会被聘任为兼职教师，但是学校的教务主任星期六总会在场，以确保课程实施的连续性并提供必要的帮助。

巴尔的摩十字路口学校的辅助形式（摘自教师等级评定指南）

加速计划：该校的加速计划旨在通过小组干预为所有学生提供阅读和数学领域的帮助，小组干预可以提高学生理解和计算方面的技能。理解和计算是更具挑战性的学业工作，也是成功的必不可少的因素，该校的许多学生在这两个领域都存在缺陷。

加速计划不是补救计划，它旨在使学生更具挑战性并提高学生参与度，而且该计划还为学生提供这样一个机会，即为有需要的学生提供额外的时间和支持。该计划有意将重点放在有限的必然结果上，在大多数情况下，学生花费在这些领域上的时间要限制在 6 周。当学生要达到等级学习目标时，加速计划为学生提供必要的技能加快其学习。

"将我们的加速计划看作学校每一天的辅助强化课程，这种结构要求教师无条件地优先考虑学生的学习目标，以确保他们在满足课程最重要的学习目标的过程中获得最大帮助，为学生提供每天所需的阅读或数学双倍训练。这虽然不是万能的，但是却解决了这样一个问题，即当孩子需要帮助的时候我们可以知道从哪里拉他们一把。"

——巴尔的摩十字路口学校前校长，马克·康拉德

前6周数学课程：在前6个星期，学生集中复习乘法、长除法、重组减法，根据马里兰学校5年级评估在数、关系和计算链中收集到的数据将学生分成3组。在开学第一周，会通过测试和评分进行前测来验证该数据。在预测试和学校评估中，那些已经在这些领域表现出熟练掌握程度的学生将有机会拓展和丰富当前在日常数学课程中学习的内容。

在此期间，使用定性阅读库或者其他用来评估阅读水平的工具对学生进行评估，这些评估有助于确定学生在第一学期阅读部分的需求。

确定学习专家的角色

在基于标准的等级评定系统中，每个学生都为达到相同的长期学习目标而努力，有些学生需要从特殊教育者或英语为第二语言的教师那里获取额外的服务或支持来达到这些学习目标：

• 在学期开始，专家和任课教师就如何为所有学生提供适当的脚手架和支持以达到长期学习目标进行集中讨论。

• 根据任课教师、特殊教育工作者和其他工作人员共享的一组共同的目标和优先考虑事项来决定辅助类型和辅助重点。

• 有残疾的学生或许需要不同的支撑性学习目标来达到长期学习目标，或者只是需要更多的脚手架来支持已经开始的学习。

• 当学生处于所需学科领域设置的独立环境时，他们的课堂通常有其自身的学习目标。

专家和任课教师合作为需要服务或支持的学生制定质量评估方案，这些质量评估方案与特定的长期学习目标相关：

• 为学生成功完成作业提供场所或制定适当的脚手架。

• 在适当的时候修改任务。

• 识别所有学生展示其达到学习目标时所用的方法或格式；所有学生应该有多次机会来展示其对学习内容的掌握程度。

在某些情况下，学习专家协助确定长期学习目标的等级：

- 设置下拉活页为教师等级手册提供评估信息。
- 通过可能被最终确定的等级来讨论学生整体进步并分享专业判断。

深化学生参与的关键举措

尽管学校机构是确保质量和实施一致性的关键，但是，基于标准的等级评定的核心在于每位教师的课堂实践。当学习目标明确，且学生积极参与评估其学习时，学生和教师在达成目标和实现高水平发展方面真正成为合作伙伴。表 8.7 说明了基于标准的等级评定的参与人员、内容和原因，以及其在提高参与度和学业成就方面的作用。

表 8.7　基于标准的等级评定的参与人员、内容和原因

教师需要做什么？	学生需要做什么？	结果如何？
与学校领导合作制定教师等级评定指南	—	学校的等级评定系统对家长和学生来说是透明的，学生可以在学校体验等级评定的可预测性和持续性
根据共同核心标准确立优先学习目标，并在学期开始前将其与评估相结合，围绕学习目标建立等级手册，并与学生分享这些信息	了解其等级是基于什么学习目标	学生和教师在任何学期都有共同的学习愿景
设计多元质量评估以确定学生在长期学习目标方面的进展	在多个时间点以多种方式展示他们知道的和他们能做的	通过不同的证据确定学生的进步，学生有多个机会来展示他们的学习成果
向学生展示符合标准的范例，在作品质量方面建立共同的理解标准	识别自己的表现水平以及需要改进的地方	学生明确期望，知道如何达到学习目标
建立指导学生反思当前学习的惯例，识别当前的成就水平或在学习目标方面的进展，并通过学生会议、文本展示或其他形式讨论后续步骤	反思并评估自己在学习目标方面的进展，明确自身优势和需要改进的领域，通过不同的形式搜索和呈现掌握的证据	学生对学习过程和评估过程具有所有权，并了解学生参与式评估系统的各个部分是如何结合在一起，他们将评估和分级视为有用的学习工具，而不仅仅是发生在他们身上的事情
对从学生那里收集到的形成性评价数据做出回应，并根据需要做出调整，以便为所有学生达到学习目标提供帮助	分析自己的需求并在适当的时候向老师请求支持	学生更多地参与到跟踪其学习目标进展情况的过程中去，当他们看到老师有效地回应他们的需求时他们感到自己是被支持的，也培养了积极的课堂文化

续表

教师需要做什么？	学生需要做什么？	结果如何？
为修改或修复建立合理的期限和结构，考虑将学生修改作品或重新测试的机会与他们的学术习惯等级相联系（这通常是全校结构，而不是一个独立的课堂结构）	了解自己需要什么并利用机会修改或重考	由于有机会修订他们的作品让他们感觉到被支持，学生也因此为其学习承担更多责任，该系统旨在帮助学生成功，以避免失败
通过查找证据、优先当前成就水平和利用专业判断等评估的主要趋势，确定学生在学习目标上的整体进展	在条件允许的情况下，通过自我评价来帮助形成评级过程	等级准确地反映了学生成就，学生和家长确信，等级评定是基于广泛的信息，而不仅仅根据期末单一的测试。学生不再说"老师给了我这个等级"，而是"这是我达到的等级"

全校范围内实施

在所有的学生参与式评估实践中，基于标准的等级评定可能是最复杂的，该项实践的成功实施需要强有力的协调和沟通。与教师一起为该实践开发案例，并为教师成功实施该项实践提供所需的专业发展是领导者的责任。在其他的学生参与式评估实践（尤其是学习目标）中教师需要有坚实的基础，且能够牢牢掌握他们的等级标准。学校领导能够在课程规划、教师等级评定指南、基于标准的等级评定软件以及与家长、学区和大学招生委员会进行适当沟通等方面为教师提供支持和帮助。学校领导还需要为学习辅导或补充建立相关制度和机构以满足学生需求，我们强调了一些支持基于标准的等级评定在全校顺利实施的关键领导行为。

"用严格的标准控制学生，可能会对学生心理发展形成挑战。过去一直合格的学生可能突然发现他们只是'接近目标'（a2），和专注于等级相比，将注意力集中在朝着目标迈进和做好手头工作是很困难的。"

——缅因州波特兰市卡斯科湾高中校长，德里克·皮尔斯

奠定基础

• 促进教师间关于共同核心标准之间的对话。在评估学生达到标准之前教师需要深入了解标准。

• 形成紧迫感，建立改变等级评定方法的愿景，即这项研究和证据如何表明学生的动机、成就和等级？在传统等级评定系统中学生当前的表现如何？当学校采用不同的方式来进行等级评定时它会是什么样子的？

• 确定时间表并明确实施步骤。学校是从上到下同时实施基于标准的等级评定系统，还是以渐进的方式全面实施？

• 通过领导团队、分级团队或者领导团队下属委员会为基于标准的等级评定系统制定方案和制度。方案和制度应涉及以下内容：

※ 使家长、学区和社区参与

※ 撰写教师等级评定指南

※ 教授和评估学习习惯

※ 确定学习目标和评估计划的期望和模板

※ 制订家长沟通计划

※ 学年初制订学生沟通计划

※ 制定大学沟通和成绩单指南，与当地大学取得联系

※ 为所有学生制定支持框架：班级期望，进度表（放学前后以及一年中的关键时刻），修复和加速。

加强教师能力建设

• 为教师制订专业发展计划并合理进行时间分配，包括获得援助的机会以及在学习目标和评估计划上的合作反馈。此外，确定支持该系统的其他形式的教师发展需求，例如，差异化教学、检查理解技巧以及综合学生参与评估系统的其他组成部分。

• 当开始实施这项新体系时，为教师营造一个支持性的良好环境，确保教师持续使用教师等级评定指南中的等级评定方法。

与利益相关者进行沟通

• 为学生和家长提供基于标准的等级评定理由。向学生和家长解释什么是不同的，

什么是相同的，以及学校将如何帮助每个学生取得成功。

• 倡导并进行区域沟通。确定该区域需要的特定支持领域（例如，设计一份成绩单，拥有支持基于标准的等级评定的电子等级手册或数据库）。对于高中，学区需要为确定毕业要求提供回旋余地，包括与学术等级相关的支持。当学区不愿对学校提供基于标准的等级评定成绩单时，学校领导团队需要建立相关制度从而将基于标准的等级转换为传统的成绩单。以下学生手册摘录描述了学区内学校基于标准的等级评定方法，学区要求学校将等级转换为传统成绩。

根据传统成绩单调整基于标准的等级评定
——摘自马里州巴尔的摩十字路口学校的学生手册

基于标准的等级评定系统能够使学生、家长和其他利益相关者明确每门课程主要评估的学习目标是什么，以及学生应该如何处理每个目标，基于标准的等级评定系统让学生和家长明确学生学到了什么以及哪些地方学生依然需要关注。

根据巴尔的摩市公立学校的政策规定，十字路口学校的学生需要获得包括语言艺术、数学、社会研究、科学等所有学科的等级。虽然对许多教学领域进行了整合，学生有机会定期进行实践，掌握、应用那些被单独评估和分级的具体技能。

为了成绩单，我们在所有学科都使用如下等级量表：

A＝示范性表现——超过预期（90％～100％）

B＝良好的表现——满足预期（80％～89％）

C＝满意的表现——有一些领域需要改进（70％～79％）

D＝尚未被接受——需要更多时间和精力来创作出可接受的作品

为确定学生的等级，针对确定的学期目标，教师将学生该期间的所有表现进行平均，对于每个目标，教师从最近的和最可靠的学生表现证据（0～4）开始，将每个目标的总计合并，并除以目标总数得到平均值，然后使用以下标准来转换平均值：

3.9～4.0＝A＋	3.6～3.8＝A	3.4～3.5＝A－	
3.2～3.3＝B＋	3.0～3.1＝B	2.8～2.9＝B－	
2.5～2.7＝C＋	2.2～2.4＝C	2.0～2.1＝C－	0～2.0＝N

个案研究

缅因州波特兰市卡斯科湾高中基于标准的等级评定建议

自 2005 年基于标准的等级评定系统建立以来，它就成为卡斯科湾高中的中心结构，学校仍然在不断地改进工作。作为创始教师之一，苏珊·麦克雷认为，"基于标准的等级评定展示出教学上的每个重要问题和两难困境"。

校长德里克·皮尔斯建议学校领导要在全校实施基于标准的等级评定系统，首先要建立一个新的分级模式。"针对传统等级评定中暴露出来的问题以温和的方式指导工作人员，领导者需要证明那确实存在问题，使问题透明化并动员全社区的力量来解决问题。"研究应该用来加深对话，"考虑新一轮的共同核心标准以及一切基于标准的重要性"。结构和组织部分也很重要。例如，"没有相当于'A-B-Cs'的等级。不要同时运行两个系统，这会造成基于标准的等级评定系统的混乱"。对于高中来说，与当地大学建立联系和加强理解来确定学生不会受到不同分级系统的负面影响是很重要的。"我们必须对大学进行调查，来确定他们对我们学校的支持。"

在 2011—2012 学年，卡斯科湾高中开发了新的毕业成果，这些成果优先考虑为该校毕业生高等教育阶段的成功所设置的技能，也强调了学校的核心价值观。这种全球性的能力贯穿所有学科，并与学科特定课程标准结合在一起。

学校现在正在为新的毕业成果设计评估框架，这可能包括一个电子档案和对其当前学习展示的调整（例如，二年级过渡，一年级结束）。卡斯科湾高中使用毕业成果和课程标准作为真正的基于水平的文凭的基础，该校希望在这方面获得地区的支持。请参阅下面视频中校长德里克·皮尔斯谈到的卡斯科湾高中的基于标准的等级评定。

 观看视频：基于标准的等级评定系统的学校结构

我们的期望

基于标准的等级评定系统是一个多方面的实践，全校范围的沟通与合作是其成功的关键，教师等级评定指南是其必不可少的第一步，有了这个，教师、学生和家长在讨论等级时便有了共同语言。

尽管学校在开发基于标准的等级评定系统过程中会有一些不可避免的困难，但是每个参与人员都会很快看到回报，学生可以清楚地知道他们的等级来源并能相应地集中精力，教师能够识别课堂理解和目标教学的模式和趋势来填补空白，家长能够了解学生的优势和不足，以及学生的学习习惯和学业等级的关系。和学生领导的会议、学习交流活动和文本展示一起，基于标准的等级评定使家长有力地参与学生的学习。

一般来说，学校基于标准的等级评定系统从实施进入提升阶段，可能需要几年的时间才能实现，地方官员、大学招生办公室和其他外部利益相关者都能普遍接受这种做法。当这些团体看到这项实践能够准确地传达学生所知道的以及能够做到的，并让学生深入地了解作为学习者的自己，他们很容易发现这对所有参与者的好处。

我们已经确定了教师和学校领导在实施基于标准的等级评定系统的初期阶段、中期阶段和提升阶段所期望达到的基准。

初期阶段

• 在学校领导的指引下，教师深入了解共同核心标准。教师可以确定优先标准，并能将其转化为长期学习目标。教师根据这些目标设计课程和教学。

• 学校领导与教师合作制定教师等级评定指南，并与家长和学生对等级评定系统进行沟通交流。

• 学校领导通过提供专业支持帮助教师进行等级评定。

• 教师通过学习目标而不是作业来设置他们的等级手册。

• 教师确保评估与学习目标相一致，并收集一系列的证据支持学生在任何确定的学习目标上的等级。

• 学生能更清楚地表达自己在课堂上学习到的内容，因为他们的等级与特定学习目标紧密相关。

• 根据学生的学习习惯，教师制定学习目标并对学生进行评估。

• 家长能获取其孩子正在学习的概念或技能更加详细的信息。

中期阶段

• 基本标准的成绩单将学业学习目标与特色学习目标区分开来。

- 学生可以确定其学习习惯和学业等级之间的关系。
- 学生和家长尊重基于标准的等级评定，因为他们可以通过学习目标清楚地沟通学生的进步情况。
- 当基于标准的等级评定揭示学生理解中的差距时，干预措施可以针对性地支持特定学习目标的达成。
- 学生明确知道他们的等级来源，并能监督自己进步和理解如何做才能取得成功。

提升阶段

- 教师要不断审查和完善标准、学习目标和评估的一致性。
- 学生要善于跟踪他们的进步并和教师一起为接下来的步骤做决定。
- 学生将评估和等级视为帮助他们学习的一种方式，而不是某些强加在他们身上的事情。
- 学业干预结构已经确立，并能支持学生实现所有学习目标。
- 家长、学生和教师针对学生的优势和需要改进的领域进行详细的讨论。学生可以引导这些对话。

共同挑战

缺乏对学习目标的清晰认识

明确前进方向。如果教师在教学开始之前没有建立明确的学习目标，那么他们就不能让学生有效地参与评估过程，也不能持续地跟踪学生进展。

对所有的学生使用相同的方法

不能用一把尺子丈量所有的学生。基于标准的等级评定需要灵活的指导，并要灵活地使用时间，当收集关于学生如何达成特定学习目标的信息时，教师要非常清楚地了解他的课堂上的广泛需求，且必须使用学习差异化策略为所有学生的学习提供帮助。并不是所有学生都准备好在同一时间达到目标，在课堂上、每周日程和年度日程上灵活规划时间是很重要的。在传统的等级评定系统中，学习和时间都是固定的，但是在基于标准的等级评定系统中，学习是固定的，但时间是灵活的。这一挑战可以通过差异化的脚手架和给学生的支持来满足，并确保给那些能早早完成的学生有意义的拓展任务。

"只给需要更多时间的学生更多的时间，而不是所有的学生，这是一个挑战。一旦时间是可变的，那么会导致与学生协商的方式是积极的，但是如果使用不当，它会让孩子养成一些看起来不好的学习习惯。找到激励和后果的正确组合方式是一个巨大的调整。"

——缅因州波特兰市卡斯科湾高中校长，德里克·皮尔斯

过分强调团体

不要因为整体忽略学生个体。必须找到让所有学生达到严格的标准和回应个人需求这两者之间的适当平衡。在适当的时候运用专家的专业支持，并提供一定的支持和适当的脚手架以确保对每个学生的强烈关注。

感觉被后进生淹没

做好准备。当向基于标准的等级评定系统转变时，可以感觉到后进生多了起来。这里没有了平均分、加分和A's，那些勉强通过或逃过一劫的学生将不会有了，学校常常不得不为那些后进的学生提供帮助。在课堂、课前和课后以及全年制订清晰的支持计划将有助于维持基于标准的等级评定系统对学生的严格期望，而且还不会让学生感到不堪重负。

退回到旧有的方式

坚持到底。坚持基于标准的等级评定原则也可能是一个挑战。随着时间的推移，在操作的便利性和文化方面的压力下，教师可能会回到原有的平均分、分组项目，将学生的努力和学业成就相结合等。因此，要建立强大的专业合作团队，确保在一段时间内的一致性。

缺少学生参与

在此过程中将学生视为合作伙伴。在基于标准的等级评定系统中加强与学生的合作是非常重要的。如果学生在实践的过程中并没有感到基于标准的等级评定的真正目的，他们就会对自我评估、反思和跟踪进步感到厌倦，除非他们看到教师对这些信息做出反应，并用它来调整教学。除非学生需要在会议和其他学习展示中将他们的进展传达给有针对性的听众，否则他们将会觉得这只是另一个任务而已。

毫无影响力的学习习惯

教授和评估基于技能的学习习惯。对学生的学习习惯划分等级，并使其成为一项有意义的尝试并不容易。确保学习习惯是那些可以被描述、教授和评估的技能就能很好地应对挑战。学习习惯并不只是意味着决定学生是"好"还是"坏"，而是意味着它们是否能够展示合作和有效的学习技能。确定学习习惯或特色等级是将面临的另一个挑战。除了让这些习惯融入学校传统，学校还需建立一个明确的体系来识别学生什么时候表现出强烈的特点和什么时候在不情愿的情况下依然能够坚守职责。

缺乏学区支持

寻求支持。地区领导必须指导和支持制定有效的基于标准的等级评定系统。虽然这是可能的，但是学校，尤其是高中学校，还存在一个困难，也就是说如果学校必须将等级转化为传统系统中的分数或排名，那么将难以为通过考试或获得学分提出基于标准的要求。

结语：学校变革

当开始写这本书的时候，我们的目标是为校长和学校领导者制定一份实践指南。完成本书后，发现我们都是在围绕学校变革在写。当采访全国各地的教师、学生和学校领导者时，我们发现学生参与性评价的优越性还是很明显的。这些被采访者告诉我们，本书中的实践转变了他们的教学方式，提升了学校的教学水平，同时学生也成为更独立、自信的学习者。

布雷特·基梅尔是纽约市华盛顿高地远征学校的校长，对本书做出了这样的评价，"通过学生领导的会议，学生能接触到许多内容，这个过程会给他们带来巨大的收获。在影响孩子走向大学的道路上，学生领导的会议扮演着游戏改变者的角色"。缅因州波特兰卡斯科湾高中的老师麦卡雷也给出了类似的评价："我真切地感受到这整个体系给我的教学带来的变化。"丹佛奥德赛学校教学指导兼教师丽莎·伊顿仍记得那个让学生考试成绩有巨大提高的转折点，"我开始意识到，它不仅跟我的教学和教学计划相关。虽然我在黑板上写出了学习目标，但是我并没有严格按照它进行教学。后来，我开发并使用了一套自我评价工具，学生才逐渐明白他们每节课所学的内容与学习目标之间的联系。那一年，学生在州立考试中的成绩明显提高，并且还在持续提高。这让我突然意识到了评价的重要性"。

是无数次回旋在我们脑海的学生的呼声，影响了我们实施这项实践。罗切斯特杰纳西社区特许学校六年级数学班的学生提出，他们想通过追踪和分析数据认识并克服自己的弱点。相较于用他们的错误批评学生，似乎这些数据更能激发他们的斗志。一个学生说道："当我看着一个很低的分数，我会在心里说'哦，我做得不好'，但是我能够做到更好。"学生改正和提高的动力是一回事，而知道从哪些方面改正和提高又是另一回事。加州草谷特许学校三年级学生提到可以将量规作为一种改进的方式，"帮助我们理解高质量的作业应该是什么样的。它会向我们反映真实的学习情况。在你认为已经做得很好的时候，得到一个分数，然后告诉你哪些方面可以继续改进"。这个学校七年级的学生也赞同这种方式，"因为在学生的陈述过程中，我们能够很直观地判断谁做得更好，而不仅仅通过看他们的作业"。另外，当谈到基于标准的等级评定时，卡斯科湾高中的高二学生提醒我们紧紧围绕整个工作的最终目的，"这不是一个学生可以逃避的选择"。

纵观全书，学生、教师、学校领导和家长在参与此项复杂工作的过程中都表现出了一定的洞察力，有了一些发现，同事也对此感到满意。他们没有提出不切实际的想法。他们都在反思，当评价成为学习的一部分或贯穿学习之中时，当评价让老师和学生建立起良性合作关系时，会发生什么性质的变化？

当学校领导和教师开始在他们的学校中进行学生参与式评价的各种实践时，尽管这些活动相互独立没有统一的路径，它们确实涉及了教育的方方面面。

当政策制定者、学校董事会、教师联合会以及其他相关人员探索学校改革时，我们认识到了写这本书的重大意义。如果学生参与式评价体系能够帮助教师改进他们的教学方式，如果学生参与式评价体系能够帮助学校领导促进专业发展以及优化学校结构，如果学生参与式评价体系能够帮助学生改进他们的学习方式，那么学校变革就会逐渐发生了。学校的进步可以从很多方面开始，但归根究底，只有当学生真的从内心接受并自觉领导自己的学习时，只有当学生真正开始在乎并理解他们作为学习者和学校团体一员的发展进步时，学校的变革才算成功了。

附　录

包含新的视频和教师工具的内容可以在下面的网址中找到：www. elschools. org/leadersoftheirownlearning

请定期查看以下材料的更新内容，包括：

- 成长型思维
- 学校和课堂文化
- 学习习惯
- 学习评价以及形成性评价
- 制定有效的学习目标
- 教学策略
- 数据咨询
- 量规
- 高质量的学生作业
- 草稿
- 与家人和利益相关者交流
- 学生使用的模板和表格
- 学校手册和指南的范例
- 记录卡范例
- 评价计划范例

Black，P.，& Wiliam，D.（1998，October）. Inside the black box：Raising standards through classroom assessment. *Phi Delta Kappan*，139－148.

Blackwell，L. S.，Trzesniewski，K. H.，& Dweck，C. S.（2007）. Implicit theories of intelligence predict achievement across an adolescent transition：A longitudinal study and an intervention. *Child Development*，78（1），246－263.

Brookhart，S.（2008）. *How to give effective feedback to your students*. Alexandria，VA：ASCD.

Culham，R.（2003）. 6＋1 *traits of writing*. New York：Scholastic.

Duckworth，A. L.，& Seligman，M. E. P.（2005）. Self-discipline outdoes IQ in predicting academic performance of adolescents. *Psychological Science*，16，939－944.

Dweck，C. S.（2006）. *Mindset：The new psychology of success*. New York：Random House.

Dweck，C. S.，Walton，G. M.，& Cohen，G. L.（2011）. *Academic tenacity：Mindsets and skills that promote long-term learning*. White Paper. Seattle，WA：Gates Foundation.

Fisher，D.，& Frey，N.（2007）. *Checking for understanding：Formative assessment techniques for your classroom*. Alexandria，VA：ASCD.

Gesner，C.（1967）. *You're a good man，Charlie Brown* based on the comic strip "Peanuts" by Charles M. Schulz. New York：Random House.

Good，C.，Aronson，J.，& Inzlicht，M.（2003）. Improving adolescents' standardized test performance：An intervention to reduce the effects of stereotype threat. *Journal of Applied Developmental Psychology*，24，645－662.

Hess, K. (2009). *Hess' cognitive rigor matrix*. Retrieved from http: //static. pdesas. org/ content/documents/M1-Slide _ 22 _ DOK _ Hess _ Cognitive _ Rigor. pdf

Himmele, P., & Himmele, W. (2011). *Total participation techniques*. Alexandria, VA: ASCD.

Lemov, D. (2010). *Teach like a champion*: 49 *techniques that put students on the path to college*. San Francisco: Jossey-Bass.

McDonald, J. P., Mohr, N., Dichter, A., & McDonald, E. C. (2007). *The power of protocols*: *An educator's guide to better practice* (2nd ed.). New York: Teachers College Press.

Meier, D. (1995). *The power of their ideas*: *Lessons for America from a small school in Harlem*. Boston: Beacon Press.

Moss, C., & Brookhart, S. (2009). *Advancing formative assessment in every classroom*. Alexandria, VA: ASCD.

National Governors Association Center for Best Practices and Council of Chief State School Officers. (2010). *Common core state standards*. Washington, DC: National Governors Association Center for Best Practices, Council of Chief State School Officers.

O'Connor, K. (2007). *A repair kit for grading*: 15 *fixes for broken grades*. Boston: Pearson.

Oyserman, D., Terry, K., & Bybee, D. (2002). A possible selves intervention to enhance school involvement. *Journal of Adolescence*, 25, 313—326.

Perkins, D., & Blythe, T. (1994). Putting understanding up front. *Educational Leadership*, 51 (3), 4—7.

Sizer, T. R. (1984). *Horace's compromise*: *The dilemma of the American high school*. Boston: Houghton Mifflin.

Stiggins, R. (2005). *Student-involved assessment for learning* (4th ed.). Upper Saddle River, NJ: Prentice-Hall.

Stiggins, R., Arter, J., Chappuis, J., & Chappuis, S. (2006). *Classroom assessment for student learning*: *Doing it right-using it well*. Portland, OR: Assessment Training Institute.

Vispoel, W. P., & Austin, J. R. (1995). Success and failure in junior high school: A critical incident approach to understanding students' attributional beliefs. *American Educational Research Journal*, 32 (2), 377—412.

Walsh, J., & Sattes, E. (2005). *Quality questioning: Research-based practice to engage every learner*. Thousand Oaks, CA: Corwin Press.

Walton, G. M., & Cohen, G. L. (2007). A question of belonging: Race, social fit, and achievement. *Journal of Personality and Social Psychology*, 92, 82—96.

Wiggins, G. (2012). Seven keys to effective feedback. *Educational Leadership*, 70 (1), 10—16.

Yeager, D., Purdie-Vaughns, V., Garcia, J., Apfel, N., Brzustoski, P., Master, A., Hessert, W., Williams, M., & Cohen, G. (2013). *Breaking the cycle of mistrust: Wise interventions to provide critical feedback across the racial divide*. Retrieved from http: //homepage. psy. utexas. edu/homepage/group/YeagerLAB/ADRG/Pdfs/Wise%20feedback%20—%20 Yeager%20Cohen%20et%20al. pdf

Yin, Y., Shavelson, R., Ayala, C., Ruiz-Primo, M. A., Brandon, P., & Furtak, E. (2008). On the impact of formative assessment on student motivation, achievement, and conceptual change. *Applied Measurement in Education*, 21 (4), 335—359.

索 引

C ————————————————————————

D ————————————————————————

E

F

G

H

I

N

O

T

W

本书收获的赞誉

"《做学习的主人》一书构建了一个相对完善的体系，帮助评价那些对学生有深远影响且能够激励他们不断获得成功的学习技能。对于如此重要的一本书，每一位家长、教育者以及政策制定者都应熟知。"

——托尼·瓦格纳

《全球成就差距，培养创新者》作者

"《做学习的主人》一书向读者呈现了人们在思考评价过程时发生的巨大变化。虽然我们已经知道评价在老师和学生间十分常见，但这本书把测评过程所包含的各种有力工具都交还给学生，这是非常不容易的。通过一系列生动的例子、诚恳的小贴士和视频演示，本书完美地满足了各类人群的需要。它不仅是一本实用性指导书，能够帮助学校领导、教师及学生实施学生参与式评价，而且它也提供了有远见的框架，帮助构建学校改革的金字塔，促使学生为自己的学习负责。"

——吉尔·梅塔

哈佛大学教育学院副教授，

《秩序的诱惑：高希望，虚心期待，重塑美国学校教育》作者

"学生参与式评价中丰富的练习活动是促使我们学校成功的关键。每年，我们的所有毕业生都能进入心仪的大学继续学习，他们早已为大学生活以及更长远的社会生活做好准备，这都得益于《做学习的主人》一书中的学习策略，让他们具备了未来生活所需的必备技能和生活态度。任何一位将学生的成功置于无上地位的老师和学校领导者都应该好好研读这本书。"

——斯蒂芬·马奥尼

斯普林菲尔德复兴学校校长

"随着让学生主导自己学习的呼声越来越高，EL 教育一直致力于将这一崇高的抱负嵌入合适的课堂活动之中。《做学习的主人》是一本重要的实践操作指导书，它告诉人们一个有意义的评价过程是如何真正发挥其作为学习工具的价值的。这本书用经验和数据告诉人们，学生是如何通过达成各年级学习标准的过程来掌握大学生活和未来工作所需的核心技能的，而不仅仅是通过同伴间的成绩比较来

掌握这些核心技能。而对于学校领导和教师以及政策制定者而言，此书中谈到的如何制定指向大学和未来生活的核心技能的实施政策也是意义非凡的。"

——鲍勃·怀斯

卓越教育联盟主席、西弗吉尼亚州州长（2001—2005）

"《做学习的主人》一书拓宽了我们对评价体系的教育性思考，这是当今学校发展最亟待解决的问题——创造一种能够促进学生理解、提升学习能力的评价体系。如果我们已经认识到我们在教学上、考试上都存在一些错误，那么这本书会指引着我们走向正确的学习和教学道路。"

——米尔顿·陈

松下基金会主席、乔治卢卡斯教育基金会高级研究员、

《学校创新的六个领先优势》作者

"如果考试不仅仅需要学生答题而是很多人齐心协力陪着学生完成任务、训练学生能力，那么现在的学校教育会是怎样的？如果学生的反思、修正以及提高由老师和学校领导者共同承担责任，情况会怎样？如果你追求的是有意义地评价学生，那么这本书就是为你而写的。"

——芭芭拉·周

威廉和弗洛拉休利特基金会教育项目主任

"在这个用于学生参与评价的非凡'用户手册'中，学生和教育工作者已经为我们提供了内涵丰富的 EL 教育精髓。这是多么可贵的一份礼物啊！"

——罗兰德·巴斯

作家、前学校教育家、教研员、哈佛大学校长中心主任

"每一个对如何促进学生更真实、有效地评价他们的学习这一过程感兴趣的人都会爱上这本书。里面都是可实施的方法，帮助精准定位学生的学习需求、达到满意的学习结果。感谢 EL 教育的罗恩·伯杰和他的同事们，带领我们慢慢攻克了这一难题。"

——尼古拉斯·多诺霍

纳利-美教育基金会总裁兼首席执行官

湖南省版权局著作权合同登记图字：18-2018-372

图书在版编目（CIP）数据

做学习的主人：学校变革中的学生参与式评价/
（美）罗恩·伯杰（Ron Berger），（美）利娅·鲁根
（Leah Rugen），（美）莉比·伍德芬（Libby Woodfin）
著；张雨强译. —长沙：湖南教育出版社，2020.3（2023.1重印）
（21世纪学习与测评译丛）
书名原文：Leaders of Their Own Learning：Transforming
Schools through Student-Engaged Assessment
ISBN 978 - 7 - 5539 - 6482 - 9

Ⅰ. ①做… Ⅱ. ①罗… ②利… ③莉… ④张…
Ⅲ. ①课堂教学—教学研究 Ⅳ. ①G424. 21

中国版本图书馆 CIP 数据核字（2018）第 255729 号

ZUO XUEXI DE ZHUREN
XUEXIAO BIANGE ZHONG DE XUESHENG CANYUSHI PINGJIA

书　　名	做学习的主人：学校变革中的学生参与式评价
策划编辑	李　军
责任编辑	陈慧娜
责任校对	鲍艳玲　崔俊辉　殷静宇
装帧设计	肖睿子
出版发行	湖南教育出版社（长沙市韶山北路 443 号）
网　　址	www.bakclass.com
电子邮箱	hnjycbs@sina.com
微 信 号	贝壳导学
客服电话	0731 - 85486979
经　　销	湖南省新华书店
印　　刷	湖南省众鑫印务有限公司
开　　本	787 mm×1092 mm　1/16
印　　张	21.25
字　　数	365 000
版　　次	2020 年 3 月第 1 版
印　　次	2023 年 1 月第 2 次印刷
书　　号	ISBN 978 - 7 - 5539 - 6482 - 9
定　　价	108.00 元